Schwarzgeld

Lutz Otte

Schwarzgeld

Eine fast wahre Geschichte von Steuerbetrug und Wirtschaftsspionage in der Schweiz

EDITION TEMMEN

Vorwort

Liebe Leserinnen und Leser,

Wenn Sie diese Geschichte lesen, werden Sie sich zu irgendeinem Zeitpunkt fragen, was ist hier Wahrheit und was Fiktion. Wie in fast jeder Geschichte, die irgendwann erzählt wurde, so steckt auch in diesem Buch eine gehörige Portion Wahrheit.

Was halten Sie denn eigentlich von den Pressemitteilungen der Schweizer Banken, in denen behauptet wird, dass es nur noch etwa 200 Milliarden Euro deutsches Schwarzgeld in der Schweiz gibt? Ist das wahr? Oder teilen Sie meine persönliche Einschätzung, wonach es sich bei diesem Betrag wohl doch eher um 2 Billionen Euro handelt? Für keine dieser Behauptungen wird es je einen stichhaltigen Beweis geben.

Aber nach 80 Jahren Bankgeheimnis ist eines klar: Die Schweiz ist nicht deshalb zu einem der reichsten Länder der Welt geworden, weil sie wertvolle Bodenschätze, findige Schokoladen- und Käseproduzenten oder eine ungemein fleißige Bevölkerung ihr Eigen nennen kann. Ihren großen Reichtum verdankt die Schweiz nur der Erfindung des Schwarzgeldes. Und mehr noch: Die Schweizer Banken haben es in diesen 80 Jahren geschafft, aus einem Gesetz, das die illegalen Vermögen von Hunderttausenden Ausländern schützt, eine patriotische Angelegenheit des Schweizer Volkes zu machen.

Erschwerend kommt in Sachen Wahrheitsfindung hinzu, dass sich die Wahrheit je nach Blickwinkel immer anders darstellt. Denn natürlich hätte sich die Bankenbranche in der Schweiz anders entwickelt, wenn es nicht auch Kunden gäbe, die deren Dienste gerne in Anspruch nehmen. Letztlich befriedigt man also nur das Bedürfnis der Reichen und Mächtigen, die ihr Vermögen vor dem gierigen Zugriff ihres jeweiligen Heimatstaates schützen wollen. Und in keinem Land der Welt hat die Politik bekanntlich so viele komplizierte und hohe Steuern erfunden wie in Deutschland. Wen wundert es also, dass wir beim Steuernsparen – ob in der Schweiz oder anderen sogenannten Paradiesen – ganz vorne mit dabei sind? Und eine Verurteilung als Steuerhinterzieher hindert natürlich nicht daran, Bundestagsabgeordneter oder Topmanager zu werden beziehungsweise es zu bleiben.

Jetzt komme ich doch wieder auf die hier erzählte Geschichte zurück. Einige Ereignisse haben sich tatsächlich so zugetragen. Ich wurde im Juli 2012 in der Schweiz verhaftet, als Wirtschaftsspion verurteilt und für 18 Monate in den geschlossenen Vollzug eines Schweizer Gefängnisses eingeliefert. Meine Straftat bestand darin, dass ich Daten für deutsche Finanzbehörden bei einer Schweizer Bank beschafft habe. Aus Schweizer Sicht war ich als Spion für die Bundesrepublik Deutschland in der Schweiz aktiv gewesen und wurde dafür verurteilt.

Im Gefängnis hatte ich auf einmal sehr viel Zeit, um über mein Leben nachzudenken. Etwas zu schreiben war erst nur ein Mittel gegen die tödliche Langeweile, dann eine Art von Selbsttherapie, um nicht zu verblöden.

Während meiner Haft erhielt ich außerdem Einblick in eine Lebenswelt, von der ich zuvor nichts gewusst hatte. So wurde mir beispielsweise klar, dass es sich unsere Gesellschaft mit dem simplen Wegsperren gerade von jungen Straftätern viel zu einfach macht und damit der Entwicklung vom Ersttäter zum Profiverbrecher massiv Vorschub leistet. Auch diese Erlebnisse haben die Entstehung des Buches maßgeblich beeinflusst.

Im Übrigen gilt, dass sich alle Personen, die sich in den Protagonisten meiner Geschichte wiederzuerkennen glauben, vermutlich auch dabei gewesen sind. Sie können sich gerne bei mir beschweren, wenn ihnen meine Darstellung ihrer Rolle nicht gefällt.

Mein größter Dank gilt meiner Frau Anita. Ihre Unterstützung und ihr Vertrauen haben mich durch diese schwierige Zeit gebracht. Und zu der Erkenntnis, dass es nur zwei wirklich wichtige Dinge im Leben gibt: Freiheit und Liebe. Außerdem gilt mein Dank den wenigen Freunden, die meiner Frau und mir in dieser Zeit mit Rat, Unterstützung und Hilfe in allen Lebenslagen zur Seite gestanden haben: Tommy und Heide, Achim, Susan, Sigrid, Bernhard, Ronald, Mirjam und ihre Kinder.

1

Schwarzenbach legte die Zeitung aus der Hand, griff nach der Kaffeekanne und setzte sich. Auf dem Tisch stand sein übliches Frühstück, bestehend aus gebuttertem Schwarzbrot mit Honig und Frischkäse. Er liebte Frischkäse. Vor allem in Kombination mit dem kräftigen Waldhonig, der einen intensiven Duft verströmte. Er nahm einen großen Löffel voll und verteilte ihn großzügig auf seinem Frischkäsebrot. Er verspeiste es genüsslich Stück für Stück und trank den Kaffee in kleinen Schlucken hinterher. Es wurde langsam Zeit, sich auf den Weg zu machen. Gerade als Schwarzenbach in Richtung Schlafzimmer gehen wollte, um sich anzuziehen, klingelte es an der Haustür. Das war ungewöhnlich. Um diese Zeit konnte es noch nicht der Postbote sein. Nach einem prüfenden Blick durch den Spion schloss er seinen Morgenmantel und öffnete die Tür.

»Guten Tag, Herr Schwarzenbach. Mein Name ist Maier, Thomas Maier. Kann ich Sie einen Moment sprechen?«

Schwarzenbach war irritiert. Irgendwie sah der grauhaarige Mann mit Brille nicht so aus, als ob er Maier heißen würde. Andererseits, wie sieht jemand aus, der Maier heißt?

»Um was geht es denn?«, fragte Schwarzenbach.

»Das ist etwas delikat. Ich wäre froh, wenn ich einen Augenblick hereinkommen dürfte. Ist das möglich?«

Schwarzenbach öffnete die Tür etwas weiter und machte eine einladende Handbewegung.

»Möchten Sie einen Kaffee? Ich ziehe mir nur rasch etwas an, wenn Sie erlauben. Bitte nehmen Sie schon mal Platz.«

Herr Maier rückte sich einen Stuhl zurecht und setzte sich. Wortlos griff er nach einer sauberen Tasse, die auf dem Tisch stand, und schenkte sich Kaffee ein.

»Ich warte gerne, bis Sie so weit sind.«

Schwarzenbach eilte ins Schlafzimmer, griff rasch nach einer Jeans und streifte sich ein Poloshirt über. Zwei Minuten später stand er wieder am Küchentisch. Maier rührte mit einem Löffel in seiner Kaffeetasse und blickte sich interessiert in der Wohnung um.

»Sie wohnen sehr nett hier, Herr Schwarzenbach. Auch die Aussicht ist herrlich.«

Sein Besucher wollte das Eis mit belanglosem Geplauder etwas brechen. Schwarzenbach musterte ihn jetzt etwas näher. Herr Maier war schlank, etwa in seinem Alter und sah ein bisschen wie ein Lehrer oder Beamter aus.

»Ja, es ist ganz schön hier. Aber kommen wir doch zur Sache. Was möchten Sie denn von mir? Ich habe alle Versicherungen, die ich brauche, und mein Auto ist auch so weit in Ordnung.«

»Oh, Herr Schwarzenbach, keine Sorge, ich möchte Ihnen nichts verkaufen.«

Maier lächelte verschmitzt.

»Ganz im Gegenteil. Ich möchte etwas *von Ihnen* kaufen.«

Schwarzenbach runzelte nachdenklich die Stirn. Er hatte keine Ahnung, was er diesem Fremden verkaufen könnte und worum es dabei eigentlich ging.

»Sehen Sie, Herr Schwarzenbach, Sie können mir etwas besorgen, was ich gerne hätte. Im Gegenzug würde ich Ihnen dafür sehr viel bezahlen. So viel, dass Sie vermutlich nie wieder in Ihrem Leben für Geld arbeiten müssten.«

Schwarzenbach wurde neugierig. Das hörte sich wirklich interessant an. Er war jetzt Anfang fünfzig, hatte einige Ersparnisse und ein gutes Einkommen. Aber nie mehr arbeiten müssen? Das musste schon ein ordentlicher Betrag sein …

»Sie überlegen jetzt natürlich, um welche Summe es sich handelt, Herr Schwarzenbach! Um eine Million? Oder vielleicht um zwei oder sogar fünf Millionen?«

Tatsächlich ratterten Zahlen durch seinen Kopf: Er verdiente als Freelancer rund 100.000 Franken im Jahr. Das war deutlich weniger als früher, aber er hatte sich zwangsläufig darauf eingerichtet und kam jetzt ganz gut damit aus. Er war alleinstehend und pflegte keine exklusiven Hobbys mehr. Das meiste Geld gab Schwarzenbach für Reisen aus. Und auch wenn er nicht in Luxushotels zu übernachten pflegte, so kosteten ihn allein schon die Flüge eine Stange Geld. Und für Fernreisen brauchte man natürlich Zeit. Ihm standen nur fünf Wochen Urlaub im Jahr zu.

»Fünf wären sicher genug. Vermutlich würde ich auch mit drei Millionen auskommen. Aber was, bitte schön, sollte ich Ihnen für so viel Geld verkaufen?«

Maier lächelte still in sich hinein.

»Etwas, was Sie heute noch nicht besitzen. Aber Sie können es vermutlich ohne großen Aufwand innerhalb kurzer Zeit beschaffen.«

»Ich verstehe nicht, was das sein soll, Herr Maier!«

»Schauen Sie, Herr Schwarzenbach, Sie sind doch Informatiker. Da haben Sie also Zugang zu sensiblen Daten.«

Aha, jetzt war die Katze endlich aus dem Sack. Darauf hätte er auch selbst kommen können.

»Das kommt überhaupt nicht infrage. Was bilden Sie sich ein, Herr Maier?«

»Sehen Sie, Herr Schwarzenbach, selbstverständlich kann ich Sie zu nichts zwingen. Aber stellen Sie sich einmal vor, Sie würden die Daten, die ich und meine Auftraggeber gerne hätten, beschaffen können. Je nach Menge und Qualität der Informationen würden wir Ihnen dafür – zum Beispiel – drei Millionen Euro zahlen. Selbstverständlich wäre das dann kein Schwarzgeld. Meine Auftraggeber würden auch die anfallenden Steuern für diesen Betrag übernehmen. Somit könnten Sie völlig problemlos über die Summe verfügen. Sie erhalten sogar einen Nachweis darüber, dass Ihnen dieses Geld rechtmäßig zusteht.«

Schwarzenbach war überrascht. Drei Millionen Euro als Prämie, und zwar als ganz legal erworbenes Geld. Mit dieser Summe in der Hand könnte er endlich sein Büro verlassen und müsste es nie wieder betreten. Er müsste nicht mehr täglich bei irgendeinem Kunden blödsinnige Programme installieren und individuelle Anpassungen vornehmen. Keine Diskussionen mehr über Termine, Verzögerungen oder irgendwelche Konzepte.

Schwarzenbach kannte das Geschäft schließlich seit dreißig Jahren. Keiner erzählte ihm hier wirklich etwas Neues. Niemand wollte überhaupt etwas Neues. Die Sparte Softwareentwicklung, die er einmal so geliebt hatte, war mittlerweile zu einer Art »drittklassiger Reparaturwerkstatt für alte Autos« verkommen. Die Besitzer fuhren ihre alten Autos nicht etwa deshalb, weil sie ihre Oldtimer liebten, sondern weil sie schlicht zu geizig waren, um sich etwas Neues zu kaufen. Lieber flickte man an allen Ecken und Enden, damit die Karre möglichst lange weiterfahren konnte.

Schwarzenbach blickte Herrn Maier forsch ins Gesicht.

»Wie sind Sie überhaupt auf mich gekommen?«

»Wir überlegen natürlich, wer für uns infrage kommen könnte. Selbstverständlich kennen wir nicht jeden, der die Möglichkeit hat, die von uns gewünschten Informationen zu beschaffen. Andererseits melden sich bei uns manchmal Personen, die Informationen verkaufen wollen. Sehr häufig sind diese allerdings unbrauchbar. In Ihrem Fall ist es so, dass Sie uns empfohlen wurden.«

Schwarzenbach grübelte. Wer konnte auf die Idee kommen, ihn an irgendwelche Datenhändler weiterzuempfehlen? Natürlich kannte er eine ganze Reihe von mehr oder weniger wichtigen Personen aus seinen früheren Jobs in Deutschland. Aber mit diesen Leuten hatte er in den letzten Jahren wenig Kontakt gehabt. Hier in der Schweiz war sein Beziehungsnetz weniger weit gespannt, ehemalige Arbeitskollegen und einige Bekannte zählten dazu, alles sehr übersichtlich.

»Wer sollte mich für so einen ›Job‹ empfehlen?«

Die Antwort auf diese Frage interessierte ihn wirklich, aber dieser Herr Maier würde sich vermutlich nicht weiter aus dem Fenster lehnen wollen.

»Wir nennen niemals unsere Quellen. Das gilt übrigens auch für Sie, Herr Schwarzenbach, wenn Sie sich für eine Zusammenarbeit entscheiden sollten. Wir garantieren absolute Anonymität für jeden unserer Lieferanten.«

Schwarzenbach spürte Ärger in sich aufsteigen. Das war ihm doch alles sehr suspekt. Er hatte jetzt genug von dieser undurchsichtigen Geschichte. Außerdem lief ihm die Zeit davon. Er musste endlich ins Büro, dort wartete Arbeit auf ihn. Schluss jetzt mit dem Geplänkel.

»Herr Maier, ich nehme Ihr Angebot zur Kenntnis. Ich denke aber nicht, dass es für mich infrage kommen wird.«

»Herr Schwarzenbach, die Entscheidung liegt natürlich ganz bei Ihnen. Sollten Sie es sich anders überlegen, hier ist eine Telefonnummer, unter der Sie mich jederzeit erreichen können.«

Er zog eine kleine Karte aus seiner Hemdtasche und legte sie auf den Tisch. Ein Name, eine Telefonnummer, weiter nichts. Maier erhob sich, bedankte sich mit einem verbindlichen Lächeln für den Kaffee, wünschte Schwarzenbach noch einen schönen Tag und verließ mit schnellen Schritten die Wohnung.

Vom Fenster aus beobachtete Schwarzenbach, wie sein seltsamer Gast die Straße überquerte und auf die nächstgelegene Bushaltestelle zusteuerte. Wenig später kam der gelbe Postbus bereits um die Ecke und sammelte den Wartenden ein. Beim Vorbeifahren blickte Maier noch einmal zu seiner Wohnung hoch und Schwarzenbach wich erschrocken vom Fenster zurück. Er fühlte sich ertappt wie ein kleiner Schuljunge, dabei durfte er schließlich aus seinem Fenster schauen, wann immer er wollte.

Er griff nach seinem Sportsakko, zog die schwarzen Slipper an und verließ die Wohnung. Heute schloss er besonders sorgfältig ab. Der Lift beförderte ihn bequem in die Tiefgarage, er stieg in seinen Wagen, startete und fuhr hinaus.

Schwarzenbach nahm die Dorfstraße und fuhr dann weiter in Richtung des Autobahnzubringers nach Zürich. Der neue Autobahnabschnitt von Luzern nach Zürich an Zug vorbei bedeutete für ihn eine deutliche Verkürzung seines Arbeitsweges. Manchmal wählte er auch die alte Strecke über die Dörfer nach Zürich-Altstetten, nur um zu sehen, wo neue Häuser entstanden waren und was sich sonst noch verändert hatte.

Der Morgenverkehr nach Zürich wurde dichter. In Urdorf verließ Schwarzenbach die Autobahn und fuhr weiter Richtung Schlieren. Mitten in Altstetten hatte die Bank ihren Hauptsitz und aus Kostengründen war auch die IT-Abteilung hier untergebracht. Die Bank, für die Schwarzenbach arbeitete, war keine von den international bekannten Großbanken. Natürlich war der Name in der Branche bekannt. Aber als Privatbank für die gehobene Kundschaft war man nicht um große Öffentlichkeit bemüht – im Gegenteil. Das gesamte Geschäftsmodell beruhte auf Diskretion. Der Kundenkreis rekrutierte sich aus dem internationalen Geldadel, der bekanntlich keinen Wert auf Transparenz legte.

Schwarzenbach griff nach seiner Zugangskarte, die immer im Wagen lag. Für eine Bank mit so exklusiver Kundschaft und entsprechend vielen Aktivitäten, die zur Diskretion verpflichteten, wurden die Sicherheitsauflagen erstaunlich leger gehandhabt. Er parkte im ZVV-Parkhaus, wo er einen vergleichsweise erschwinglichen Dauerparkplatz gemietet hatte. Das Bürogebäude lag in fußläufiger Entfernung, um ihn herum pulsierte bereits das Leben.

Dieser Stadtteil war kein Edelviertel von Zürich, eher die Arbeitergegend. Es gab noch den einen oder anderen Produktionsbetrieb, dann die Verwaltungsbüros und IT-Abteilungen verschiedener Banken und Versicherungen. Außerdem hatte hier das Zollfreilager Zürich als vermutlich einer der größten europäischen Lagerplätze für Edelmetalle, Kunst und Antiquitäten seinen Sitz. Spezialisierte Anlagefonds aus ganz Europa bunkerten dort ihre Vorräte, um Mehrwertsteuer zu sparen. Dazu gab es ein breites Angebot an Pizzerien, Asia-Restaurants und Gaststätten mit regionaler Küche, in denen die Mitarbeiter der verschiedenen Firmen mittags essen konnten.

Schwarzenbach erreichte das Bankgebäude, die Schiebetüren öffneten sich, und er trat in die Drehtür, die den Zugang zum Gebäude versperrte.

Erst der Kontakt mit seinem Ausweis setzte den Drehmechanismus in Bewegung. Diese Türen waren so konzipiert, dass immer nur eine Person passieren konnte. Ob die Gewichtskontrolle, die in diesen Drehtüren eingebaut war, wirklich funktionierte, wusste er nicht. Es kursierte das Gerücht, dass sie aufgrund ihrer Störanfälligkeit ausgeschaltet sei. Ohnehin war meistens eine von drei Drehtüren defekt.

Auf dem Weg durchs Treppenhaus zu seinem Büro traf er Janine Egli. Sie arbeitete in dem Fachbereich, für den er einige Systeme betreute. Eine junge attraktive Frau, die ihn freundlich grüßte. Für Schwarzenbach war sie immer ein freundlicher Lichtblick am Anfang des Tages.

Überhaupt war das Thema »Frauen« für Schwarzenbach so eine Sache. Er war Single und nie verheiratet gewesen. Zwar hatte es hin und wieder die eine oder andere feste Beziehung in seinem Leben gegeben, aber irgendwie war nie die »Richtige« dabei gewesen. Die Frauen aus seinem unmittelbaren Arbeitsumfeld waren längst verheiratet oder liiert – oder sie waren einfach nicht nach seinem Geschmack. Er wollte nichts Kompliziertes und hatte keine allzu hohen Erwartungen. Schwarzenbach wollte eine Partnerin, die alltagstauglich war, mit der er abends ein Glas Wein trinken, gemeinsam um die Welt reisen und im Bett liegen konnte. Das war eigentlich schon alles – und trotzdem lebte er noch immer allein.

2

Schwarzenbach öffnete die Tür zum Großraumbüro und war nach wenigen Schritten an seinem Arbeitsplatz. Die Schreibtische waren hier ziemlich eng gestellt und die gesamte Einrichtung wirkte in die Jahre gekommen. Das Unternehmen legte keinen besonderen Wert auf eine angenehme Arbeitsumgebung für seine Mitarbeiter, jedenfalls nicht für den Bereich der Verwaltung, dem die IT-Abteilung angegliedert war. Schwarzenbach hatte sich an die Tristesse längst gewöhnt. Heute hatte er allerdings den Eindruck, die Wände seien grauer, die Tische matter und der alte Teppichboden noch dünner als sonst.

Er setzte sich an seinen Schreibtisch und startete den PC. Dass die Rechner noch mit dem alten Windows XP liefen, störte ihn nicht. Er war es gewohnt, dass seine Auftraggeber solche Systeme meist noch viele Jahre in Betrieb hatten, auch wenn der Hersteller die Wartung dafür längst eingestellt hatte. Technischen Umstellungen gingen meist endlose Auswahlprozesse, Qualitätsprüfungen und Sicherheitskontrollen voraus. Manchmal wurde ein neues PC-Betriebssystem gerade in dem Moment eingeführt, in dem der Hersteller die Wartung und Weiterentwicklung gestoppt hatte.

Als Schwarzenbach vor drei Jahren seinen Job hier begann, war es für ihn eine Art Rückkehr in die Urzeit gewesen. Natürlich kannte er die CICS-Großrechner-Programme aus den Zeiten, als Personal Computer noch der Traum eines kleinen Mannes in einer Garage waren. Zehn Jahre nach dem Start dieser »Taschenrechner« – wie die PCs abfällig von den Großrechnerentwicklern der Achtziger- und Neunzigerjahre genannt wurden – hatten viele Unternehmen die alten Terminals immer noch im Einsatz. Aber selbst bei den rückschrittlichsten Firmen mussten irgendwann neue grafische Benutzeroberflächen her. Das ging eben nur mit PCs. Hier standen zwar überall Personal Computer herum, aber gearbeitet wurde mit den Terminalemulationen der Achtzigerjahre und den guten alten CICS-Oberflächen im freundlichen 80x24 Zeichen-Design. Ähnlich verhielt es sich mit der Technologie der Datenbanken. Auch das war ein System aus den 80er-Jahren. Die Herstellerfirma existierte schon längst nicht mehr.

Anfänglich hatte sich Schwarzenbach an dieser Arbeitssituation nicht gestört, weil er sein Dinosaurierwissen noch kompetent einbringen konnte.

Denn die Programme waren in den dreißig Jahren Nutzung mehr oder weniger zu Tode gewartet worden. Hunderte von Änderungen hatten sich über Jahre selbst überholt, und man brauchte Forschergeist und Erfahrung, um herauszufinden, wie was zusammenlief, denn es gab so gut wie keine Dokumentation.

Andererseits war den Verantwortlichen natürlich längst klar geworden, dass es nicht ewig so weitergehen konnte. Aber die Zeiten waren schlecht. Man steckte schließlich mitten in der Finanzkrise! Die Kundenportfolios warfen längst nicht mehr so viel Profit ab wie gewünscht, auch der Börsenhandel war deutlich schlechter als die Jahre zuvor. Also baute man Personal ab, um Kosten zu sparen. Trotzdem mussten die Systeme aber weiterlaufen. Und deshalb ersetzte man die Angestellten, die man eigentlich gebraucht hätte, Stück für Stück durch externe Dienstleister.

Schwarzenbach hatte noch die Zeiten erlebt, als Leute wie er heiß begehrt waren und teuer bezahlt wurden. Aber das war heute vorbei. Im Laufe der letzten zwanzig Jahre hatte sich sein Einkommen geviertelt. Eine Welle von jungen IT-Leuten drängte in den Markt und übte dementsprechenden Druck auf die Preise aus. Heute war jeder froh, wenn er irgendwo einen Auftrag bekam, der länger als sechs Monate dauerte. Man lebte mehr oder weniger von der Hand in den Mund.

Schwarzenbach hatte noch einige Kontakte zu alten Kollegen aus den besseren Zeiten der Branche und gejammert wurde eigentlich überall. Was ihm aber immer mehr zu schaffen machte, war die Qualität der Arbeit, die von ihm erwartet wurde. Schnell, billig und dabei gerne etwas schlampig, so lautete das Motto, während dauerhaft stabile und flexible Lösungen eigentlich gar nicht gefragt waren.

Wie es hieß, sollten die alten Systeme ja sowieso bald abgelöst werden, da lohnte es sich angeblich nicht mehr, noch groß zu investieren. Natürlich löste sie niemand wirklich ab, sie liefen ja gerade erst wieder. Eine Bank dieser Größenordnung mit einem neuen IT-System auszustatten kostete mindestens 100 bis 200 Millionen Franken Investition über die Zeit von drei oder mehr Jahren. Was schlecht wäre für den Shareholder-Value.

Man kann eine Bank mit dem menschlichen Organismus vergleichen, wobei die Informationstechnik die Rolle des Blutkreislaufs übernimmt. Natürlich ist den meisten Menschen klar, dass sie ohne einen funktionierenden Blutkreislauf sterben müssen. Trotzdem missachten sie die Spielregeln, füllen ihren Körper mit fettem Essen, trinken jede Menge Alkohol und liegen gerne auf dem Sofa herum. Und der Kreislauf macht das ungesunde Spiel verhältnismäßig lange mit. Bluthochdruck und Arterienverkalkung bleiben lange unerkannt – meldet sich der Schmerz, ist es meistens schon zu spät.

Ähnlich verhält es auch mit der IT-Technik in einer Bank: Man füllt permanent mehr Geschäfte und Kunden hinein und erhöht immer weiter die Drehzahl. Gleichzeitig versucht man die Kosten für die ständige Versorgung zu reduzieren. Irgendwann kollabiert der Kreislauf, weil die Venen und einige Organe zu alt sind. Dann holt man teure Ärzte – man nennt sie auch Unternehmensberater –, um den Kreislauf wieder in Gang zu bringen.

Wenn es ein gewissenhafter Arzt ist, versucht er die Ursachen für den Kollaps zu finden. Weil diese Suche jedoch zeitaufwendig und für das Unternehmen teuer ist, kommt es in der Regel schon bald zu einem Arztwechsel. Der »Neue« hat dann schnell kapiert, dass er keine umfangreiche Analyse vorlegen, sondern nur ein paar Pillen verschreiben soll. Die verkauft er dann der Bank für sehr viel Geld – und meist hält der Placebo-Effekt für eine kurze Weile an. Zumindest so lange, bis sich der CEO und sein »Winning Team« eine neue Bank für ihren nächsten Karriereschritt gesucht haben und den kaputten Kreislauf dem Nachfolger hinterlassen. Der hat in der Regel nur zwei Möglichkeiten: Entweder er ist ernsthaft bemüht und versucht, den alten kaputten Kreislauf durch einen neuen zu ersetzen. Das kostet aber viel Geld, führt zu einer schlechten Performance, verärgerten Aktionären und letztlich zu seinem eigenen Rauswurf. Oder er macht weiter wie sein Vorgänger, bastelt ein bisschen herum, sieht zu, dass die Erträge stimmen, und setzt sich nach zwei Jahren mit einem goldenen Handschlag wieder ab.

Der einzige Unterschied zum Menschen besteht allerdings darin, dass die Bank an der Krankheit nicht stirbt. Zumindest so lange nicht, wie ihr Blut, also das Geld der Kunden, weiter fließt.

Mit diesen Problemen beschäftigte sich Schwarzenbach in seinem Berufsalltag schon viele Jahre. Wenn er ehrlich mit sich selbst war, dann hing ihm das alles mehr und mehr zum Hals heraus. Anderseits gab es eine Menge Menschen auf der Welt, denen es viel schlechter ging als ihm. Man brauchte nur die Nachrichten zu verfolgen. Wozu also sich aufregen?

Heute aber überwog bei Schwarzenbach das Gefühl von Überdruss und er fühlte eine große Leere in seinem Kopf. Als er gegen halb sechs das Büro verließ, war es draußen noch sonnig und warm. Er schlenderte etwas ziellos durch die Straßen und landete schließlich am Parkhaus.

Für den Rückweg wählte er die längere Strecke über die Dörfer, denn er brauchte das Gefühl von Langsamkeit. Am Ufer der Reuss gab es ein kleines Lokal, dort macht er halt und setzte sich an einen Tisch im Garten.

Der Wirt war aus Bayern ausgewandert, daher war die Bestellung eines Hefeweizens kein Problem. Der erste Schluck war immer der beste. Schwarzenbach genoss es, als das kalte Bier seine Kehle hinunterlief und dort eine eisige Spur hinterließ. Heute musste er wohl noch ein zweites davon bestellen. Der Wirt kannte ihn bereits vom Sehen. Mit dem zweiten Bier setzte er sich zu ihm an den Tisch.

»Wie geht's denn so? Alles in Ordnung? Sie waren länger nicht mehr da.«

Das stimmte, es war sicherlich schon einige Wochen her, dass er hier zum letzten Mal eingekehrt war.

»Stimmt, ja. Ich hatte viel zu tun in letzter Zeit. Wie läuft's so mit dem Lokal? Als Deutscher hat man es ja hier nicht immer leicht im Verkauf.«

»Ich bin ganz zufrieden. Besser laufen kann's natürlich immer. Aber mit meinem bayrischen Dialekt ist es ganz gut. Hochdeutsch ist problematischer.«

»Mit dem Hochdeutsch hat man es bei Schweizer Kunden nicht leicht. Ich muss zum Glück nichts verkaufen.«

»Wie lange sind Sie jetzt schon in der Schweiz?«

»Mit Unterbrechungen schon über zwölf Jahre. Ich hab schon einmal ein paar Jahre hier gearbeitet. Dann wieder einige Jahre in Deutschland. Jetzt bin ich seit sieben Jahren dauerhaft hier.«

»Was machen Sie eigentlich beruflich?«

»Softwareentwicklung, derzeit bei einer Bank.«

»Na, das ist ja im Moment wohl auch kein Zuckerschlecken. Die Banken haben momentan wenig Freunde.«

»Und je größer, desto unbeliebter. Aber man muss ja froh sein, wenn man Arbeit hat.«

Der Wirt schaute sich um, es waren neue Gäste eingetroffen.

»Also, dann noch guten Durst, bis später.«

Schwarzenbach widmete sich seinem Hefeweizen. Nach diesem zweiten halben Liter in der warmen Sonne hatte er schon leicht einen sitzen. Anhalten durfte man ihn schon jetzt nicht mehr. Aber die Gefahr, von der Polizei angehalten zu werden, war ziemlich gering. Er würde die Strecke über die Feldwege nehmen, wo normalerweise nur die Bauern fuhren.

Als er sein Glas geleert hatte, war die Sonne schon fast untergegangen. Was soll's – es wartete niemand auf ihn. Er setzte sich etwas beschwingt in den ML und machte sich auf den Heimweg. In seiner Wohnung angekommen, fiel ihm der große Berg Wäsche ein, den er in seinem Gästezimmer gestapelt hatte. Meistens öffnete er nur kurz die Tür und warf die schmutzige Wäsche einfach hinein. Aus den Augen, aus dem Sinn. Aber so alle zwei Wochen wurde ihm klar, dass das Problem damit nicht gelöst war. Aber dieser Tag war nicht heute, das war sicher.

3

Kaum hatte Vittorio Giacometti die Autobahn in Zürich verlassen, war es vorbei mit dem flüssigen Verkehr. Er lehnte sich resigniert im Sitz seines italienischen Sportwagens zurück. Schade, dass man das Auto nie wirklich ausfahren konnte. Doch am Tempolimit war nichts zu ändern. Giacometti und seine Freunde hatten zwar erheblichen politischen Einfluss, aber das ging über ihre Möglichkeiten. Außerdem gab es wirklich Wichtigeres. Er passte sich dem Verkehrsfluss an und erreichte schließlich die Einfahrt zur Tiefgarage der Bank. Sein Parkplatz befand sich in einem separaten Teil der Garage, so konnte er unbeobachtet seinen Wagen verlassen und in den Lift zur Vorstandsetage steigen. Seine Sekretärin erwartete ihn schon. Er hatte ihre Nachricht bereits auf dem Weg empfangen, demnach wollten die Amerikaner also verhandeln. Endlich bewegte sich wieder etwas im Markt.

Giacometti war seit nun acht Jahren Vorstandschef der Bank. In dieser Zeit hatte er es geschafft, das verwaltete Vermögen deutlich zu erhöhen und gleichzeitig auf die Kostenbremse zu treten. Die Aktionäre waren recht zufrieden mit dieser Entwicklung. Die Finanzkrise der letzten zwei Jahre hatte dann allerdings einige seiner Ergebnisse wieder zunichtegemacht. Das war ärgerlich. Zumal es immer schwieriger wurde, weitere vermögende Kunden in die Bank zu locken. Er hatte keine Möglichkeit, zusätzliche Einnahmen durch das Investment Banking zu generieren, denn das lag nicht im Geschäftsfeld seiner Bank. Seit über hundert Jahren verwaltete sie diskret und mehr oder weniger effektiv die Vermögen reicher Kunden. Das war ihr Kerngeschäft. Viele dieser Kunden waren politische und wirtschaftliche Machteliten in ihren Heimatländern, oft genug bei der eigenen Bevölkerung verhasst. Aber das war nicht sein Problem. Giacometti kümmerte sich normalerweise nicht um einzelne Kundenengagements. Er hatte die strategische Ausrichtung und den Shareholder-Value der Bank im Blick. Und, wenn möglich, die Erweiterung des Geschäfts durch Zukäufe. Das war ihm in den letzten Jahren mehrfach gelungen. Sie hatten drei kleinere Banken geschluckt und den größten Teil der Portfolios behalten.

Die Standorte Guernsey und Bahamas hatten sich gut entwickelt, das Offshore-Geschäft nahm zu. Sie hatten sich schon vor Jahren darauf eingerichtet, besonders ängstliche Kunden mit einem »Rundum-sorglos-Paket«

zu versorgen. Die Furcht davor, dass ihre illegalen Vermögen aufgedeckt würden, plagte inzwischen viele Kunden. Der Hunger der EU-Finanzbehörden nach Steuergeldern war groß, jede noch so kleine Spur wurde hartnäckig durch die Steuerbehörden verfolgt.

Die Aufdeckung eines Kunden hatte meist zur Folge, dass andere Vermögen mit aufflogen. Viele wurden daher inzwischen von Treuhändern verwaltet. Diese deklarierten die Konten als Eigentum von Offshore-Gesellschaften auf irgendwelchen Inselstaaten in irgendeinem Ozean. Die Eigentümer dieser Gesellschaften wiederum blieben im Dunkeln. Damit war die Bank aus dem Schneider, und die eigene Weste blieb sauber.

Was das Neukundengeschäft betraf, so musste man wesentlich vorsichtiger sein. Echtes Wachstum konnte oft nur durch Ankauf von Kundenbeständen anderer Banken oder durch deren vollständige Übernahme geschehen.

Hier kamen die Amerikaner ins Spiel. Diese amerikanische Großbank war daran interessiert, ihren Bestand an nichtamerikanische Kundschaft zu verkaufen. Wenn der Preis stimmte, wäre so eine Übernahme eine gute Gelegenheit, ein paar positive Schlagzeilen über Wachstum und kluge Geschäftsführung zu bekommen, die außerdem den Kurs der eigenen Aktie nach oben beförderten.

Mark Johnson und seine beiden Mitarbeiter betraten das Büro von Giacometti. Alle trugen die klassischen schwarzen Banker-Anzüge, obwohl Johnson lediglich von der Anwaltskanzlei kam, die mit dem Erstkontakt beauftragt war.

»Guten Tag, Herr Giacometti, ich freue mich, dass Sie Zeit gefunden haben, mit uns zu sprechen.«

»Guten Tag, Herr Johnson. Die Freude liegt ganz bei mir. Möchten Sie einen Kaffee?«

»Natürlich gern. Allerdings habe ich heute noch einen weiteren Termin und möchte Ihre Zeit nicht überstrapazieren.«

Aha, es gab also noch weitere Gespräche mit anderen Interessenten. Klar, dass er das durchblicken ließ, schließlich wollte man einen ordentlichen Preis erzielen.

»Dann lassen Sie uns doch gleich beginnen. Was können Sie mir an Informationen liefern?«

»Nun, wir haben hier die Bestandszahlen der Portfoliogruppen, um die es geht. Mein Kunde möchte sowohl die europäischen als auch die asiatischen Kundengruppen übertragen. Das Gesamtvolumen des angelegten Vermögens beträgt rund 320 Milliarden US-Dollar.«

Das war eine schöne Summe. Nicht zu groß für die Bank, aber doch ein sehr nennenswerter Posten. Hoffentlich zu wenig für die beiden Schweizer Großbanken, die vermutlich auch als Käufer infrage kommen.

»Hier habe ich Ihnen eine detaillierte Aufstellung der Vermögensstrukturen mitgebracht. Zur Prüfung für Ihre Spezialisten. Natürlich wird nicht auf einzelne Kunden eingegangen.«

»Das klingt sehr interessant. Wir sind grundsätzlich am Ankauf eines solchen Bestandes interessiert. Sicherlich hat Ihr Kunde auch schon eine Preisvorstellung?«

»Allerdings, die Bestände wurden nach den bekannten Kriterien bewertet, und daraus hat man die Werthaltigkeit und Ertragskraft ermittelt. Hieraus ergibt sich ein Kaufbetrag von 3,5 Milliarden US-Dollar.«

»Das ist eine ziemliche Summe. Grundsätzlich sind wir natürlich in der Lage, einen solchen Betrag zu zahlen. Aber sicherlich haben Sie Verständnis dafür, dass wir eine Bewertung nach unseren eigenen Kriterien vornehmen möchten.«

»Davon sind wir ausgegangen. Möglicherweise benötigen Sie ja noch weitere Angaben zu den Portfolios. Ich bin ermächtigt, Ihnen jede gewünschte Information anzubieten, abgesehen von einer Einzelkundenansicht.«

»Ich werde ein Spezialistenteam beauftragen, sich dieser Sache anzunehmen.«

»Wunderbar, dann sind wir uns so weit einig. Eines ist noch wichtig. Mein Kunde hat Interesse an einer schnellen Abwicklung. Gegebenenfalls sogar zugunsten eines geringeren Preises. Sie sollten sich also innerhalb der nächsten acht Wochen entscheiden.«

»Ich denke, das wird machbar sein. Ich melde mich so schnell wie möglich bei Ihnen.«

Johnson verabschiedete sich von Giacometti und dieser machte sich auf den Weg zum Direktorenmeeting. Nach einer kurzen Begrüßung erklärte er die neue Situation. Für ihn war es vor allem wichtig, dass das normale Geschäft störungsfrei weiterlief und dass die Öffentlichkeit nicht zu früh Kenntnis von den Ankaufverhandlungen bekam. Einen Kaufpreis in dieser Höhe konnte man nicht aus der vorhandenen Liquidität bezahlen. Selbst wenn er den Kaufpreis auf drei Milliarden drücken konnte, müssten die Amerikaner mindestens fünfzig Prozent in Bankaktien akzeptieren. Dazu war es aber notwendig, dass das operative Geschäft ohne Probleme funktionierte, um jede negative Beeinflussung des Aktienkurses zu vermeiden.

Das Prüfungsteam begann noch am selben Tag mit den Arbeiten. Die Mitinteressenten bei den anderen Banken würden das ebenfalls tun. Wer kam dafür überhaupt infrage? Für die UBS war das ein kleinerer Fisch. Andererseits füllen auch kleine Fische den Magen. Die Credite Suisse wäre vermutlich auch interessiert, hatte aber derzeit panische Angst vor allem, was irgendwie mit Amerika im Zusammenhang stand. Die anderen Banken waren größtenteils zu klein, um so einen Happen verschlucken zu können. Außerdem musste man die Bestände ja auch irgendwie verwalten. Das bedeutete eine technische Übernahme. Darin hatte seine IT-Abteilung einige Übung. Da brauchte man vielleicht ein paar Hundert Überstunden und einen opulenten Apero zur Feier des Abschlusses. Aber das war das kleinste Problem. Hoffentlich kamen die Deutschen oder Italiener ihm nicht dazwischen. Allerdings waren die im Moment mit der Finanzkrise beschäftigt und hatten daher an solchen Akquisitionen weniger Interesse.

Am Nachmittag beschloss Giacometti, seine Überlegungen beim Golf fortzusetzen. Also verließ er um 14 Uhr sein Büro und steuerte bei schönstem Sonnenschein den Wagen Richtung Golfclub Schönenberg. Er mochte diesen Golfplatz schon deswegen, weil hier nicht Hinz und Kunz spielen konnte. Man musste reich sein und die richtigen Leute kennen, um eine Mitgliedschaft zu erhalten. Schließlich wollte er nicht seinen eigenen Mitarbeitern in der Freizeit begegnen, und hier war man zum Glück noch unter seinesgleichen.

4

Am nächsten Morgen erwachte Schwarzenbach mit Kopfschmerzen. Er hätte die Flasche Rotwein gestern doch nicht mehr austrinken sollen. Das war eindeutig des Guten zu viel. Er duschte, trank einen Kaffee und machte sich zügig auf den Weg ins Büro. Heute war die übliche Wochenbesprechung, da wollte er nicht zu spät kommen. Die Fahrt verlief einigermaßen planmäßig und so betrat er kurz vor 9 Uhr den Besprechungsraum im vierten Stock. Die Kollegen aus seiner Arbeitsgruppe trudelten ebenfalls ein. Pünktlich eröffnete sein Teamleiter Beat Eicher die Sitzung. Üblicherweise wurden die laufenden Arbeitsaufträge für den nächsten Releasetermin besprochen. Falls es bereits Aufträge für die späteren Release gab, kamen sie auf eine Liste. Abschließend fragte Eicher wie üblich in die Runde.

»Habt ihr noch Themen? Wenn nein, dann habe ich noch etwas Wichtiges anzukündigen.«

Nachdem erwartungsgemäß alle mit dem Kopf geschüttelt hatten, kam er zur Sache.

»Wie ihr ja sicherlich alle wisst, ist die derzeitige Geschäftslage wieder einmal ziemlich angespannt. Die Geschäftsleitung hat festgestellt, dass wir in diesem Jahr wohl nochmals mit sinkenden Erträgen zu rechnen haben. Daraufhin hat man sich entschlossen, in allen Nonprofit-Bereichen der Bank in den nächsten zwölf Monaten mindestens zwanzig Prozent Kosten einzusparen.«

Das war ja wirklich nichts Neues und Schwarzenbach kannte das Vorgehen zu Genüge.

»Was das heißt, könnt ihr euch ja vorstellen. Kosten sparen geht am einfachsten beim Personal. Wir sind acht Leute. Ich habe die Vorgabe bekommen, innerhalb der nächsten sechs Monate zwei volle Stellen einzusparen.«

Jetzt wurden alle doch etwas nervös. Das könnte bedeuten, dass vermutlich die Verträge von zwei externen Mitarbeitern entweder nicht mehr verlängert oder sogar gekündigt wurden, denn beim internen Personal griff man möglichst nicht zu solchen Methoden. Dort hatte es zwar auch schon zeitweilige Arbeitszeitverkürzungen gegeben, und Mitarbeiter, die von selbst gingen, wurden nicht ersetzt. Aber die neue Anforderung war allein über den Arbeitszeitverzicht und damit auch Lohnverzicht aller nicht zu bewerkstelligen. Man konnte von jungen Familienvätern schließlich nicht erwarten, dass sie auf einmal auf ein Viertel ihres Gehalts verzichteten.

»Natürlich ist mir klar, dass fünfundzwanzig Prozent ohne echten Verlust nicht zu machen sind. Ich habe mich daher entschlossen, den Vertrag mit Pierre, der in drei Monaten regulär endet, nicht mehr zu verlängern. Damit wäre die Hälfte der Anforderung bereits umgesetzt.«

Alle Blicke wanderten zu Pierre Martin. Schwarzenbach und Martin betreuten die gleichen Systeme. Sie sollten sich bisher gegenseitig vertreten. Damit war klar, dass Schwarzenbach nicht auf der Abschussliste stand. Zumindest nicht sofort, denn einen hundertprozentigen Know-how-Verlust würde man nicht riskieren.

»Die restliche Stelle würde ich gerne dadurch einsparen, dass jeder von euch sich überlegt, ob er bereit wäre, weniger zu arbeiten. Rein rechnerisch wäre bei sieben Leuten jeder mit etwa fünfzehn Prozent dabei. Aber vielleicht gibt's ja auch den einen oder anderen, für den zwanzig Prozent machbar wären? Das müsst ihr nicht jetzt sofort entscheiden. Gebt mir doch einfach im Laufe der Woche Bescheid, zu welcher Lösung ihr für euch persönlich gekommen seid. Gibt's noch Fragen dazu?«

Was sollte es da noch für Fragen geben? Man sah jedem Einzelnen an, dass er schon überlegte, wer von den anderen wohl bereit wäre, auf Arbeit und damit auf Lohn zu verzichten.

»Gut, dann würde ich sagen, das wär's für heute. Ich wünsche euch noch einen schönen Tag.«

Die Versammlung löste sich auf und jeder wanderte an seinen Arbeitsplatz.

»Hat er dir das schon vorher gesagt?«, fragte Schwarzenbach beiläufig.

»Gestern Abend. Ich war ziemlich geschockt. Schließlich war ich letztes Jahr arbeitslos und muss mir jetzt schon wieder einen neuen Job suchen.«

»Andererseits hast du vielleicht die Chance, deinen Arbeitsweg zu verkürzen, wenn du was Vernünftiges findest.«

Pierre kam jeden Tag mit dem Zug von Bern nach Zürich, was zweimal eine gute Stunde Bahnfahrt in einem vollgestopften Waggon bedeutete.

»Allerdings wird in Bern schlechter bezahlt als in Zürich. Ich muss meine Hypothek ablösen. Frau und Kinder sind auch nicht umsonst. Du weißt, das Leben in der Schweiz ist teuer.«

Das stimmte allerdings. Sicher zahlte man in der Schweiz deutlich weniger Steuern als in Deutschland. Auch wenn man nicht in einem der Zuckerkantone wie Zug oder Schwyz wohnte. Aber die hohen Mieten und die Lebensmittelpreise machten diesen Vorteil wieder ziemlich zunichte. Andererseits war Schwarzenbachs Krankenversicherung noch nie so günstig. Bei seinem Einkommen kostete sie in Deutschland locker das Doppelte.

Für Pierre war die Sache also durchaus unangenehm. Und für ihn selbst? Schwarzenbach überlegte hin und her. Worauf konnte das hinauslaufen? Wenn ein Externer gehen muss, dann ist man schnell bereit, auch den nächsten nach Hause zu schicken. Er selbst war zwar im Moment nicht so leicht zu ersetzen. Aber auf lange Sicht war das sicher kein Problem. Er hatte in den letzten Monaten einiges dafür getan, dass die von ihm betreuten Systeme wesentlich problemloser liefen als vorher. Vielleicht stellte sich das jetzt als Fehler heraus?

Ich, dachte Schwarzenbach, kann eigentlich auch mit zehn Prozent weniger leben. Genau das werde ich Beat anbieten. Ob es dann am Schluss fünfzehn Prozent sind, ist mir letztlich auch egal. Mit dieser Überlegung ging Schwarzenbach durch den Tag und erledigte seine Arbeiten. Etwas Spannendes war sowieso nicht zu tun. Alles nur Routine. Heute ging es direkt nach Hause und dem Wäscheberg entgegen. Irgendwann musste der ja auch abgearbeitet werden.

Am nächsten Tag lief Schwarzenbach Beat zufällig über den Weg.

»Hallo, Beat, kann ich dich kurz sprechen?«

»Klar, was gibt es?«

»Ich habe mir überlegt, dass ich auch mit zehn Prozent weniger Stunden leben kann. Wäre das gut für dich?«

»Weißt du, ehrlich gesagt hatte ich dich schon mit zwanzig Prozent, also mit einem Tag in der Woche einkalkuliert. Du bist ja alleinstehend und hast keine Kinder. Ich muss versuchen, Rücksicht auf die Familienväter zu nehmen, die das Geld nötiger brauchen.«

»Das würde also bedeuten, dass ich eine 4-Tage-Woche habe. Wenn es sein muss, kann ich damit auch leben. Ist es dir dann recht, wenn ich ab sofort montags freimache?«

»Ja, das ist in Ordnung für mich. Danke für deine Unterstützung. Ich bin froh, wenn ich die ganze Sache über die Bühne bringen kann, ohne meinen Betrieb zum Stocken zu bringen. Das ist für uns alle unangenehm. Aber ich kriege die Kommandos auch nur von oben und muss das dann umsetzen.«

»Ist mir schon klar.«

Schwarzenbach wollte sich gerade abwenden, da kam Beat noch mit einem Nachsatz.

»Übrigens habe ich mir überlegt, dass wir, wenn Pierre weg ist, auch noch jemanden brauchen, der sich mit diesem Teil der Schnittstellensysteme, die du betreust, auskennt.«

Aha, jetzt wurde es interessant. Wen hatte er da wohl ausgesucht? Vermutlich Roger.

»Ich habe schon mit Roger gesprochen, er hat vor Jahren einmal mit diesen Systemen zu tun gehabt. Es wird sicherlich nicht so schwierig für ihn sein, sich dort einzuarbeiten.«

Schwarzenbach würde also auch über kurz oder lang zur »Entsorgungsmenge« gehören und durch einen internen Mitarbeiter ersetzt werden.

»Ja klar, wir können dann ja einen Einarbeitungsplan für ihn machen.« schlug er tapfer vor.

»Prima, danke für deine Unterstützung, schönen Tag noch.«

Damit war jetzt klar, wohin die Reise ging: Erst einmal nahm man ihm zwanzig Prozent seines Einkommens. Dann musste er einen der Festangestellten einarbeiten, damit man ihn in absehbarer Zeit ersetzen konnte. Davon abgesehen, dass Schwarzenbach von dem Job an sich schon länger nicht mehr besonders angetan war, brachte das mittelfristig für ihn einige Probleme. Die Großrechnerwelt in der Schweiz wurde immer kleiner. Es gab nur noch wenige Unternehmen, die in diesem Bereich Leute beschäftigten. Es war also abzusehen, dass er sich in nicht allzu ferner Zukunft unter den Arbeitslosen wiederfinden würde. Ein arbeitsloser Ausländer aber, selbst ein Deutscher, galt sehr schnell als Schmarotzer in der Schweiz. Auch wenn man jahrelang in die Arbeitslosenversicherung eingezahlt hatte und der Anspruch rechtlich gesichert war.

Derzeit war die Schweizer Öffentlichkeit auf Deutsche sowieso nicht gut zu sprechen. »Viel zu viele Deutsche nehmen den armen Schweizern die qualifizierten Arbeitsplätze weg« – so lautete die Parole einiger Politiker im Land. Überhaupt hatte die Schweiz im Laufe der letzten Jahre einen spürbar rassistischen Kurs eingeschlagen. Solange man als Ausländer brav arbeitet und die Sozialkassen füllt, ist man willkommen. Und dass sie möglichst die Jobs machten, die bei den meisten Schweizern unbeliebt waren, entsprach der Erwartungshaltung der politischen und wirtschaftlichen Elite.

Wie nirgendwo sonst in Europa gab es hier eine immer größere Erbengeneration, die mit den von den Vorfahren erarbeiteten Millionen lieber ein gutes Leben führten, als sich kaputt zu arbeiten.

Aufgrund der massiv gestiegenen Immobilienpreise war praktisch jeder, der von den Eltern ein Haus geerbt hatte, automatisch ein Millionär. Irgendwo hatte Schwarzenbach kürzlich gelesen, es gäbe fast 400.000 Millionäre in der Schweiz. Da die meisten Ausländer nicht dazu gehörten, waren damit wohl zehn Prozent der Schweizer gemeint.

Aber wie auch immer, er musste seine Lage überdenken. Was war zu tun? Oder sollte er einfach nur abwarten? Sicherlich würde er nicht gleich verhungern oder verdursten. Schließlich gab es eine Menge Leute, die mit Vollzeitarbeit weniger verdienten als er mit einem Vier-Tage-Job. Aber es ging natürlich auch irgendwie ums Prinzip. Was sollte er mit der neuen Freizeit anfangen? Alleine durch die Berge wandern? Er musste sich dringend etwas einfallen lassen.

5

An diesem Wochenende machte Schwarzenbach einen Ausflug auf die Rigi. Der Weg nach Vitznau am Vierwaldstätter See war eine seiner Lieblingsstrecken. Eine schmale und kurvenreiche Uferstraße führte ihn vorbei an schönen Häusern mit Seeblick, die von dem Reichtum zeugten. An der Rigi-Bahnstation parkte er und ging die paar Schritte bis zum Schalter. Er löste das Ticket für die Hinfahrt und fuhr hoch bis Rigi Kulm. Den Weg zurück würde er laufen, schließlich hatte er den ganzen Tag Zeit. Schwarzenbach war etwa eine Stunde gewandert, als er eine schlanke Frau mit Wanderschuhen und einem Rucksack eingeholt hatte. Sie war auch allein unterwegs und genoss gerade die Aussicht auf den Vierwaldstätter See. Er ging langsam an ihr vorbei und grüßte freundlich.

»Guten Tag.«

Sie drehte sich um und lächelte ihn freundlich an.

»Das wünsche ich Ihnen auch.«

»Wunderbarer Tag für eine Wanderung hier oben.«

Er versuchte, irgendwie ein kleines Gespräch loszutreten.

»Ja, sehr schön hier.«

Immerhin antwortete sie noch einmal.

»Also, dann noch weiterhin viel Vergnügen.«

»Das wünsche ich Ihnen auch.«

Damit war das Gespräch auch schon zu Ende. Na ja, immerhin sprach sie Hochdeutsch ohne Schweizer Akzent, vermutlich eine Touristin. Der Berg war ja zu dieser Jahreszeit voll von Leuten. Schwarzenbach marschierte also weiter und kam etwa eine Stunde später zu einer Lichtung, wo er schon mehrmals gerastet hatte. Hier gab es einen weiteren schönen Ausblick über den See und vom Süden wehte immer ein laues Lüftchen. Er machte es sich auf einem großen Stein gemütlich und öffnete den Rucksack. Gerade kaute er an seinem Wurstbrot, als sich Schritte näherten. Da war sie wieder.

»Hallo, das ist aber ein schöner Platz für eine Rast.«

Er konnte nur mit vollem Mund antworten.

»Ja, man sitzt ganz gut hier.«

»Ich würde auch eine Pause machen. Darf ich mich zu Ihnen setzen?«

Das war mehr, als er erwartet hatte.

»Natürlich, gerne. Die Aussicht ist ja für alle da.«

Sie setzte sich auf einen anderen Stein und begann Proviant auszupacken, ein Schinkenbrot, dazu eine Flasche Apfelschorle. Sie kauten beide in stillem Einvernehmen, dann packte sie den Rest der Apfelschorle in den Rucksack zurück.

»Sie sind anscheinend nicht das erste Mal hier.«

»Das stimmt. Ich laufe bei schönem Wetter gerne auf diesem Berg herum.«

»Aha, Sie sind aber kein Schweizer.«

»Nein, ich wohne aber seit ein paar Jahren hier in der Nähe.«

»Arbeiten Sie hier, oder gehören Sie zu den reichen Flüchtlingen, die in der Schweiz Unterschlupf suchen?«

»Sie sind ja ziemlich direkt. Sie leben wohl nicht in der Schweiz?«

»Wie kommen Sie denn darauf?«

»Solche Fragen würde kein Schweizer jemandem stellen, den er gerade vor zehn Minuten zum ersten Mal gesehen hat.«

»Anscheinend ist das wohl mein persönliches Problem. Bitte entschuldigen Sie, aber ich bin erst seit einigen Monaten hier und trete öfter in solche Fettnäpfchen. Ich glaube, ich muss mir solche Direktheiten abgewöhnen.«

»Zumindest im Umgang mit Schweizern sollten Sie da vorsichtiger sein. Damit erfüllen Sie alle üblichen Klischees über die Deutschen.«

»Zum Glück sind Sie ja keiner. Ich heiße übrigens Louisa.«

»Mein Name ist Gregor.«

»Vielleicht gehen wir gemeinsam weiter, wenn Sie Lust dazu haben?«

Ob er Lust dazu hatte? Er mochte Wanderungen. Aber noch lieber war es ihm, wenn er nicht alleine wandern musste.

»Natürlich gern. Ich weiß nicht, ob Sie sich hier schon etwas auskennen? In ungefähr zwei Stunden erreichen wir einen netten Berggasthof, den ich als Ziel angepeilt habe. Vielleicht wollen Sie ja bis dorthin mitgehen?«

»Das wäre super, gerne.«

Sie wanderten fast zwei Stunden am Berg entlang. Das Tempo schien für beide angemessen zu sein. Am späteren Nachmittag hatten sie Hinterbergen erreicht. Dort lag eine Gastwirtschaft mit weitem Seeblick. Sie setzten sich an einen der Tische und bestellten praktisch gleichzeitig ein Hefeweizen. Schwarzenbach hatte das Gefühl einer angenehmen Übereinstimmung mit ihr. Louisa erzählte ihm, dass sie als Krankenschwester arbeite.

Mit Mitte vierzig war es in der Schweiz in dem Beruf augenscheinlich viel einfacher, einen Job zu finden, als in Deutschland. Zumal sie wohl einige Jahre nicht in dem Beruf gearbeitet hatte. Anscheinend hatte Louisa eine Trennung hinter sich und war für einen Neuanfang hierher gekommen. Schwarzenbach mochte ihre Stimme und ihren Tonfall, und außerdem sah sie eher wie fünfunddreißig aus. Trotz der schweißtreibenden Wanderung roch sie wunderbar. Sie schien ebenso einsam zu sein wie er.

Nach dem zweiten Bier machten sie sich auf den Weg zur Seilbahn nach Vitznau. Die alte Dame, die den Führerstand der Privatseilbahn bediente, kannte Schwarzenbach schon vom Sehen.

»Grüezi, wir würden gern hinabfahren.«

»Gern, stieget Sie nur scho inne.«

Louisa kletterte auf die Bank mit dem Seeblick.

»Das ist ja wirklich eine nette kleine Seilbahn.«

»Ja, das ist eine Privatbahn. Es gibt hier zwei davon. Vielleicht hätten Sie ja Zeit und Lust, in den nächsten Tagen eine andere Strecke mit mir zu wandern? Dann könnte ich Ihnen die andere Bahn auch noch zeigen.«

»Das wäre wirklich sehr nett. Morgen muss ich leider arbeiten. Sie haben montags wahrscheinlich keine Zeit, oder? Am Montag habe ich nämlich immer frei.«

Es war wie im Traum. Sollte es eine Chance geben, die leeren Montage mit neuem Sinn zu füllen?

»Doch! Ich arbeite montags auch nicht. Wir könnten uns also gerne treffen, wenn Sie Lust haben.

»Das ist ja toll! Wo treffen wir uns?«

»Ich hole Sie gerne ab. Dann müssen wir nicht zwei Autos bewegen. Ich wohne in Merenschwand. Wo soll ich Sie abholen?«

»Das ist ja perfekt. Ich wohne in Sins, mitten im Dorf. Kennen Sie die neue Coop dort?«

»Na klar. Das liegt ja sogar auf dem Weg. Sagen wir, um 9 Uhr morgens vor der Coop? Dann haben wir den ganzen Tag Zeit für eine schöne Strecke.«

»Wunderbar, ich freue mich darauf. Dann sehen wir uns also wieder.«

Er fühlte sich den Rest des Tages wie in Trance. Kann es so einen Zufall geben? Schwarzenbach konnte es kaum fassen. Den Sonntag verbrachte er damit, das Auto in einen perfekten Zustand zu versetzen. Schließlich sollte seine neue Bekannte keinen schlechten Eindruck von ihm bekommen. Der

Tag verging trotzdem äußerst schleppend, und er schlief miserabel vor lauter Aufregung.

Um kurz nach sieben war Schwarzenbach bereits aufgestanden und packte seinen Rucksack. Der Wetterbericht hörte sich zum Glück vielversprechend an. Schon zehn Minuten vor der verabredeten Zeit stand er an der verabredeten Stelle. Hoffentlich hielt sie ihr Wort und kam auch tatsächlich. Zwei Minuten später sah er Louisa um die Ecke biegen.

»Hallo, Sie sind ja superpünktlich. Schön, Sie wiederzusehen.«

»Ich freue mich auch sehr. Bitte geben Sie mir Ihren Rucksack, ich lege ihn nach hinten. Machen Sie es sich doch schon einmal bequem.«

Sie stieg ein, stellte sich den Sitz ein wenig zurecht und schnallte sich an.

Die Strecke nach Vitznau verging mit dem Gespräch fast zu schnell.

»Wohnen Sie in Sins in einem dieser neuen Häuser?«

»Ja, genau. Ich habe dort eine Zweizimmerwohnung. Das reicht für mich aus. Ich arbeite zwar in Zug, aber da sind die Mieten einfach zu hoch. Das kann man sich mit einem normalen Gehalt nicht leisten.«

»Das stimmt allerdings. Aber selbst in Sins zahlen Sie wahrscheinlich für die zwei Zimmer 1200 Franken.«

»Fast 1400 sogar. Auf die Schnelle war nichts Günstigeres zu finden. Aber in Zug hätte ich mehr als 2000 bezahlt.«

»Das kommt halt durch die niedrigen Steuern dort. Aber für Normalverdiener bringt das nicht so viel, dass es die überhöhten Mietpreise rechtfertigen würde.«

Er parkte an der Seilbahn nach Hinterbergen. Sie fuhren nach oben und wanderten von der Bahnstation über den Bergkamm in Richtung Goldau. Diese Seite des Berges hatte Louisa noch nicht gesehen.

»Schau, hier geht der Blick zum Zuger See und nach Goldau. Bist du schon einmal dort gewesen?«

Während der Fahrt hatten sie sich endlich auf das »Du« geeinigt.

»Nein, das kenne ich nur von der Karte. Da ist doch ein großer Tierpark, oder?«

»Genau, da können wir ja auch einmal hin, wenn du Lust hast. Heute gehen wir um den ganzen Berg herum bis zur Wissifluh.«

»Das hab ich noch nie gehört. Gibt's da was Besonderes?«

»Lass dich überraschen. Du bist zur Vesperpause eingeladen.«

Sie wanderten in einer Rechtskurve um den Berg herum. Der Weg war teilweise durchaus anspruchsvoll, aber beide waren geübte Wanderer und hatten keine Höhenangst. Nach etwa drei Stunden erreichten sie die Wissifluh, wieder auf der Seite zum Vierwaldstädter See. Als sie die Terrasse des Berglokals betraten, schien die Sonne und der Blick reichte bis zu den Alpen.

»Das ist ja fantastisch hier! So ein umwerfendes Panorama habe ich nicht erwartet.«

»Das ist ein Geheimtipp für alle, die eine schöne Aussicht und eine leckere Vesper lieben. Du isst hoffentlich auch Fleisch?«

»Ja, ganz gern. Es müssen keine Unmengen sein, aber gegen etwas Leckeres ist nichts einzuwenden.«

Er bestellte die Fleischplatte. Sie tranken Weizenbier in der Sonne und nach zehn Minuten erschien die Wirtin mit der Vesperplatte und einem Brotkorb.

»Dann wünsche ich 'en Guete.«

Die Wurst von den hauseigenen Wollschweinen schmeckte ihnen besonders gut. Das Fleisch hatte eine eigene Würze. Sie saßen fast zwei Stunden auf der Terrasse und spazierten dann noch im Garten herum. Beim Bezahlen der Rechnung bestellte Schwarzenbach auch gleich die Bergabfahrt mit der Seilbahn. Louisa war begeistert.

»Die haben auch eine eigene Bergbahn hier?«

»Ja, die Station ist gleich neben der Hinterbergen-Bahn. Wir müssen nur noch ein Stück den Weg hinablaufen, direkt an den Schweinen vorbei.«

Nach einer halben Stunde waren sie wieder auf dem Parkplatz angekommen. Auf der Rückfahrt war es etwas stiller als auf dem Hinweg, denn beide waren müde von der Wanderung. In Sins hielt er vor ihrer Haustür.

»Es war ein sehr schöner Tag für mich. Ich hoffe, es hat dir auch gefallen?!«

»Das war wirklich ein schöner gemeinsamer Ausflug. Ich bin sehr froh, dass wir uns getroffen haben. Willst du nicht noch auf einen Kaffee mit reinkommen?«

Das war es, was sich Schwarzenbach gewünscht hatte. Nicht unbedingt den Kaffee, aber ihre Nähe. Er hatte das Gefühl, diese Frau schon viel länger zu kennen, als es eigentlich der Fall war. Es gab diese natürliche Harmonie, nach der er sich immer gesehnt hatte. Er fühlte sich absolut unbeschwert.

Ihre Wohnung war einer der üblichen Schweizer Standardwohnkartons, gehobene Ausstattung mit den V-Zug-Küchengeräten. Von dem kleinen Balkon konnte man auf die Nachbarhäuser sehen.

»Irgendwie sehen die Wohnungen hier vom Grundkonzept alle gleich aus.«

»Na ja, die üblichen Neubauten eben. Aber für mich ist die Wohnung völlig ausreichend. Trinkst du deinen Kaffee schwarz?«

»Ja, gern. Keine Milch, keinen Zucker. Das ist eine alte IT-Gewohnheit.«

Sie setzten sich zusammen ins Wohnzimmer. Louisa erzählte ein bisschen von ihrer Zeit in Deutschland. Sie hatte in der Handelsfirma ihres Lebensgefährten gearbeitet. Der hatte jedoch eine jüngere Blondine aus dem Fitnessstudio kennengelernt. Dann ging es der Firma angeblich schlechter und sie sollte nur noch halbtags arbeiten. Natürlich kannte sie die Zahlen und wusste, dass das alles nur Schau war, um sie loszuwerden. Also akzeptierte sie lieber die Kündigung. Nach ein paar Monaten in einem deutschen Altenheim mit mieser Bezahlung kam sie dann auf die Idee, sich in der Schweiz zu bewerben. Schließlich war sie ausgebildete Krankenschwester, auch wenn sie schon seit gut zehn Jahren aus dem Beruf raus war. Im Zuger Krankenhaus arbeiteten eine ganze Reihe deutscher Ärzte und Krankenschwestern, so wie in den meisten Krankenhäusern in der Schweiz.

»Irgendwie schon komisch. Einerseits braucht man das ausländische Personal, sonst würde in dem Land vieles nicht mehr funktionieren. Andererseits wird man immer als blöder Ausländer behandelt, der sich dankbar zeigen soll, in der Schweiz sein zu dürfen.«

»Ja, als ich in den Neunzigern hier gearbeitet habe, gab es das noch nicht. Aber die Schweiz ist im Laufe der Jahre mehr und mehr rassistisch geworden. Es gibt eine ganze Menge Schweizer, die um ihr Ländle gern eine eigene Mauer ziehen würden.«

»Aber die meisten Ausländer haben doch Jobs, die viele Schweizer gar nicht machen wollen. Im Krankenhaus Schicht zu arbeiten oder den Müll wegzuräumen, das ist doch für viele indiskutabel.«

»Man sieht halt immer das, was man gerne sehen will. Heute kann ich jedenfalls nachvollziehen, wie sich ein Gastarbeiter in Deutschland fühlt.«

Sie plauderten noch eine Weile, und beide hatten wohl das Gefühl, endlich jemanden gefunden zu haben, der den anderen verstand. Gegen Abend verabschiedete sich Schwarzenbach, als er merkte, dass Louisa müde war. Er wollte auf keinen Fall aufdringlich sein. Sie verabredeten sich für Mittwoch zum Abendessen.

6

Es waren Wochen ohne ein Lebenszeichen aus der Prüfungsgruppe vergangen. Jetzt hatte Giacometti lange genug gewartet. Er brauchte dringend Informationen. Letzte Woche hatte sich Johnson gemeldet und ihm mitgeteilt, dass ein anderer Interessent ein Angebot gemacht hatte. Er hatte versucht herauszubekommen, wie hoch der angebotene Kaufpreis war. Aber Johnson hatte gepokert und ihm keinen noch so kleinen Hinweis gegeben. Sicherlich kaufte niemand, ohne wenigstens den Versuch zu machen, den Preis zu drücken. Aber ohne genaue Zahlen konnte er nur zocken, und das war bei den Summen ziemlich riskant. Anderseits wollte Giacometti den Bestand unbedingt haben. Die Bank musste ihre führende Position im internationalen Wealth Management endlich ausbauen.

»Herrschaften, wie sieht's aus? Haben wir Ergebnisse, die Sie mir präsentieren können?«

Damit hatte niemand gerechnet. Der oberste Chef stand in der Tür und stellte Fragen. Keiner traute sich, etwas zu sagen.

»Gut, dann machen wir es anders. Die nächste Verwaltungsratssitzung ist am kommenden Freitag. Ich brauche von Ihnen bis Donnerstagmittag einen Kaufpreis, der sich unter den bekannten Vorgaben für uns in den nächsten fünf Jahren rechnet. Dann benötige ich noch den Maximalpreis aus Ihrer Sicht, der eine Obergrenze der betriebswirtschaftlichen Vernunft definiert. Schönen Tag noch.«

Damit verließ Giacometti den Raum und nach einigen Minuten betretenen Schweigens setzte betriebsame Hektik ein. Der Projektleiter Hans Hürlimann überlegte, wie der Chef sich diese Information vorstellte. Kurz und prägnant? Oder doch aufwendiger und mit mehr Informationen? Er entschied sich für zwei Versionen. Einmal die übliche PowerPoint-Präsentation für Verwaltungsratssitzungen, die wirklich nur aus einer einzigen Seite bestand. Zusätzlich würden sie eine Version mit mehr Detailinformationen über fünf Seiten erstellen, dann waren sie flexibel.

Einige Tage später begann die Verwaltungsratssitzung gleich mit dem wichtigsten Tagesordnungspunkt. Alle Mitglieder hatten die fünfseitige Präsentation vor sich liegen.

»Wie Sie alle sehen können, bewerten unsere Fachleute den Ertrag dieses Bestandes mit einer jährlichen Rohertragssumme von 1,1 Milliarden US-Dol-

lar. Das heißt, nach Abzug der Kosten können wir mit einem Nettoertrag vor Steuern von 450 Millionen US-Dollar rechnen. Würden wir also den Kaufpreis von 3,6 Milliarden US-Dollar akzeptieren, kämen wir auf eine Kapitalrendite von rund acht Prozent. Das ist natürlich nicht gerade toll. Dafür spricht allerdings, dass wir damit unser Volumen um rund zwanzig Prozent erhöhen würden. Was sich natürlich auf die Kostenrendite insgesamt positiv auswirken wird.«

»Herr Giacometti, ich habe mir die Zahlen im Vorhinein schon einmal angesehen. Wie hoch ist das Risiko, dass Kunden aus dem Bestand herausgehen, wenn sie von dem Wechsel erfahren?«

Es war klar, dass der Familienvertreter Dr. Johannes Bulle diese Frage stellen würde. Giacometti war selbstverständlich vorbereitet. Die Amerikaner hatten die Kunden bereits über den Verkauf des Bestandes an eine Schweizer Bank informiert. Etwa zehn Prozent der asiatischen Kunden hatten daraufhin schon begonnen, ihre Portfolios aufzulösen. Die Amerikaner hatten bereits reagiert und einen um den entsprechenden Wert reduzierten Kaufpreis angeboten. Er verteilte die gerade zwei Stunden alte Zusatzseite zum Foliensatz an alle.

»Wir haben bereits Zahlen dazu erhalten, die aus meiner Sicht sehr solide sind. Die Reduktion des Kaufpreises auf 3,3 Milliarden US-Dollar ist bereits mit den Amerikanern besprochen. Selbstverständlich erhalten wir die Daten der abgehenden Kunden. Es liegt dann an unserer eigenen Kompetenz, diese davon zu überzeugen, bei uns zu bleiben. Ich werde die besten Leute, die wir in Singapur und Hongkong haben, auf diese Liste ansetzen. Sicherlich werden wir nicht alle halten können. Aber eine Quote von fünfundzwanzig Prozent Rückholung erscheint mir realistisch.«

Herr von Rohr meldete sich zu Wort. Er könne sich im Moment nicht vorstellen, wie sie den Kaufpreis für dieses sicherlich sehr interessante Angebot zahlen wollten, ohne die Reserven der Bank nachhaltig zu schwächen. Auch zu diesem Einwand hatte sich Giacometti natürlich schon einige Gedanken gemacht.

»Ich habe mir überlegt, dass wir die Finanzierung in zwei Teilen durchführen sollten. Einerseits bieten wir unseren Kunden eine interessante Neugeldanlage mit einer guten Verzinsung von zum Beispiel drei Prozent an. Das wird sicherlich einige Hundert Millionen bis eine Milliarde US-Dollar zusätzliches Kapital einwerben. Etwa 600 Millionen US-Dollar können wir problemlos aus der Reserve entnehmen. Unsere Kapitaldecke reicht dafür völlig aus. Für den Restbetrag bieten wir eigene Aktien an. Wir versuchen *den Kurs zum Ende der Verhandlungen gegebenenfalls durch eigene Käufe zu stützen. Außerdem haben wir aus den früheren Ankäufen einen Teil Papiere zu einem guten Einstandskurs im Bestand. So bleibt die Finanzierung neutral, und wir gewinnen sogar noch einen guten neuen Aktionär hinzu. Damit besteht für die Amerikaner außerdem die Aussicht, auch langfristig vom verkauften Kapitaltopf profitieren zu können.«*

»Das ist eine sehr gute Idee, Herr Giacometti. Die Familie würde sich sowieso gerne von einem Teil ihres Pakets trennen. Das wäre eine gute Gelegenheit, dies börsenneutral zu tun.«

Alle drehten sich erstaunt zu Dr. Bulle um. Die Familie Bulle war sonst stets bemüht, ihren Anteil am Unternehmen zu halten. Das Geld wurde anscheinend für andere Zwecke gebraucht.

»An wie viele Aktien hatten Sie denn gedacht, Herr Dr. Bulle?«

»Na ja, bei dem aktuellen Kurs von rund hundert Franken pro Aktie würden fünf Millionen Stück aus dem Familienportfolio infrage kommen.«

Damit würde sich der Anteil der Familie auf unter zehn Prozent vermindern.

»Sie wundern sich sicherlich darüber, aber die Familie möchte in andere Bereiche investieren, und dazu ist nun einmal Kapital notwendig. Sie, Herr Giacometti, müssten allerdings den Kurs von hundert Franken sicherstellen.«

»Wir könnten entsprechende Optionen platzieren, die der Familie den Kurs garantieren und das Risiko möglichst auf interessierte Kunden streuen. So könnten wir sogar an den Optionsgeschäften noch gut verdienen.«

»Damit wäre das geklärt. Es ist immer eine gute Lösung, das Risiko auf die Kunden zu verteilen. Treten Sie also an die Amerikaner heran, damit die Sache nicht noch im letzten Moment schiefgeht.«

Alle waren sich einig und ab jetzt nahm die Sitzung ihren normalen Verlauf. Nach gemeinsamem Mittagessen in sehr guter Stimmung trennten sich die Mitglieder. Giacometti schickte eine kurze Nachricht an Johnson, dass er ihm ein konkretes Angebot unterbreiten wolle, und vereinbarte ein Treffen mit den Vorständen der Amerikaner.

Bekanntlich war eine Reise in die USA für den Verwaltungsratspräsidenten einer Schweizer Bank keine gute Idee. Zum gegenwärtigen Zeitpunkt drohte bei Betreten amerikanischen Bodens die sofortige Verhaftung, die dortige Finanzbehörde verstand keinen Spaß. Daher wählte man London als Treffpunkt.

7

Während der nächsten zwei Tage im Büro hatte Schwarzenbach das Gefühl, dass die Stimmung in der Firma weiter kippte. Einige Kollegen sprachen von neuen Systemen, die angeschafft werden sollten, andere von Übernahmen weiterer Banken. Darin hatte die Bank einige Übung. Man hatte im Laufe der letzten Jahre einige andere kleine Privatbanken mit ähnlicher Kundenstruktur übernommen und dadurch das Volumen des verwalteten Vermögens entsprechend gesteigert.

Das Geschäft in der Schweiz wurde zwar aufgrund des politischen Drucks der EU immer schwieriger, aber die Niederlassungen in Singapur, auf den Bahamas und auf den Kanalinseln schrieben gute Zahlen. Aufgrund der wachsenden Probleme mit Schweizer Konten eröffnete man die Konten der EU-Bürger dort und verwaltete deren Vermögen dann anonym in der Schweiz. Das war gängige Praxis bei allen Schweizer Banken, die ihre ängstlichen EU-Kunden gerne behalten wollten. Die Konten der Schweizer Kunden wurden dagegen in den Niederlassungen in Deutschland eröffnet, wo sie vor jedem Zugriff der Schweizer Steuerbehörden sicher waren. Damit wurden die Zinserträge immer steuerfrei gestellt, denn die deutsche Quellensteuer findet auf Wohnsitzausländer keine Anwendung. Insofern ist Deutschland das ideale Geldversteck für jeden Nicht-EU-Bürger. Außerdem sind die anderen europäischen Bankdirektoren mindestens genau so schweigsam wie ihre Schweizer Kollegen. Das haben inzwischen auch die Schweizer Banken erkannt und folglich lassen sie die großen Barbeträge ihrer Schweizer Kunden in ihren deutschen Niederlassungen verschwinden. Von dort wandert das Geld rund um den Globus, verwaltet von den Spezialisten in der Schweiz, die den Namen des Kunden im Regelfall nicht kennen. Die Schweizer Finanzbehörden scheinen sich für die Milliarden ihrer Bürger im Ausland trotz der eigentlich anfallenden Vermögenssteuer nicht zu interessieren. Mit Rücksicht auf die gesellschaftlichen Eliten im Land verzichtet man wohl lieber auf diese Steuermillionen.

Aber wie kam Schwarzenbach jetzt überhaupt auf diese Themen? Das alles war nicht wirklich neu für ihn. In den dreißig Jahren IT bei Banken und Versicherungen hatte er häufig genug erlebt, wie man aus Schwarz Weiß machen, Einkünfte verschleiern und Geld insgesamt verschwinden lassen konnte. Die Manager der Unternehmen glaubten immer noch, dass ihre Mitarbeiter in den unteren Etagen und insbesondere bei der IT keine Ahnung von ihren Geschäftsmodellen hatten. Auf den Vorstandsebenen herrschte die Meinung, dass IT-Spezialisten etwas von Computern und Software verstehen und ansonsten nicht einmal ihre Schuhe selbst zubinden können.

Schwarzenbach jedoch hatte sich immer für diese geschäftspolitischen Vorgänge hinter der Software interessiert. Aber er hatte ein merkwürdiges Verhältnis zum Geld. Der Weg des Erwerbs interessierte ihn mehr als der Besitz. Sobald er das Geld hatte, verlor es für ihn den Reiz. Das hatte in der Vergangenheit dazu geführt, dass er zwar immer zusätzliches Geld mit kleinen Geschäften verdient hatte, es aber nie lange behielt. Er finanzierte damit hauptsächlich seine Reisen. Dabei fiel ihm ein, dass er Louisa noch gar nicht gefragt hatte, ob sie gerne reiste. Er fühlte jedoch instinktiv, dass alles richtig war an dieser Frau.

Schwarzenbach fuhr am Mittwochabend vor ihrem Haus vor. Als er klingelte, öffnete sie sofort. Sie trug ein bezauberndes grünes Sommerkleid und sah toll aus.

»Hallo, schön, dass du da bist, ich freue mich. Das Essen ist gleich fertig.«

Schwarzenbach hatte erwartet, dass sie essen gehen würden. Zum Glück hatte er zwei gute Flaschen Rotwein dabei. Die wollte er ihr eigentlich zum Probieren mitbringen.

»Das ist ja toll. Ich habe für uns einen schönen Rotwein ausgewählt. Ich hoffe, du magst ihn.«

»Gut, dass du den Wein mitgebracht hast. Ich habe nicht viel Ahnung davon.«

»Aus der Küche riecht es gut, erinnert mich irgendwie an zu Hause. Könnten das etwa Kohlrouladen sein?«

»Allerdings. Ich hoffe, du magst sie. Falls nicht, müssen wir doch noch in ein Restaurant gehen.«

»Ich liebe Kohlrouladen, aber leider habe ich sie seit Jahren nicht gegessen. So was kann hier keiner, und ich bin nicht auf die Idee gekommen, es selber zu machen.«

»Dann hoffe ich, dass dir meine Variante schmeckt.«

Die Kohlrouladen schmeckten für ihn nach Himmel. Was vielleicht mit an der allgemein euphorischen Stimmung und irgendwann dann auch am Wein lag. Der Abend hielt, was er versprochen hatte. Als Schwarzenbach die zweite Flasche Wein geöffnet hatte, küssten sie sich. Sie schmeckte nach Wein und Schokolade. Aber das war vielleicht auch nur Einbildung.

Er hatte schon lange nicht mehr mit einer Frau geschlafen. Das war mehr als zwei Jahre her. Hoffentlich passierten ihm keine Fehler, dachte er insgeheim.

Schwarzenbach hatte keine Chance mehr, weiter darüber nachzudenken. Louisa lenkte ihn nach ihrem Belieben und er folgte ihr völlig willenlos. Ihre Körper waren in einer Harmonie, wie er sie noch nie erlebt hatte, und er konnte nicht aufhören, sie zu streicheln und zu küssen. Sie stimulierte ihn immer wieder aufs Neue. Irgendwann lagen sie erschöpft nebeneinander.

»Das war sehr schön. Das sollten wir öfter machen.«

Noch nie im Leben hatte er so einen Satz von einer Frau gehört.

»Auf jeden Fall.«

Schwarzenbach fühlte sich wie auf einem anderen Planeten. Auf einmal hatte das Leben wieder einen Sinn, und es schien, als würden sich alle seine Wünsche in diesem Moment erfüllen. Nach einiger Zeit erwachten Sie gemeinsam und liebten sich erneut.

Als er wieder erwachte, schien die Sonne auf die Terrasse. Louisa stand nackt in der Küche und suchte im Kühlschrank herum.

»Möchtest du auch etwas trinken?«

»Ja, Wasser oder ein Orangensaft oder so was wäre gut.«

Sie brachte eine Flasche Orangensaft ans Bett und er sah sie vor sich stehen. Die Linie der Hüften und die schön geformten Brüste.

»Du bist wirklich schön.«

»Danke, aber ich merke schon, dass ich nicht mehr zwanzig bin.«

»Das spielt doch keine Rolle. Du hast diese Schönheit, die von innen strahlt. Die ist nicht altersabhängig.«

»Solche Sätze darfst du gerne jederzeit wiederholen.«

Sie küsste ihn.

»Musst du nicht zur Arbeit?«

»Eigentlich schon. Aber es stört auch niemanden, wenn ich später komme. Im Gegenteil.«

»Musst du denn nicht auch deine zweiundvierzig Stunden arbeiten?«

»Weißt du, ich bin einer dieser modernen Sklaven, die auf Stundenbasis bezahlt werden. Wenn ich nicht da bin, verdiene ich auch kein Geld.«

»Das muss man sich ja auch leisten können.«

»Manchmal muss man froh sein, überhaupt noch arbeiten zu dürfen, damit man etwas verdienen kann. Im Moment sind die Zeiten halt schlecht in der Finanzindustrie.«

»Aber Bankmitarbeiter bekommen doch oft einen Riesenbonus, steht jedenfalls in der Zeitung.«

»Ja, einige schon, aber nicht alle. Solche Knechte wie ich, die fallen da sowieso durchs Raster. Wir sind keine echten Angestellten der Bank, sondern nur Leiharbeiter. Wenn der Durchschnittsbonus über alle Mitarbeiter 100.000 Franken beträgt, dann darf der Großteil nur wenig bekommen, damit einzelne – sogenannte Spitzenkräfte – dann ihre drei, fünf oder zehn Millionen abkassieren können.«

»Ach, so läuft das. Ich dachte, die Leute, die bei den Banken arbeiten, wären alle reich?«

»Es ist wie überall auf der Welt. Auch da sind nur wenige Menschen reich. Wie in fast jeder anderen Firma auf der Welt arbeitet das Fußvolk und die Oberen kassieren ab.«

»Wie blöd – in der Zeitung die Schelte abbekommen, aber die Kohle dafür nicht kriegen.«

»Wie gesagt, es ist wie überall in unserer Welt. Da sind die meisten auch froh, wenn sie einfach ihren Job behalten, der ja nicht so schlecht bezahlt wird. Dafür halten sie dann die Klappe.«

Schwarzenbach hatte seine Sachen zusammengepackt.

»Sehen wir uns heute Abend?«

»Ja, natürlich gern. Ich muss allerdings bis 21 Uhr arbeiten.«

»Dann hole ich dich ab und wir essen bei mir?«

»Prima. Ich fahre sowieso mit dem Bus nach Zug. Dann spare ich mir den Weg.«

Auf dem Weg zur Tür umarmte er Louisa noch einmal und küsste sie intensiv.

»Ich bin absolut glücklich, dich gefunden zu haben.«

8

Die nächsten Tage war Schwarzenbach im Büro zwar körperlich anwesend und erledigte auch die notwendigen Arbeiten. Aber das alles war für ihn auf einmal nicht mehr wichtig. Nur noch Routine, die irgendwie ablaufen musste. Sein Leben begann sich mit einem neuen Inhalt zu füllen. Das geschah mit einer derartigen Schnelligkeit und Intensität, dass es ihn selbst erschreckte. Es war für ihn so, als hätten sie beide schon immer zusammengehört, als würde sich ein seit langer Zeit bestehender Plan jetzt erfüllen. Ohne groß zu überlegen, hatte er Louisa den Schlüssel zu seiner Wohnung hingelegt. Sie war dort jeden Tag und jeden Abend, an dem sie nicht arbeiten musste.

Auch seine Nachbarn hatten sehr schnell gemerkt, dass sich in seinem Leben etwas verändert hatte. Sie schauten neugierig, wenn Louisa in seiner Wohnung verschwand oder herauskam. Nach einigen Tagen grüßte man sich schon freundlich. Natürlich wurden keine Fragen gestellt. Das tut man nicht in der diskreten Schweiz. Aber mehr oder weniger subtil versuchten doch einige Mitbewohner im Haus herauszubekommen, wer Louisa wohl war und woher sie auf einmal kam. Schließlich konnte die Hausmeisterin nicht mehr an sich halten, als er ihr eines Morgens in der Tiefgarage begegnete.

»Guten Morgen, Herr Schwarzenbach, wie geht es Ihnen?«

»Danke, bestens, Frau Leuthard.«

»Ja, so sehen Sie auch aus. Sie haben ja jetzt häufig Besuch.«

»Das stimmt, das haben Sie richtig bemerkt.«

»Na ja, ist ja schwer zu übersehen, wenn in so einem kleinen Haus jemand Neues ein und aus geht.«

»Sie werden sich hoffentlich bald daran gewöhnt haben. Vielleicht zieht die Dame ja auch irgendwann bei mir ein.«

»Das wäre aber wirklich schön, Sie waren ja lange allein.«

»Ich gebe Ihnen dann schon Bescheid, wenn es so weit ist. Grüßen Sie Ihren Mann, und schönen Tag noch.«

»Ebenfalls einen schönen Tag, Herr Schwarzenbach.«

Damit hatte er schon gerechnet. Hier blieb nichts unbemerkt. Aber das war ihm egal, schließlich war das nichts Verbotenes. Die nächsten Wochen vergingen, was die private Seite seines Lebens betraf, einerseits wie im Flug. Andererseits in tödlicher Langeweile, wenn er an die Stunden im Büro dachte. An einem Sonntagabend ereignete sich dann allerdings etwas Entscheidendes. Louisa war bereits zu Hause, als er aus der Garage nach oben kam.

»Gregor, ich muss mit dir unbedingt was besprechen.«

Er konnte es noch nicht so richtig einschätzen, aber er hatte das Gefühl, dass etwas wirklich Wichtiges geschehen war.

»Mit einem Brief aus Deutschland habe ich ein riesiges Problem bekommen.«

»Wieso denn das?«

»Ich habe dir ja erzählt, dass ich in der Firma meines Freundes gearbeitet habe. Als ich noch dort war, lief alles ziemlich gut. Aber das hat sich schnell geändert. Jedenfalls hat er doch Konkurs anmelden müssen.«

»Na ja, du hast ja wohl kein Gehalt mehr zu bekommen, wieso sollte dich das also etwas angehen? Ihr wart doch nicht verheiratet, oder doch?«

»Allerdings nicht. Aber ich glaube, ich habe einen großen Fehler gemacht, als ich nämlich vor Jahren einmal eine Bürgschaft für die Firma unterschrieben habe.«

Oh, jetzt hatte sie wirklich ein Problem.

»Du hast diese Bürgschaft bei der Trennung nicht zurückgenommen?«

»Ich habe überhaupt nicht mehr daran gedacht! Jetzt hat der Konkursverwalter, ein Anwalt, diese Bürgschaft aus irgendeinem Aktenordner gezogen.«

»Wie viel Geld will er denn?«

»Er will von mir 450.000 Euro.«

»Das ist aber eine ziemlich hohe Summe. Da muss eine alte Frau lange für stricken.«

»Ich wüsste nicht, wie ich so eine Menge Geld stricken sollte. Daran zahle ich bis ans Ende meiner Tage.«

»Lass uns erst einmal überlegen. Es muss dem Herrn Anwalt doch klar sein, dass du diese Summe niemals aufbringen kannst. Außerdem lebst du in der Schweiz. Das macht die Sache für ihn erheblich schwieriger.«

»Wieso denn das?«

»Weil er erst einmal einen Rechtstitel in Deutschland benötigt, mit dem er dann wieder zu einem Schweizer Gericht muss. Und dieses Gericht muss die Rechtmäßigkeit anerkennen, dann kann er das Geld hier eintreiben.«

»Tatsächlich? Woher weißt du das denn?«

»Es gibt jede Menge Leute hier in der Schweiz, die Steuerschulden in ihrem jeweiligen Heimatland haben. Die sind eben genau deswegen hier. Weil es gerade in solchen Fällen ziemlich schwierig ist, einen Schweizer Richter dazu zu bringen, eine derartige Forderung zu akzeptieren.«

Fieberhaft überlegte er weiter. Bei so einer Konkursgeschichte war das aber schon etwas anderes als bei Steuerschulden. Da ging es vermutlich nicht nur um Schulden beim Staat, sondern auch um Forderungen von Privatpersonen.

»Und was mache ich jetzt?«

»Zunächst schreiben wir an diesen Konkursverwalter, dass du seine Forderung ablehnst. Zum einen, weil du schon lange nicht mehr in der Firma tätig bist und es daher nicht einsiehst, für solche Schulden aufzukommen. Zum anderen, weil du über keinerlei finanzielle Mittel verfügst, um so eine Forderung überhaupt akzeptieren und begleichen zu können. Du würdest also in jedem Fall jedes mögliche Rechtsmittel nutzen, um diese Forderung abzuwenden.«

»Und das soll helfen?«

»Das ist nur der erste Schritt. Es geht erst mal nur darum, ihm deutlich zu machen, dass er freiwillig nichts von dir bekommt, sondern um jeden Euro kämpfen muss.«

»Aber der Typ ist Anwalt. Er wird sich nicht so leicht abschrecken lassen.«

»Kann sein, kann nicht sein. Er wird sich überlegen, dass er einen Titel in der Schweiz erstreiten muss. Das kostet Geld. Selbst wenn er den Richter dazu bringt, seine Forderung zu akzeptieren, muss er hier für eine Betreibung die Gebühr hinterlegen. Vorher passiert gar nichts. Bei der Summe sind das sicherlich einige Tausend Euro, die er nur dafür investieren muss, ohne Garantie, dass er etwas bekommt.«

»Aber glaubst du, das wird ihn abschrecken?«

»Dann noch die Gerichtskosten in Deutschland, sowie Anwalts- und Gerichtskosten in der Schweiz. Und darüber hinaus die Zeit, die das alles dauert. Kann schon sein, dass ihn das abschrecken wird. Wir müssen es jedenfalls erst einmal so probieren.«

Schwarzenbach hatte natürlich nicht von den eigenen Anwaltskosten gesprochen, die sie haben würde, wenn der Typ nicht lockerließ. Aber das konnte man dann auch später noch tun. Immer einen Schritt nach dem anderen machen.

In den nächsten Tagen kreisten seine Gedanken weiter um das Thema. Das war eine Menge Geld, und er konnte sich nicht vorstellen, dass dieser Anwalt sich so schnell würde abschrecken lassen. Vor allem dann nicht, wenn in der Konkursmasse etwas Geld vorhanden war, um das Verfahren gegen Louisa zu eröffnen. Dann war es ihm sicher egal, denn schließlich musste er versuchen, die Forderung beizutreiben. Schon im Interesse der anderen Gläubiger. Aber im Moment konnte man nicht mehr tun als abwarten.

Nach zwei Wochen kam der nächste Brief. Aufgrund weiterer Forderungen gegen die Firma hätte sich die Summe auf 625.000 Euro erhöht. Da Louisa nicht bereit war, diese Summe zu zahlen, würde der gegnerische Anwalt vor einem deutschen Gericht einen Zahlungsbefehl beantragen und dann die weiteren Verfahrensschritte einleiten. Es sah also nicht danach aus, als würde die Sache einfach so im Sande verlaufen. Louisa war verzweifelt.

»Was soll ich jetzt nur machen? Wie soll ich jemals so viel Geld zusammenbekommen?«

»Das ist tatsächlich ein Problem. Eine derartige Summe hat man nicht einfach so herumliegen.«

Er überlegte hin und her.

»Wir müssen ihm die Sache so schwer wie möglich machen. Eine andere Chance hast du nicht.«

»Einverstanden, aber irgendwann erwischt es mich dann doch, oder?«

»Vielleicht fällt mir noch was ein. Kommt Zeit, kommt Rat.«

Wo könnte man nur so viel Geld auftreiben? Er grübelte tagelang vor sich hin. Am Montagmorgen ging er in Zürich an ein öffentliches Telefon und wählte die Nummer. Die Nummer von Maier.

»Hallo.«

Niemand antworte.

»Hallo, kann ich Herrn Maier sprechen?«

»Hier ist Maier, mit wem spreche ich?«

»Schwarzenbach.»

»Ah, Herr Schwarzenbach. Schön, dass Sie anrufen. Haben Sie Ihre Meinung geändert?«

»Vielleicht, kommt darauf an. Wir sollten uns treffen.«

»Na klar. Schlagen Sie doch einen Ort vor, an dem wir uns treffen können.«

»Am besten in Deutschland. In der Fußgängerzone von Waldshut-Tiengen gibt es ein Café, das direkt an der Durchfahrtsstraße liegt, die mitten durch den Ort führt. Ich weiß nicht, wie es heißt, aber es wird leicht zu finden sein.«

»Alles klar, das werde ich schon finden. Wann haben Sie Zeit?«

»Morgen Abend gegen 19 Uhr?«

»Gut, das kriege ich hin. Wir sehen uns dort. Auf Wiedersehen, Herr Schwarzenbach.«

Er hatte aufgelegt. Was sollte schon sein? Er konnte immer noch ablehnen, falls ihm die Sache zu riskant wurde.

Er parkte in dem neuen Parkhaus gleich neben der Polizeistation in Waldshut und machte sich auf den Weg in die Fußgängerzone. Es war ein sonniger Abend und viele Leute spazierten an den Geschäften vorbei oder saßen in Cafés und Restaurants. Er erreichte den vereinbarten Treffpunkt nach einigen Minuten und sah sich um. Dann entdeckte er Maier im hinteren Bereich des Cafés.

9

Die meisten Gäste saßen auf den Außenplätzen im Freien, der Innenbereich des Lokals war dagegen fast menschenleer. Schwarzenbach setzte sich neben Maier auf einen Stuhl.

»Es freut mich, dass Sie gekommen sind, Herr Schwarzenbach. Wie es scheint, haben Sie Ihre Meinung geändert.«

»Nun, meine Situation hat sich kurzfristig verändert, und ich sehe mich in der Schwierigkeit, einen größeren Geldbetrag beschaffen zu müssen.«

»Oh, das ist für mich allerdings erfreulich.«

»Dann sagen Sie mir doch bitte, was Sie konkret von mir wollen. Dann kann ich schauen, ob ich es Ihnen beschaffen kann.«

»Es ist Ihnen doch sicherlich klar, dass es um Informationen aus der Bank geht. Ich denke, die aktuelle Berichterstattung zu dem Thema ist Ihnen sicher nicht fremd. Sie wissen auch, dass die deutschen Steuerbehörden massives Interesse an solchen Informationen haben. Mein Geschäft ist es, den Kontakt zwischen dem Lieferanten und dem Empfänger herzustellen.«

»Das heißt, Sie kassieren eine Vermittlungsprovision?«

»Natürlich, umsonst ist der Tod und der kostet bekanntlich das Leben. Ich muss schließlich auch meinen Lebensunterhalt bestreiten.«

»Sie möchten also die Namen, Adressen und Kontonummern von deutschen Kunden auf den Schweizer Konten meiner Bank?«

»Und natürlich auch Kontostände und das Eröffnungsdatum des Kontos.«

»Gut, ich werde sehen, was ich tun kann. Ich habe allerdings keinen direkten Zugang zu den produktiven Systemen der Bank. Dann muss ich schauen, was möglich ist.«

»Ich denke, Sie sind clever genug, um zu finden, was wir suchen. Es gilt natürlich der Grundsatz: Je mehr, desto besser.«

»In Ordnung, ich melde mich bei Ihnen, sobald ich etwas habe.«

»Am besten liefern Sie mir einige Muster, dazu reichen zwanzig Datensätze erst einmal aus. Damit kann ich verifizieren lassen, ob die Informationen werthaltig sind. Das ist für uns beide wichtig. Schließlich richtet sich meine Provision nach dem Preis, den Sie in Deutschland für die Daten erhalten. Ich habe also ein Interesse daran, dass Sie möglichst viel Geld bekommen.«

»Gut, wir hören voneinander.«

Schwarzenbach trank seinen Kaffee aus und verließ das Lokal. Auf dem Weg zum Parkhaus zitterte er ein wenig. Würde er brauchbare Daten beschaffen können? Er war sich da keineswegs sicher. Aber er sah keine andere Möglichkeit, für Louisa das Geld zu beschaffen, und das wollte er auf jeden Fall. Ihr neues gemeinsames Leben durfte nicht durch so eine blöde Forderung aus der Vergangenheit zerstört werden. Und wenn er sich schon entschloss, die Daten zu liefern, dann musste so viel dabei rauskommen, dass er sich auch gleich aus seinem unbefriedigenden Arbeitsalltag verabschieden konnte.

In den nächsten Tagen durchforstete er die Datenbestände der Systeme, die ihm zugänglich waren. Das waren allerdings nur die Testdaten und das Emergency-System. Dort konnte er am ehesten erwarten, fündig zu werden. Er hatte sich noch nie vorher mit Adressdaten beschäftigt, aber es gab mit Sicherheit irgendeine Datenbank, die die gesuchten Informationen lieferte. Bezüglich der Länderschlüssel für Heimatadresse und Wohnort hatte er keine Bedenken. Das waren Informationen, die er immer wieder für seine Arbeit brauchte.

Nach einigen Stunden hatte er die passenden Adressdatenbanken gefunden und schrieb ein kleines Programm zur Datenbankabfrage und testete das Ergebnis. Bei einigen Kunden fehlte noch das Kontoeröffnungsdatum. Waren die Konten schon zu alt? Oder lag es an der schlechten Datenqualität? Er hatte bereits mehrfach bemerkt, dass die Datenpflege immer wieder mangelhaft war. Aufgrund der alten Systeme waren erfahrene Sachbearbeiter in der Lage, gewisse Kontrollen und Pflichteingaben zu umgehen und trotzdem die gewünschten Funktionen auszuführen. Das führte hin und wieder zu Problemen in der Datenqualität. Was aber eigentlich niemanden störte.

Nach einigen Versuchen hatte er die notwendigen Daten dann doch beisammen und ließ den Prozess ablaufen. Das Ergebnis sah ganz gut aus, allerdings stand bei etlichen Konten im Namensfeld nur die Kontonummer. Das mussten die anonymisierten Nummernkonten sein. Damit verminderte sich das Ergebnis um über 20.000 Konten. So viele Nummernkonten nur von deutschen Kunden? War das möglich? Zur Sicherheit ließ er die ganze Verarbeitung nochmals ablaufen. Es blieb dabei: Er hatte knapp 15.000 Kundenkonten mit deutscher Adresse gefunden. Das war eine ziemliche Menge und daraus musste er nun zwanzig Datensätze als Muster für Maier auswählen. Die kleineren Beträge waren sicherlich nicht so interessant. Schwarzenbach suchte nach Konten, die mindestens einen Saldo von einer Million Euro oder mehr aufwiesen. Aus diesen etwa 1000 Konten musste er seine Auswahl treffen, denn schließlich wollte er möglichst viel Geld vom deutschen Staat. Der verdiente später an den Strafverfahren und an den daraus folgenden Selbstanzeigen noch wesentlich mehr. Wennschon, dennschon.

Er transferierte die Daten in den privaten Speicherbereich auf seinen PC. Dann konvertierte er das File ins Excel-Format und extrahierte zwanzig Konten. Es handelte sich hierbei um größere Summen, die schon länger im Bestand waren, insgesamt rund achtzig Millionen Euro. Er druckte die Werte auf einer Seite aus und schnappte sich das Blatt, bevor einer seiner Kollegen auch zum Drucker gehen konnte. Das sollte erst einmal reichen. Schwarzenbach war sich nicht sicher, ob die Informationen wirklich etwas wert waren. Gleich am nächsten Tag rief er Maier an.

»Hallo, ich habe die Muster, die Sie wollten. Wie machen wir den Transfer?«

»Das ging ja schnell. Ist es elektronisch?«

»Nein, auf Papier. Aber ich kann es scannen und Ihnen per Mail schicken.«

»Einverstanden, senden Sie das Dokument bitte an die Mailadresse, die ich Ihnen aufgeschrieben habe. Ich melde mich dann, sobald ich eine Rückantwort von meinem Auftraggeber bekommen habe.«

Wie sollte er jetzt möglichst unauffällig eine Mail schicken? Schwarzenbach fuhr nach Hause und scannte das Blatt mit den Daten ein. Den Papierausdruck verbrannte er im Kamin. Die jpg-Datei kopierte er auf einen alten USB-Stick. Am nächsten Tag ging er in der Mittagspause in ein Internetcafé am Lindenplatz in Zürich. Eine halbe Stunde sollte ihm reichen. Schwarzenbach eröffnete einen E-Eail-Account bei Yahoo und verschickte die Datei als Anhang zur Mail an die genannte Adresse. So, das war erledigt. Er war ziemlich nervös. Hatte er vielleicht doch einen Fehler gemacht?

Als sich Maier nach einer Woche immer noch nicht gemeldet hatte, begann er unruhig zu werden. Was dauerte da so lange? Was war so schwierig daran, ein paar Namen zu überprüfen? Nach einer weiteren Woche rief er Maier an.

»Hallo, wie sieht's aus? Gibt's was Neues?«

»Bitte werden Sie nicht ungeduldig. So eine Verifikation dauert mindestens vier Wochen. Die sind da sehr pingelig. Das sind schließlich deutsche Beamte und die haben geregelte Arbeitszeiten.«

»Das heißt also, ich soll einfach abwarten?«

»Genau, ich melde mich bei Ihnen, sobald ich etwas weiß.«

Damit war das Gespräch beendet.

10

Schwarzenbach nutzte die Wartezeit, um die Datenbestände der Bank weiter zu analysieren. Dabei kam er zu erstaunlichen Erkenntnissen: Etwa zwei Drittel der Konten von ausländischen Inhabern waren Nummernkonten. Das waren wiederum siebzig Prozent aller Konten überhaupt. Die deutschen Kontoinhaber machten etwa 15 Milliarden Euro Vermögen aus. Die Einlagesummen und die Anzahl der Konten der Franzosen, Engländer und Italiener waren noch etwas höher. Das Verhältnis der Nummernkonten war etwa ähnlich. Außerdem gab es noch die kleinere Gruppe der Spanier und Griechen mit wenigen Konten, dafür aber teilweise riesigen Summen. Und natürlich die Skandinavier. Aber das erschien ihm unter den gegebenen Umständen logisch, denn dort waren die Steuern sehr hoch und die Einkommen auch. Es gab viele Norweger, Finnen und Schweden, allerdings nur wenige Dänen.

Irgendwie fand es Schwarzenbach interessant, diese Strukturen zu durchforschen, und in einem war er sich jetzt schon sicher: Diese Bank würde ohne Schwarzgeldkonten nicht existieren. Jedenfalls auf keinen Fall in dieser Dimension. Das illegale Geld bildete die Grundlage des über hundertjährigen Geschäftsmodells.

Leider konnte er die Bestände in den Niederlassungen auf den Bahamas, in Singapur und Hongkong nicht einsehen, denn die liefen auf separaten Systemen. Aber dort würde es ähnlich sein. Viele Konten von Europäern waren im letzten Jahr gelöscht worden. Diese Kunden waren aber vermutlich nicht abgewandert oder plötzlich verarmt, sondern die Gelder waren auf Konten außerhalb der Schweiz transferiert worden und kamen dann als verwaltete Treuhandvermögen namenlos wieder zurück in die Schweiz. Wo kein Name ist, da kann man auch nichts anmelden, und diejenigen, die die Namen kennen, müssen nichts sagen, weil sie ihre Standorte fern von Europa haben.

Aber was war eigentlich mit den vielen Schweizer Treuhändern? Die verwalteten die Vermögen von Kunden oft in ihrem eigenen Namen. Das heißt, das Geld war formal gar kein ausländisches Geld. War dadurch der Anteil an fremden Vermögen vielleicht noch größer als gedacht? Für diese Vermutung konnte Schwarzenbach keine stichhaltigen Beweise finden;

trotzdem war es für ihn spannend, einmal in den trüben Sümpfen der Schweizer Finanzindustrie zu fischen.

Vermutet und teilweise gewusst hatte er das natürlich schon lange. Aber je mehr er sich damit beschäftigte, desto klarer wurde ihm, dass es hier nicht nur um einzelne Steuerhinterzieher ging, um die sich später die deutsche Steuerfahndung kümmern würde, es ging um viel mehr. Dies alles war ein System von Geben und Nehmen, das weit über die Aktivitäten einer einzelnen Bank hinausging. Diese Bank war auch nur ein Akteur im Spiel der Reichen und Mächtigen, um selbst noch reicher und mächtiger zu werden.

Schwarzenbach war sich sicher, dass man diesen Sumpf von Offshore-Gesellschaften, schwarzen Kassen und versteckten Vermögen schon längst trockengelegt hätte, wenn es ein ernsthaftes politisches Interesse daran gäbe. Aber was machen Staaten, die Kredite brauchen, wenn keine Bank mehr ihre riskanten Anleihen mit den Schwarzgeldern ihrer Kunden kauft? Das schmutzige Geld war längst zu einem wichtigen Faktor in der gesamten Finanzwirtschaft geworden. Das Schwarzgeld wurde ständig überall auf der Welt investiert. Und mit Geld, das man offiziell gar nicht hat, kann man auch einmal riskantere Geschäfte machen. Oder man finanziert Start-upsbeziehungsweise Forschungsinitiativen, die letztlich zu mehr Arbeitsplätzen führen.

Vielleicht ist es also besser, das Geld so zu verwenden, als es dem Staat zu geben, der es oft sinnlos verschleudert, weil es ja nicht sein eigenes Geld ist, das er ausgibt? Werden nicht letztlich auch die Pensionen und Gehälter der Europa- und Staatsabgeordneten durch solche Kredite mitfinanziert? Vielleicht ist es klüger, erst einmal weniger Geld auszugeben? Aber was ist mit den öffentlichen Ausgaben, die unter anderem auch von solchen Krediten beglichen werden? Angesichts der Komplexität des Finanzsystems musste Schwarzenbach die Antwort auf die Frage, was eigentlich Schwarz und was Weiß ist und wer da von wem profitiert und warum, schuldig bleiben.

Es war für ihn jetzt nicht der Moment, nach Antworten auf die Fragen der Welt zu suchen. Er musste konkrete Probleme lösen, denn Louisa verbrachte seit Wochen jeden Abend bei ihm. Er hatte in seinem Kleiderschrank Platz gemacht, damit sie einige ihrer Sachen dort unterbringen konnte. Sie waren unzertrennlich geworden und er liebte ihre Nähe.

»Wie wäre es, wenn du bei mir einziehst? Die Wohnung ist groß genug und du könntest dir die Miete in Sins sparen. Das Geld wirst du vielleicht bald für etwas anderes brauchen.«

»Wäre dir das denn recht? Ich hatte schon darüber nachgedacht. Ich fühle mich wirklich sehr wohl bei dir. Es ist, als hätten wir schon immer zusammengehört.«

»Natürlich ist mir das recht! Außerdem möchte ich dir natürlich bei dieser Bürgschaftsgeschichte helfen. Wenn du 1400 Franken im Monat sparst, da sammelt sich schon was an, bis es vielleicht dazu kommt, dass du wirklich zahlen musst. Ich habe auch noch ein paar Ersparnisse. Möglicherweise lässt sich der Insolvenzverwalter dann auf einen Vergleich ein.«

»Aber der wird sicherlich eine ordentliche Summe wollen. Mit zwanzig- oder dreißigtausend Franken wird er sich nicht abspeisen lassen.«

»Das kann schon sein, aber wir gewinnen Zeit. Je länger es dauert, desto mühsamer wird es für ihn. Und dir würde so ein Vergleich ein Verfahren und womöglich jahrelange Verfolgung durch Gerichtsvollzieher ersparen.«

»Also gut, ich ziehe bei dir ein. Aber wenn dir irgendwas nicht passen sollte, dann sag es mir bitte. Nicht dass wir deswegen Streit bekommen. Das möchte ich nicht.«

»Das ist doch kein Thema. Wir haben zwei Badezimmer und das Bett ist für meinen Geschmack sowieso zu groß. Du liegst manchmal viel zu weit weg von mir.«

»Witzbold. Schließlich können wir nicht ständig Sex haben.«

»Na ja, ich habe aus den letzten Jahren noch einiges nachzuholen.«

»Warte nur, bis ich dich fertiggemacht habe.«

Sie umarmte ihn und küsste ihn wild, dann fielen sie aufs Sofa. Das war es, was Schwarzenbach wollte, und dafür lohnte es sich, ein Risiko einzugehen. Jetzt war er sich ganz sicher.

Zwei Wochen später fand er eine Postkarte in seinem Briefkasten. Sie kam aus Italien und hatte ein ziemlich kitschiges Adria-Motiv. »Viele Grüße von der Adria. Es wäre schön, wenn wir uns bald wiedertreffen. Ruf mich doch an! Gruß, Thomas Maier«.

Aha, es gab also Fortschritte. Am nächsten Tag meldete sich Schwarzenbach wie üblich aus der Telefonzelle.

»Hallo, war es denn schön in Italien?«

»Danke der Nachfrage. Ich bin morgen Abend in Waldshut. Treffen wir uns am gleichen Ort?«

»Ich werde da sein.«

Als er am nächsten Abend das Café betrat, saß Maier wie erwartet schon an einem Tisch.

»Guten Abend, Herr Schwarzenbach. Die Verifikation dieser zwanzig Daten scheint gut gelaufen zu sein. Ich habe eine Liste von hundert Kontonummern mitbekommen. Diese Konten sind bereits bekannt, teils durch eine frühere Datenlieferung, teils durch Selbstanzeigen. Man möchte sicherstellen, dass Sie tatsächlich Zugriff auf korrekte Daten haben. Deswegen sollen Sie zu diesen Konten die Vornamen und den ersten Buchstaben des Nachnamens liefern.«

»Das sollte kein Problem sein. Die Namen waren also tatsächlich alle echt?«

»Wieso fragen Sie so erstaunt?«

»Weil ich die Informationen aus den Testdatenbeständen entnommen habe. Man benutzt für die Testsysteme für gewöhnlich echte Daten, aber nie echte Namen. Die UBS, mein voriger Arbeitgeber, hat dafür ein spezielles Anonymisierungsverfahren genutzt. Dort hätten Sie aus einem Namen im Testsystem nie auf einen echten Kundennamen schließen können.«

»Das heißt also, dass die Bank die Daten überhaupt nicht für die Testsysteme anonymisiert hat?«

Jetzt war auch Maier ziemlich baff.

»Es sind doch schon einmal Daten von dort nach Deutschland verkauft worden. Wieso ist man nicht auf die Idee gekommen, diese Testsysteme sicher zu machen?«

»Die Idee hat man vielleicht gehabt. Aber eine einfache Kopie der Datenbanken auf die Testsysteme zu bringen geht um ein Vielfaches schneller. Dabei wird viel weniger Rechnerleistung benötigt als bei einer Anonymisierung. Vermutlich hat man die Kosten und die Rechnerzeit dafür gescheut, das wäre typisch für die Bank. An allen Ecken und Enden sparen, außer am Bonus für die Chefs.«

»Was soll's! Für uns ist das jetzt ein absoluter Glücksfall. Also sollten Sie alles sichern, bevor man auf die Idee kommt, das Sicherheitssystem zu verbessern.«

»Mache ich. Aber keine Sorge, solche Verfahren werden nicht einfach von heute auf morgen geändert. Das läuft schon seit zwanzig Jahren so. Darüber macht sich keiner wirklich Gedanken.«

»Mein Auftraggeber hätte gerne eine Liste aller Kontonummern mit den dazugehörenden Salden, damit abgeglichen werden kann, welche Konten man schon kennt und welche neu sind. Das ist besonders wichtig für die Preisfindung.«

»Was haben Sie denn überhaupt verlangt?«

»Ich habe mit fünf Millionen Euro angefangen. Man wird sicher noch versuchen, mich runterzuhandeln.«

»Zahle ich Ihre Provision oder bekommen Sie die von den Steuerfahndern?«

»Nein, die zahlen Sie. Ich will zwanzig Prozent der Summe.«

»Aber ich trage das ganze Risiko.«

»Zwanzig Prozent oder der Deal kommt nicht zustande. Sonst müssen Sie selbst hingehen. Aber kennen Sie die Leute, an die Sie sich wenden müssen?«

»Schon gut. Mir liegt auch daran, dass ich anonym bleibe. Sehen Sie einfach, dass Sie möglichst viel rausschlagen.«

»Das tue ich auf jeden Fall.«

»Ich melde mich, sobald ich die Daten habe. Soll ich für den Versand die gleiche Mailadresse verwenden?«

»Ja, die habe ich nur für diese Transaktion eingerichtet.«

»Dann bis zum nächsten Mal, Herr Maier. Wir hören voneinander.«

Schwarzenbach verließ das Lokal und wanderte noch einmal nachdenklich die Waldshuter Kaiserstraße auf und ab: Von fünf Millionen Euro blieben vier übrig und die würden locker für ein angenehmes Leben reichen. Louisas Problem wäre auf einen Schlag gelöst, selbst wenn man die volle geforderte Summe zahlen musste.

Am nächsten Tag saß Schwarzenbach im Büro und überlegte, auf welche Art er diese Liste mit all den Konten unbemerkt versenden sollte. Letztlich entschloss er sich dazu, das File in eine Bilddatei umzuwandeln und dann per Mail zu verschicken. Die Mails wurden standardmäßig nur drei Monate aufbewahrt. Wenn er die Daten in kleinen Stücken verschickte, wäre die Menge so gering, dass das wohl kaum auffallen würde. Zu Hause extrahierte er die Konten und Salden und ermittelte die Namen für die hundert Kontonummern. Alle Daten sicherte er auf SD-Cards und verschickte das Ergebnis am nächsten Tag an die vereinbarte Adresse. Zum Schluss löschte Schwarzenbach sämtliche Mails von seinem Rechner und vom Mailserver.

11

Es sollte wieder fast ein Monat vergehen, bis sich Maier erneut meldete. Diesmal schickte er eine Mail an seine eigene Yahoo-Adresse. »Hallo, Herr Schwarzenbach, es sieht nicht schlecht aus. Die Verifikation scheint gut gewesen zu sein. Leider sind den Behörden eine Reihe dieser Informationen schon bekannt. Bitte anrufen!«

Nun gut, einerseits positiv, andererseits klang es nicht so, als würde alles glatt verlaufen. Was sollte das Theater mit den »schon bekannten« Konten? Es ging vermutlich darum, den Preis zu drücken, wie immer bei solchen Sachen. Am nächsten Tag rief er Maier an.

»Hallo, was gibt's?«

»Ich habe gute und schlechte Nachrichten. Das Interesse ist groß, aber gleichzeitig versucht man uns runterzuhandeln.«

»Das hatte ich schon vermutet. Was bietet man uns denn an?«

»Ich musste hart verhandeln. Das läuft ab wie auf dem türkischen Basar. Letztlich sind wir bei 2,7 Millionen Euro gelandet. Ziehen Sie davon meine Provision ab und es bleiben 2,16 Millionen Euro übrig. Deutlich weniger, als wir eigentlich beabsichtigt hatten.«

»Allerdings, dann wird mein Ruhestand weniger luxuriös, als ich mir das eigentlich vorgestellt hatte. Kann man noch nachverhandeln?«

»Könnte man schon, allerdings gehen dann wieder Wochen ins Land, und ob mehr dabei herausspringt, ist eher fraglich.«

»Also gut, sagen Sie zu. Ich will nur Bargeld. Da ist keine Diskussion möglich. Also bitte keine Überweisung auf irgendein Konto.«

»Das ist mal was Neues. Das wird ein ziemlich großes Paket.«

»Allerdings. Vor allem deswegen, weil ich maximal Hunderter will, keine größeren Scheine. Da, wo ich hinwill, kann ich kein großes Geld gebrauchen. Haben Sie schon einmal versucht, mit einem 500-Euro-Schein an der Tankstelle zu bezahlen? Dann gehen Sie ohne Sprit nach Hause.«

»Das ist allerdings wahr. Na gut, ich werde Ihren Wunsch so übermitteln. Das kommt mir auch zugute, nur Bares ist Wahres. Ich melde mich dann.«

Damit trennten sich ihre Wege.

Mist, das war weniger Geld, als Schwarzenbach erwartet hatte. Jetzt mussten sie mit diesem Insolvenzverwalter verhandeln, um die Forderung zu drücken. Nach einigen Tagen hatte er Louisa endlich überredet. In ihrem Namen rief er den Anwalt an, um mit ihm über eine einmalige Zahlung zu verhandeln.

»Guten Tag, Herr Fischer. Ich bin Gregor Schwarzenbach, der Freund von Frau Ackermann. Sie hat mir von der Insolvenz ihres Ex-Freundes berichtet. Sie ist deswegen ziemlich verzweifelt, weil sie praktisch keine Ersparnisse hat und diese Summe unmöglich aufbringen kann. Wenn Sie es also schaffen sollten, einen Titel in der Schweiz zu erwirken, dann müsste sie Insolvenz anmelden. Ich denke, das wäre auch nicht in Ihrem Sinne, denn dann würden Sie leer ausgehen und müssten viele Jahre dem Geld hinterherjagen.«

»Sicherlich wäre es mühsam, aber im Laufe der Zeit würde ich schon einiges bekommen.«

»Voraussichtlich doch nur einen kleinen Teil dieser großen Summe.«

»Das mag wohl sein. Aber was haben Sie mit dieser Angelegenheit zu tun?«

»Frau Ackermann hat mich gebeten, ihr zu helfen. Kommen wir gleich zum Punkt. Ich verfüge natürlich auch nicht über eine solche Summe, das übersteigt meine Möglichkeiten. Aber ich könnte Ihnen einen Teilbetrag anbieten. Wäre das für Sie interessant?«

»Es kommt darauf an, von welchem Betrag Sie sprechen.«

»Ich hätte die Möglichkeit, Ihnen 75.000 Euro sofort zu zahlen, wenn Sie dafür auf jede weitere Forderung gegen Louisa Ackermann verzichten. Es erspart Ihnen die Kosten und verkürzt die Zeit des Verfahrens erheblich.«

»Diese Kosten sind nicht so hoch, wie Sie glauben. Die paar Hundert Euro nehme ich gern in Kauf.«

»Nun, Sie wissen sicherlich schon, dass die Kosten einer Betreibung in der Schweiz, sofern Sie denn hier überhaupt einen Titel beim Gericht erreichen, ziemlich hoch sind? Um die gesamte Summe erstmals anzumelden, müssten Sie schon rund 2500 Euro vorab leisten, damit das Schweizer Betreibungsamt überhaupt tätig wird. Und eine Klage kostet in Anbetracht der in der Schweiz üblichen Anwaltshonorare sicher noch mal die zehnfache Summe.«

»Das scheint mir sehr hoch zu sein, aber ich werde mich informieren. Können wir so verbleiben, Herr Schwarzenbach, dass wir in der nächsten Woche noch einmal telefonieren? Dann sehe ich die Kostenseite klarer.«

»Natürlich, das ist kein Problem. Ich rufe Sie Ende nächster Woche wieder an. Auf Wiederhören, Herr Fischer.«

Zumindest hatte Fischer nicht Nein gesagt. Es war ihm schon klar, dass die Sache mit der Forderung nicht so einfach sein würde.

»Also, Louisa, ich denke, dass Fischer wahrscheinlich auf das Angebot eingehen wird.«

Louisa nickte. Sie war zumindest etwas erleichtert.

»Trotzdem, das ist ein Haufen Geld.«

»Klar, aber 75.000 Euro sind allemal besser als die gesamten Prozesskosten und dann möglicherweise noch viel mehr.«

»Das stimmt allerdings. Vielleicht komme ich ja so aus der Sache raus. Würdest du mir denn die 75.000 Euro leihen können, Gregor?«

»Nein, leihen kann ich sie dir nicht, aber schenken schon.«

»Aber nein, das will ich nicht. Das fühlt sich so an, als würde ich dich ausnutzen wollen.«

»Nutz mich ruhig aus, es ist schließlich nur Geld. Warten wir erst einmal ab, ob sich Fischer überhaupt darauf einlässt. Ich vermute, er wird versuchen, die Summe noch in die Höhe zu treiben.«

»Hast du denn überhaupt so viel Geld?«

»Das werde ich schon hinbekommen.«

Wenn alles nach Plan verlief, würde Schwarzenbach in ein paar Wochen mehr als genug Geld haben, um das Problem zu lösen. Allerdings müsste er die einzelnen Schritte noch minutiös vorbereiten. Wie lange würde es zum Beispiel dauern, bis jemand in der Bank merkt, dass etwas nicht stimmt? Wer kam dafür überhaupt infrage? Die E-Mails wurden zwar drei Monate gespeichert, aber ohne konkreten Anlass suchte man nicht nach irgendwelchen Auffälligkeiten. Das war bei den Tausenden Mails pro Tag viel zu aufwendig. Also hatte er sicherlich einige Monate Zeit.

Und was sollte er mit dem Riesenpacken Bargeld anstellen? Es war zwar »weiß«, aber er hatte letztlich keinen Nachweis, woher es stammte. Also würde ihm jede Bank Schwierigkeiten machen, wenn er größere Beträge einzahlte. Er musste einen Ort finden, an dem das Geld vor jedem fremden Zugriff – gewollt oder ungewollt – sicher war. Keine einfache Sache, denn eine Bank war dafür absolut ungeeignet. Wo sollte die Übergabe des Geldes stattfinden? Er überlegte, ob Maier es nach Waldshut bringen sollte, aber das war vielleicht kein guter Ort, viel zu nah an der Schweiz. Als Nächstes telefonierte er erneut mit dem Insolvenzverwalter Fischer.

»Guten Tag, Herr Fischer, wie versprochen melde ich mich wieder.«

»Ach ja, guten Tag, Herr Schwarzenbach. Ich habe mich zwischenzeitlich informiert. In der Tat ist es recht teuer, ein solches Verfahren von

Deutschland aus in der Schweiz anzustoßen. Einerseits scheinen meine Aussichten, einen Titel zu bekommen, nicht schlecht zu sein. Andererseits verfügt Frau Ackermann ja anscheinend auch nicht über umfangreiche Mittel. Alles in allem bin ich zu dem Schluss gekommen, mich mit einer Zahlung von 125.000 Euro einverstanden zu erklären und dann auf alle weiteren Forderungen zu verzichten. Wie finden Sie diesen Vorschlag?«

Das hatte Schwarzenbach schon vermutet: Der Anwalt wollte mehr rausholen, wenn er schon einen Deal machte.

»Herr Fischer, grundsätzlich freue ich mich, dass Sie zu einer einvernehmlichen Lösung bereit sind, denn das erspart allen Beteiligten sicherlich jede Menge Mühe und Ärger. Machen wir uns die Sache also nicht unnötig schwer: Sie wollen möglichst viel haben, ich will möglichst wenig bezahlen. Verkürzen wir doch das Ganze. Wir treffen uns einfach in der Mitte und ich zahle Ihnen 100.000 Euro. Was halten Sie davon?«

»Herr Schwarzenbach, Sie machen auf mich einen cleveren Eindruck, und daher hatte ich mit so einem Vorschlag schon gerechnet. Ich bin einverstanden. Wie organisieren wir die Abwicklung?«

»Ich möchte das Geld nicht von der Schweiz aus transferieren. Ich erwarte allerdings in den nächsten vier Wochen einen größeren Geldbetrag in Deutschland. Herr Fischer, ich hoffe, Bargeld ist für Sie o.k.?«

»Für mich ist Geld in jeder Form in Ordnung. Als Insolvenzverwalter darf man nicht wählerisch sein. Kennen Sie schon den genauen Termin?«

»Nein, noch nicht, aber man hat mir versichert, dass es in den nächsten vier Wochen zur Auszahlung kommt. Ist es Ihnen recht, wenn ich mich kurzfristig bei Ihnen melde und dann vorbeikomme, um den Betrag zu übergeben?«

»Wird Frau Ackermann auch dabei sein?«

»Wissen Sie, die Lösung dieses Problems ist ein Geschenk von mir an Frau Ackermann. Deshalb bitte ich Sie, alle notwendigen Papiere vorzubereiten, damit ich sie dann mitnehmen und weiterleiten kann.«

»Solange ich das Geld bekomme, ist mir eigentlich alles egal. Das können wir so machen. Ich erwarte dann Ihren Anruf. Schönen Tag noch, Herr Schwarzenbach.«

»Alles klar, Herr Fischer, vielen Dank für Ihre Kooperation. Ich melde mich so schnell wie möglich. Ebenfalls noch einen schönen Tag.«

Das wäre geschafft – und sie waren sich einig geworden. Jetzt fehlte nur noch das Geld, aber es dauerte sicherlich noch ein oder zwei Wochen, bis Maier so weit war. In der Zwischenzeit musste Schwarzenbach sein Aufbewahrungsproblem gelöst haben.

12

Endlich hatte Giacometti mit den Amerikanern alles klargemacht. Das war ein Grund zu feiern. Sie hatten die 18 Millionen Aktien als Zahlung akzeptiert. Die restlichen 1,3 Milliarden US-Dollar kamen aus dem neuen Anlagefonds und den Reserven. Bei der Vereinbarung über den Mindestkurs, den die Amerikaner unbedingt haben wollten, hatte er ein bisschen gezögert. Sicherlich war das eine sinnvolle Sache. Sie mussten verhindern, in einen möglichen Kurstiefpunkt gleich mit Verlusten einsteigen zu müssen. Aber das ließ sich vermeiden, indem sie einige Tage vor dem Termin eigene Aktien kaufen und damit den Kurs stabil halten würden.

Giacometti fuhr zum Golfplatz. Heute würde er mit Ernst Kocher spielen, der ihn um ein Treffen gebeten hatte. Er wusste nicht so recht, was er davon halten sollte. Kocher war die graue Eminenz der konservativen Partei in der Schweiz. Er war seit dreißig Jahren im Nationalrat und praktisch jeder kannte ihn. Die Bank hatte allerdings bisher mit ihm noch keine Geschäfte gemacht.

»Herr Giacometti, ich freue mich sehr, dass Sie Zeit haben, eine Runde mit mir zu spielen.«

»Guten Tag, Herr Kocher. Schön, dass wir endlich Gelegenheit haben, einmal länger miteinander zu sprechen.«

»Das stimmt, das hätten wir schon längst tun sollen. Wenn Sie bereit sind, können wir uns gleich auf die Runde machen. Ich hoffe, es ist Ihnen recht, wenn wir uns duzen, wie das beim Golf so üblich ist. Ich heiße Ernst.«

»Gern, ich heiße Vittorio, aber das weißt du natürlich.«

»Klar, also dann ein schönes Spiel.«

Aufgrund seines Handicaps hatte Kocher den ersten Abschlag. Das war Giacometti nur recht. Giacometti achtete sehr darauf, bei Turnieren, zu denen er eingeladen wurde, nicht zu gut zu spielen. Er wollte kein besseres Handicap. Ihm ging es um das Spiel an sich. Er musste oft mit Leuten spielen, die wichtig für sein Geschäft und gleichzeitig enorm ehrgeizig beim Golf waren. Für das Geschäft war es oft besser, wenn er die Leute gut aussehen lassen konnte. Sein Handicap von 19 reichte aus, um überall als ordentlicher Mitspieler akzeptiert zu werden, und gab ihm die Möglichkeit, die notwendigen Fehler zu machen, um bei Bedarf jeden gewinnen zu lassen, bei dem das wichtig war.

Total konzentriert und ehrgeizig spielte er nur, wenn er alleine war oder mit einem der wenigen engen Freunde, die er hatte. Da wurde dann auch pro Loch um 1000 Franken gezockt, um der Sache einen gewissen Reiz zu geben. Auch wenn es für keinen von ihnen wirklich eine Rolle spielt, ob man nach einer Runde fünf- oder sechstausend Franken verloren oder gewonnen hatte, das war für sie alle nur Kleingeld. Aber natürlich hatte trotzdem jeder großen Spaß daran, den anderen abzukassieren. Kocher spielte ganz ordentlich, wenn auch mit einem etwas seltsamen Schwung. Nach zwei Löchern begann er, das Gespräch wieder aufzunehmen.

»Sag einmal, Vittorio, wie ich aus gut informierten Kreisen höre, plant ihr eine größere Übernahme.«

»Es ist erstaunlich, wie schnell sich so etwas herumspricht. In der Tat werden wir wohl einen größeren Bestand übernehmen können.«

»Das klingt interessant. Wird sich das auf den Börsenkurs der Bank auswirken?«

»Kann schon sein. Warum fragst du?«

»Nun, ich besitze ja schon lange ein kleines Aktienpaket von eurer Bank. Grundsätzlich würde ich mein Engagement aber gerne auflösen, weil ich einige größere Investitionen an anderer Stelle plane. Da wäre es gut, wenn ich beim Kurs sicher sein kann, dass letztlich ein Profit für mich bleibt.«

»Wie viele Aktien hast du denn überhaupt?«

»Insgesamt rund zwei Millionen, die ich über die Jahre, vor allem nach dem Beginn der Finanzkrise, gekauft habe. Mein Einstand liegt derzeit bei etwa 85 Franken. Das ist schon ziemlich hoch. Ich möchte da keine Verluste einfahren.«

»Nun, das wird wohl nicht passieren.«

»Wann, meinst du, wäre der richtige Zeitpunkt, zu verkaufen?«

»Möglicherweise werden wir einen Teil des Kaufpreises mit einem Paket eigener Aktien begleichen. Daher wäre es für uns eventuell interessant, deine Aktien zu übernehmen. Wenn der Preis für uns stimmt.«

»Was würdet ihr zahlen?«

»Ich denke, bei einem Kurs von 92 Franken würden wir die gesamten zwei Millionen übernehmen können.«

»Das heißt, ihr geht vermutlich davon aus, dass der Kurs auf 100 gehen wird. Das ist erfreulich. Ich gehe das Risiko ein, auf den richtigen Moment zu warten und die Papiere dann am normalen Markt zu verkaufen. Die zusätzlichen sieben oder acht Millionen Franken würde ich gern mitnehmen.«

»Das machst du dann aber auf eigenes Risiko.«

»Wie wäre es, wenn du mich am richtigen Tag zu einer Runde Golf einladen würdest? Ich könnte mir vorstellen, den zusätzlichen Profit mit dir zu teilen. Das bleibt natürlich unter uns. Ich habe ein Chalet in Crans Montana, das ich gerne verkaufen würde. Es ist zum jetzigen Stand rund sechs Millionen Franken wert. Da ich es schon sehr lange habe, könnte ich es dir auch für drei Millionen Franken verkaufen.«

Augenscheinlich brauchte Kocher eine Menge flüssiges Geld, um irgendein neues Geschäft anzukurbeln. Ein Chalet in Crans zu besitzen wäre sicherlich kein verlorenes Geld, vor allem bei diesem Preis.

»Wir machen den Kaufvertrag fertig und du bekommst von mir als zusätzliche Provision eine Einladung zum Golf. Ich gebe dir dann den Termin etwa eine Woche vorher durch. Einverstanden?«

»Das hört sich gut an. Freut mich, dass wir uns so gut verstehen. Sicherlich hast du im Bankgeschäft der Schweiz noch eine glänzende Karriere vor dir. Hast du dich eigentlich schon für einen Vorstandsposten bei der UBS interessiert?«

»Das schon. Derzeit ist da nichts Interessantes vakant. – Aber was nicht ist, kann ja noch werden.«

»Nun, ich bin mit einigen Mitgliedern des Verwaltungsrates gut befreundet. Wenn dort eine interessante Position zur Neubesetzung ansteht, werde ich das sicher erfahren.«

Sie hatten die Runde beendet. Wie geplant hatte Kocher das bessere Ergebnis gespielt und war daher bester Laune. Aber auch Giacometti war zufrieden. Außer dem Gewinn für die Bank würde auch für ihn persönlich bei dieser Sache noch ein netter kleiner Profit rausschauen. Drei Millionen waren nicht so viel. Aber steuerfrei und ohne dafür gearbeitet zu haben, das war ihm schon recht. Noch wichtiger war, dass seine Beziehung zu Kocher damit einen neuen Stand erreicht hatte, denn mit diesem Deal waren sie sich auf ewig verpflichtet. Jeder hatte den anderen in der Hand. Das würde ihm helfen. Er war zwar schon in der ersten Liga, spielte aber leider noch nicht in der Champions League. Dazu brauchte man die Unterstützung von Leuten wie Kocher.

13

Einige Tage später hatte Schwarzenbach eine Lösung gefunden, die zwar nicht optimal, aber unter den gegebenen Umständen wohl das Beste war. Er meldete sich für eine Woche aus dem Büro ab. Es war sowieso nicht viel zu tun, deshalb war Beat ganz froh, dass er noch freimachte, solange Pierre seine letzten Tage in der Bank verbrachte. Die arme Bank musste ja sparen. Louisa erzählte er, dass er für einen Fortbildungskurs eine Woche nach Frankfurt fahren musste. Sie hatte ohnehin Dienst im Krankenhaus.

Schwarzenbach mietete sich ein Ein-Zimmer-Appartement in einem Frankfurter Hochhaus, eine Anlage mit insgesamt über dreihundert Wohnungen. In so einem Haus interessierte sich niemand für einen einzelnen Mieter. Die Agentur des Vermieters war nur daran interessiert, regelmäßige Zahlungen zu erhalten, und dazu brauchte er ein Konto. Am besten bei einer Bank in der Nähe. Ein paar Minuten Fußweg entfernt befand sich eine Filiale der Raiffeisenbank, und das war ideal. Er gab die Adresse des Appartements an und der Filialleiter begrüßte ihn freundlich als neuen Kunden. Dann kaufte er ein paar Umzugskartons.

Schwarzenbach hatte die Adressen von mehreren Händlern für Sicherheitsprodukte herausgesucht. Da er drei Safes brauchte, kaufte er bei drei unterschiedlichen Händlern, um keine unnötige Aufmerksamkeit zu erregen. Außerdem besorgte er sich ein einfaches Bett und einen Schrank in einem Möbelgroßmarkt. Das Appartement hatte eine eingebaute Küche und damit war die Unterkunft für ihn komplett eingerichtet.

Der Mitarbeiterin der Vermietungsfirma hatte er erzählt, dass er für einen Auftrag drei bis vier Tage in der Woche in Frankfurt zu tun hatte und nicht im Hotel wohnen wollte. Das war für Frankfurt keine ungewöhnliche Sache. Damit war auch plausibel, dass man ihn im Haus wohl nicht häufig sehen würde. Einen Stellplatz in der Tiefgarage des Hauses hatte er gleich mitgemietet. So war einigermaßen sichergestellt, dass er unbeobachtet ein und aus gehen konnte.

Die drei Safes schaffte er in den Umzugskartons in die Wohnung. Dann baute er das Bett und den Schrank auf. Die Safes verschraubte er jeweils in einer Ecke des Appartements und stellte mehrere Umzugskartons darüber. Schwarzenbach saß auf dem aufgebauten Bett und überlegte, ob er noch etwas tun musste. Dabei fiel sein Blick auf die Wohnungstür. Es war eine der hölzernen Eingangstüren, wie sie diese Wohnsilos üblicherweise haben und die natürlich nicht sehr sicher war.

Schwarzenbach machte sich also auf den Weg und kaufte für die Eingangstür ein Balkenschloss. Ein derartiges Schloss hatte er schon vor Jahren einmal selbst angebracht. Das war gar nicht so schwer. Über die Fenster würde wohl niemand kommen können. Einen Balkon gab es nicht, und wer würde schon die Fassade bis zum elften Stock hinaufklettern wollen?

Damit war soweit alles vorbereitet. Schwarzenbach hatte natürlich darauf geachtet, nur bar zu bezahlen. Mit seinem deutschen Handy rief er Maier an.

»Hallo, Herr Maier, wie sieht's aus? Kommen wir voran? Ich möchte die Sache jetzt abwickeln.«

»Hallo, Herr Schwarzenbach. Das passt ja prima. Ich wollte Sie genau in diesem Augenblick anrufen. Wo sind Sie?«

»Ich habe gerade in Freiburg zu tun.«

»Das passt ganz gut. Gestern habe ich von unserem Käufer eine Anzahlung erhalten. Sozusagen als Goodwill-Aktion.«

»Das ist nett. Wie viel ist es denn?«

»In zwei Stunden kann ich 400.000 Euro in bar bei meiner Bank abholen. Dafür möchte man gerne die gesamte Lieferung zur Prüfung. Den Rest des Geldes erhalten wir dann innerhalb der nächsten vierundzwanzig Stunden.«

»Kann man denen denn trauen? Nicht dass sie dann auf einmal nicht zahlen und wir sind die Dummen.«

»Das ist wohl nicht sehr wahrscheinlich. Schließlich handelt es sich um eine staatliche Stelle. Das würde kein gutes Licht auf die deutschen Behörden werfen.«

»Gut, ich habe die Ware dabei. Ich schlage vor, wir treffen uns im Hauptbahnhof Frankfurt am Meeting Point heute Abend um 19 Uhr.«

»Bestens, ich brauche etwa zwei Stunden bis Frankfurt. Also bis später.«

Alles schien perfekt zu laufen und die Sache kam ins Rollen. Schwarzenbach sollte eigentlich etwas essen, aber er war dafür zu aufgeregt. Schon eine Stunde vor der verabredeten Zeit war er am Bahnhof und setzte sich in ein Café. Um diese Zeit herrschte hier reges Treiben. Er trank zwei Cappuccino und ließ seine Gedanken treiben. Was würde er machen, wenn das alles gelaufen war? Er musste sich für Louisa eine Erklärung einfallen lassen. Solch ein plötzlicher Geldsegen musste ja irgendwoher kommen. Aber da würde ihm schon noch etwas einfallen, und schließlich gab es schlimmere Nachrichten, als plötzlich reich zu sein.

Maier erschien pünktlich am vereinbarten Ort. Er hatte eine kleine Reisetasche dabei.

»Hallo, Herr Schwarzenbach. Ich habe Ihnen etwas mitgebracht. Ich hoffe, Sie haben auch alles dabei.«

»Guten Abend, Herr Maier, selbstverständlich habe ich alles dabei, wie vereinbart. Ist die Tasche für mich?«

»Allerdings, das sind 320.000 Euro in Hundertern. Ich habe meine Provision für diese Teillieferung schon einmal abgezogen.«

»Gut, in Ordnung. Die Tasche ist kleiner, als ich gedacht hatte.«

»Na ja, für den Rest brauchen wir dann schon einen größeren Koffer, das sind eine Menge Scheine. Die Bank hat sich ganz schön schwergetan, so viel Bares zu beschaffen. Auf solche Aktionen ist man heute nicht mehr eingerichtet. Ich musste sogar unseren Käufer veranlassen, dort anzurufen, um zu bestätigen, dass es sich hier nicht um eine illegale Transaktion handelt.«

»Anscheinend haben die Banken zumindest in Deutschland Angst vor Schwarzgeld. Ich kenne das anders.«

»Nur so aus Interesse gefragt: Bringen Sie das Geld in die Schweiz?«

»Darüber sollten Sie sich keine Gedanken machen. Es wird jedenfalls ein sicherer Ort sein. Hier ist Ihre Lieferung. Wann bekomme ich das restliche Geld?«

»Wenn alles geprüft ist, kann ich übermorgen früh den Rest abholen. Bleiben Sie so lange in Frankfurt?«

»Ja, ich habe hier eine günstige Unterkunft gefunden.«

»Damit könnten Sie sich auch was richtig Schönes leisten.«

Zur Bestätigung seiner Worte zeigte er auf die Tasche.

»Alles zu seiner Zeit. Wir sehen uns also übermorgen früh. Ist 10 Uhr passend?«

»Das ist etwas zu zeitig. Ich habe um 9.30 Uhr den Termin bei der Bank und denke deshalb, 11 Uhr wird besser sein. Falls es langer dauern sollte, melde ich mich. Einen Koffer für die Ware habe ich schon gekauft. Hoffentlich ist der groß genug.«

»Sie werden das schon hinbekommen. Hier ist die SD-Card mit den Daten.«

»So winzig und doch so brisant. Ist schon erstaunlich, was so ein kleines Plastikteil alles bewirken kann. Haben Sie eigentlich noch eine Sicherheitskopie?«

»Falls die Daten verloren gehen sollten, könnte ich gegen eine entsprechende Gebühr wohl Ersatz beschaffen. Ich hoffe aber nicht, dass das notwendig sein wird.«

»Ist schon klar. Das ist gut zu wissen, falls es Probleme geben sollte.«

Schwarzenbach griff nach seiner Tasche, er wollte jetzt los.

»Ich werde noch einen entsprechenden Treffpunkt für übermorgen suchen. Ich möchte dann doch gerne die Lieferung anschauen, und das wäre hier nicht möglich. Ich rufe Sie deswegen noch einmal an.«

»Gut, das können wir gerne so machen. Zum Geldzählen ist das hier wirklich nicht der geeignete Ort. Also bis übermorgen.«

Maier steckte die SD-Card in seine Brieftasche und verschwand in der Menschenmenge. Schwarzenbach packte seine neue Reisetasche fest am Griff und machte sich auf den Weg ins Parkhaus. Er fuhr zum Appartement und parkte in der Tiefgarage. Auf dem Weg in seine Wohnung begegnete ihm wieder kein Mensch.

Dort angekommen, öffnete er die Tasche und kippte den Inhalt kurzerhand aufs Bett. So sahen also 320.000 Euro aus. Eigentlich gar nicht so viel, wenn man bedachte, dass es alles Hunderter waren. Die Noten waren in Paketen zu jeweils 50.000 Euro luftdicht eingeschweißt. Die offenen 20.000 Euro hatte Maier in einen brauen Briefumschlag gepackt. Das kam Schwarzenbach jetzt sehr entgegen, denn sein Bargeld war ausgegangen. Er zählte zwanzig Scheine ab, steckte sie in sein Portemonnaie und packte dann den Rest in einen Safe. In den anderen Safes würde genug Platz für das noch zu erwartende restliche Geld sein. Schwarzenbach kam sich ein bisschen vor wie Dagobert Duck. Er hatte schon viele Millionenbeträge auf irgendwelchen Kontoauszügen und Abrechnungen gesehen, aber so einen Batzen Bargeld in Händen zu halten war schon etwas Besonderes.

Am nächsten Tag zahlte er 4000 Euro auf sein neues Konto bei der Raiffeisenbank ein. Niemand nahm Notiz davon. Am Nachmittag ging er in eine andere Filiale der Bank mit dem gleichen Betrag. Er musste sicherstellen, dass die Miete für sein neues Appartement auch langfristig abgebucht werden konnte.

Am Abend telefonierte er mit Louisa.

»Wie läuft dein Kurs denn so?«

Er wollte sie nicht anlügen, beruhigte sein Gewissen aber damit, dass das ja ihrem Schutz diente.

»Ganz gut, es gibt doch immer wieder was Neues zu lernen. Und bei dir im Krankenhaus?«

»Alles so weit in Ordnung, aber ich vermisse dich. Das ist wirklich seltsam. Anscheinend habe ich mich in der kurzen Zeit schon sehr an dich gewöhnt. Die Wohnung ist so eigentümlich leer.«

»Es sind ja nur noch zwei Tage. Am Freitagabend bin ich wieder zurück.«

»Ich kann es kaum erwarten! Bitte ruf mich bald wieder an.«

Schwarzenbach vermisste Louisa auch, und das war für ihn ein ganz neues, ungewohntes Gefühl. Früher war er auf Reisen immer alleine gewesen und hatte sich nie damit schwergetan. Auf den längeren Urlaubsreisen schon gar nicht. Da wurde ihm nicht langweilig, es gab immer etwas Neues und Interessantes zu sehen. Jetzt fühlte er sich schon nach drei Tagen einsam und irgendwie verloren.

14

Am nächsten Morgen erwachte er früh. Er schickte Maier eine SMS, dass sie sich am besten am Rheinufer treffen sollten. Den Treffpunkt hatte er schon am Tag zuvor erkundet: ein einsamer Parkplatz in einem Waldgebiet fernab vom normalen Verkehr. Hoffentlich würde Maier diesen Übergabeort finden. Dort waren sie ungestört. Es konnte einem höchstens ein einsamer Spaziergänger mit seinem Hund begegnen. Heute regnete es ziemlich stark, weshalb wohl nur mit wenigen Spaziergängern zu rechnen war. Schwarzenbach parkte so, dass er die Zufahrt vom Auto aus im Auge behalten konnte.

Nach etwa zehn Minuten rollte ein silberner Wagen den Weg entlang. Der Fahrer war durch die getönten Scheiben nicht zu erkennen. Er wendete und parkte rückwärts parallel zu seinem Wagen ein. Maier stieg aus und grinste fröhlich. Anscheinend war alles nach Plan verlaufen.

Schwarzenbach stieg ebenfalls aus. Sie trafen sich am Kofferraum der Autos. Maier zog einen großen Aluminiumkoffer heraus und wuchtete ihn in den Kofferraum von Schwarzenbachs Wagen. Er drückte auf die Schlösser und öffnete den Deckel. Schwarzenbach war ehrlich beeindruckt, denn vor ihm lagen 36 Pakete mit Hundert-Euro-Scheinen, dazu 40.000 Euro in einem Extra-Briefumschlag.

»Wie vorgestern habe ich meine Provision bereits abgezogen. Ich hoffe, Sie sind zufrieden, das sind 1,84 Millionen Euro. Legales Geld vom deutschen Staat. Der Koffer ist ein Geschenk von mir.«

»Natürlich bin ich zufrieden. Ich habe noch nie so einen Haufen Geld in bar gesehen. Das ist wirklich ein faszinierender Anblick.«

»Das finde ich auch. Ich hatte in der Vergangenheit schon einige solcher Deals, auch mit höheren Beträgen. Aber das Geld wurde immer auf ein Bankkonto überwiesen. So ist es viel realer.«

»Außerdem weiß niemand, wo das Bargeld letztlich geblieben ist. Darum geht es mir vor allem. Jedes Geld auf der Welt kann man wiederfinden, wenn es elektronisch bewegt wird. Dieser Weg hier ist der einzige, den niemand mehr verfolgen kann.«

»Interessante Betrachtungsweise, darüber habe ich noch nicht nachgedacht.«

»Das sollten Sie aber unbedingt einmal tun. Was glauben Sie, warum so viele Regierungen der Welt daran interessiert sind, das Bargeld abzuschaffen? Nur so ist die totale Kontrolle über den Bürger möglich.«

»Sie misstrauen anscheinend allen Banken und elektronischen Systemen.«

»Ich weiß, warum. Ich habe schließlich dreißig Jahre damit verbracht, die Systeme mit aufzubauen, die das alles möglich machen.«

Maier hatte keine Lust auf weiteren Small Talk und beendete das Gespräch abrupt.

»Gut, ich habe bereits meine Provision bekommen, damit ist der Deal für mich gelaufen. Ich wünsche Ihnen alles Gute.«

»Das wünsche ich Ihnen auch, Herr Maier. Vergessen Sie ab jetzt am besten meinen Namen.«

Maier grinste.

»Ich kann mich in diesem Moment schon nicht mehr an Sie erinnern. Sollten wir uns irgendwoher kennen?«

Damit stieg er in seinen Wagen und verließ den Parkplatz. Schwarzenbach wartete noch einige Minuten und machte sich dann ebenfalls auf den Weg. Im Appartement angekommen, verstaute er das gesamte Geld in den drei Safes, abgesehen von sechs Paketen und den zwei Briefumschlägen mit den losen Banknoten. Dann rief er den Insolvenzverwalter Fischer an und verabredete sich mit ihm. Es waren rund zweihundert Kilometer Fahrtstrecke bis zum Treffpunkt. Bevor er sich auf den Weg machte, zahlte er sicherheitshalber nochmals einen größeren Betrag auf sein Raiffeisenkonto ein. Dieses Geld würde auf jeden Fall für eine ganze Zeit reichen, um die Miete zu bezahlen. Die Unterlagen und die EC-Karte vom Raiffeisenkonto hatte er in einem der Safes gelassen. Nunmehr brauchte er nur noch einen sicheren Platz für die drei Geldschrankschlüssel.

Schwarzenbach verpackte jeden der drei Schlüssel einzeln und steckte sie sorgfältig in einen wattierten Umschlag, den er mit Paketklebeband verschloss. Dazu legte er ein Schreiben an einen Notar, den er von fruher her kannte. Er hatte außerdem einen weiteren verschlossenen Umschlag mit seinem Testament und einen Brief mit Anweisungen an den Notar vorbereitet. Er musste sichergehen, dass das Geld am richtigen Ort und bei der richtigen Person landete, falls ihm etwas zustoßen sollte. Die drei Zweitschlüssel nahm er mit, um sie an einem anderen Ort zu verstecken.

Dann packte er die Umschläge, das Schreiben an den Notar und zwei unterschriebene Blankoschecks auf das Raiffeisenkonto in einen großen

Briefumschlag. Der Notar sollte seine Gebühren auf jeden Fall bekommen. Nachdem er den Brief als Einschreiben an den Notar abgeschickt hatte, rief er in der Kanzlei an. Der Notar erinnerte sich noch an seinen Namen, auch wenn es einige Jahre her war, und versprach Schwarzenbach, alles Notwendige zu veranlassen.

Einige Stunden später fuhr er bei Anwalt Fischer vor. Er stand vor einem unscheinbaren Bürogebäude, wie es viele in Frankfurt gibt. Der Anwalt residierte im zweiten Stockwerk.

»Guten Tag, Herr Schwarzenbach. Das klappt ja bestens. Möchten Sie einen Kaffee?«

»Ja, gerne. Ich bin ja schon einige Zeit unterwegs.«

Fischer bestellte einen Kaffee bei seiner Sekretärin.

»Ich habe die Papiere so weit vorbereitet. Bitte schauen Sie sich alles genau an.«

Der Anwalt hatte alles beisammen. Zum einen sah Schwarzenbach eine noch nicht unterschriebene Quittung über 100.000 Euro. Zum anderen fiel sein Blick auf ein Schreiben an Louisa, das beinhaltete, dass der Insolvenzverwalter mit der Zahlung auf alle bestehenden und zukünftigen Forderungen aus dem Verfahren verzichtete und alle Ansprüche aus der Bürgschaft als abgegolten ansah.

»Das sieht so weit ganz gut aus. Jetzt möchte ich meinen Teil der Vereinbarung ebenfalls erfüllen.«

Schwarzenbach öffnete seine Reisetasche und legt die zwei Pakete Hunderter auf den Tisch. Fischer schien ziemlich beeindruckt.

»Das sind ja zwei schöne Päckchen. Original verschweißt von der Bundesbank. Dann kann ich mir das Zählen sicherlich sparen. Wie kommt man denn an so etwas? Ich hoffe, das ist kein Schwarzgeld.«

Schwarzenbach grinste ihn an. Die Frage musste ja kommen.

»Bei Bedarf kann ich die Herkunft dieses Geldes lückenlos nachweisen. Ich versichere Ihnen, dass dieses Geld so weiß ist, wie es überhaupt nur sein kann.«

»Gut, das reicht mir. Falls es dazu irgendwann Fragen geben sollte, melde ich mich einfach bei Ihnen. Ich gehe aber davon aus, dass das nicht geschieht. Hier ist die unterschriebene Quittung. Wunderbar, da kommt ja auch der lang ersehnte Kaffee.«

Sie plauderten noch ein wenig über die Schwierigkeiten bei Insolvenzen im Allgemeinen und bei dieser Insolvenz im Besonderen. Fischer war vielleicht sogar froh, überhaupt einen solchen Betrag beigetrieben zu haben.

Damit waren seine Kosten in jedem Fall gedeckt. Ein paar Sachwerte gab es noch zu veräußern, aber das würde wohl nicht mehr viel bringen. Es würde so laufen wie in vielen dieser Verfahren. Die gefundenen Mittel würden gerade reichen, um die Verfahrenskosten zu decken. Die Gläubiger schauen wie so oft in die Röhre. Das kannte Schwarzenbach aus eigener Erfahrung. Ein geschickter Insolvenzverwalter zog das Verfahren so lange hin, bis die vorhandenen Mittel durch seine Kosten aufgebraucht waren, und stellte dann mangels Masse ein. Damit hatte er sein Geld verdient. Die Forderungen der Gläubiger waren ihm im Regelfall ziemlich egal.

»Gut, Herr Fischer, dann verabschiede ich mich jetzt. Ich denke, Sie haben noch zu tun, und ich habe auch noch Termine. Unsere Angelegenheit ist ja damit wohl auch erledigt.«

»Allerdings, und das zu meiner vollsten Zufriedenheit. Ich wünsche Ihnen alles Gute und eine gute Heimreise.«

»Vielen Dank und auf Wiedersehen, Herr Fischer.«

Schwarzenbach ergriff seine Reisetasche und verließ das Büro. Das war also auch erledigt. Jetzt musste er nur noch seine Schlüssel verstecken. Auf dem Weg hielt er an einem Baumarkt an und besorgte sich eine kleine wasserdichte Plastikdose, ein Kunststoffseil und einen Stahlhaken.

Am Nachmittag erreichte er die kleine Kapelle im Schwarzwald. Er kannte diese Stelle von früheren Wanderungen. Das kleine Natursteingebäude hatte sich in den drei Jahren, seit er das letzte Mal hier gewesen war, nicht erkennbar verändert. Die Tür war auch immer noch unverschlossen. Er betrat den hellen Innenraum und fand die Stelle sofort wieder, die er gesucht hatte. Die Schlüssel legte er in die Dose und befestigte das Seil daran. Dann entfernte er den losen Stein aus der Mauer, versenkte die Dose am Seil in der Mauerspalte, drehte den Haken in den porösen Mörtel und band das Seil mit der Dose daran fest. Zum Schluss schob er den Stein wieder in die Mauer. Alles sah aus wie vorher.

Manchmal machte es doch Sinn, sich solche alten Gemäuer genauer anzusehen. Er hatte lange hin und her überlegt, ob er die Schlüssel jemandem zur Aufbewahrung geben konnte. Aber in dieser Sache vertraute er momentan niemandem und der Weg hierher zur Kapelle war von Frankfurt aus nicht weit. Das Versteck der Originalschlüssel war sicher und befand sich, was besonders wichtig war, außerhalb der Schweiz. Die Reserveschlüssel lagen sicher beim Notar. Schwarzenbach machte sich auf den Heimweg. Mit dem Verlauf dieser Woche konnte er zufrieden sein. Jetzt musste er nur noch seinen beruflichen Ausstieg umsetzen.

15

Der Termin für den Transfer der Aktien an die Amerikaner war festgelegt. Der Kurs ihrer eigenen Aktien lag im Moment knapp unter hundert Franken. Das würde sich in den nächsten Wochen korrigieren lassen, sodass der Zielkurs hundert kein Problem sein sollte. Giacometti war überzeugt, dass sie mit der Übernahme dieser Bestände ein gutes Geschäft gemacht hatten. Zumal die weitere Überprüfung gezeigt hatte, dass es sich weitgehend um weißes Geld handelte. Damit hatten sie auch einen kleinen Schritt hin zur Legalisierung ihres Kundenbestandes getan. Das würde zwar nur in der Statistik was bringen, aber immerhin. So konnte er wenigstens in Bern etwas Zeit gewinnen.

Als er einige Tage später gut gelaunt sein Büro betrat, warteten bereits zwei Mitarbeiter auf ihn. Sie hatten besorgte Gesichter aufgesetzt. Es waren Jim Morrison, der IT-Chef, und Jean-Jacques Weber, der Leiter der deutschen Kundenbetreuung. Morrison kam sofort auf den Punkt.

»Guten Morgen, Herr Giacometti, wir haben ein Problem.«

»Guten Morgen zusammen, was ist denn los?«

»Wir haben anscheinend eine Sicherheitslücke.«

»Wie kommen Sie darauf?«

»Gestern erhielt ein Kundenberater einen Anruf von einem deutschen Kunden. Dieser Kunde besitzt bei uns ein ziemlich großes Portfolio und er bekam gestern Besuch von der deutschen Steuerfahndung. Die wussten wohl sehr genau über sein hier geführtes Konto und den aktuellen Saldo Bescheid. Bei der sofort durchgeführten Hausdurchsuchung wurden dann noch weitere Unterlagen gefunden. Der Kunde geht davon aus, dass die undichte Stelle nur bei uns im Haus liegen kann.«

»Ist das noch einer der Kunden aus dem Datenpool, den wir voriges Jahr verloren haben?«

»Das wissen wir noch nicht so genau. Aber vermutlich nicht. Die Kunden von damals haben wir alle verifiziert und dort hat es schon zu früheren Zeitpunkten Untersuchungen gegeben. Außerdem ist der Kontosaldo, den man ihm genannt hat, absolut aktuell. Es muss sich um eine neue Lücke handeln.«

»Dann suchen Sie die verdammte Lücke. Involvieren Sie nur so viele Leute wie unbedingt nötig. Weisen Sie die darauf hin, dass, wenn jemand

redet und wir herausbekommen, wer es war, derjenige nie wieder einen Job bei einer Schweizer Bank finden wird. Wir können derzeit keine schlechte Presse gebrauchen. Alles, was Sie herausfinden, rapportieren Sie zuerst an mich, und ohne mein Einverständnis wird nichts unternommen. Ich will absolutes Stillschweigen in der Sache.«

Morrison verabschiedete sich. Jean-Jacque Weber, der Abteilungsdirektor der deutschen Kundenbetreuung, wartete noch einen Moment und stellte dann seine Fragen.

»Sollen wir in Bezug auf die Kunden etwas unternehmen?«

»Erst einmal gar nichts. Wir wissen nicht, wie viele Kunden überhaupt betroffen sind. Welche Kunden sollten wir also warnen? Alle Deutschen? Das sind viel zu viele. Das sickert todsicher an die Presse durch. Dann haben wir vierundzwanzig Stunden später alle deutschsprachigen Zeitungen voll mit den wildesten Gerüchten. Das können wir im Moment nicht gebrauchen. In acht Wochen ist der Fixingtermin für die Aktien im Amerika-Deal. So eine Geschichte kann uns den Kurs verhageln und außerdem springen uns womöglich haufenweise Kunden aus dem neuen Bestand ab.«

»Aber was ist mit den Bestandskunden? Wenn da eine neue Welle losbricht, fallen diese Kunden garantiert über uns her.«

»Wenn das eine neue Welle ist, dann tun sie das sowieso. Die Ermittlungen der Deutschen können wir auch nicht mehr verhindern. Ihre Aufgabe ist es, für Ruhe zu sorgen, wenn sich weitere Kunden mit dem gleichen Problem melden. Wir schweigen einfach eisern und versichern den Kunden, dass wir ohne ihr Einverständnis keinerlei Informationen an deutschen Behörden geben. Sie sind dafür verantwortlich, dass aus Ihrem Ressort nichts an die Öffentlichkeit dringt.«

»Ich werde tun, was ich kann. Ich hoffe, dass das gelingt. Vielleicht sollten Sie zu gegebener Zeit Informationen über den Amerika-Deal an die Presse geben, damit die sich nicht wundern, dass sie so gar nichts von uns hören.«

Damit machte sich Weber auf den Weg in seine Abteilung. Viele seiner Kundenberater hatten gute Kontakte zur Presse. Das war ihnen schon oft nützlich gewesen. Jetzt sollte auf einmal nichts mehr durchdringen. Er war gespannt, ob Giacometti die Bestandsübernahme demnächst bekannt machte, damit die Journalisten Beschäftigung hatten.

Giacometti saß in seinem Büro und überlegte, was er tun sollte. Wenn die Geschichte zum falschen Zeitpunkt an die Öffentlichkeit kam, hatte das vermutlich Einfluss auf den Börsenkurs. Dann würde die Übernahme auf einmal teurer werden als erwartet. Jeder einzelne Punkt beim Kurs bedeutete 18 Millionen US-Dollar zusätzliche Kosten. Vom Reputationsverlust ganz zu schweigen. Die Sache musste, solange es irgendwie ging, geheim bleiben.

Auf der nächsten Verwaltungsratssitzung wurde dieser Vorfall besprochen. Herr von Rohr war der Meinung, dass man vorsorglich alle deutschen Kunden warnen sollte. Lieber eine Warnung zu viel als eine zu wenig. Dr. Bulle widersprach energisch.

»Auf keinen Fall dürfen wir den Aktienkurs negativ beeinflussen. Für das Geschäft mit den Amerikanern brauchen wir einen stabilen Wert.«

»Das heißt aber, dass Sie die betroffenen Kunden sehenden Auges ins Messer laufen lassen.«

Von Rohr war empört.

»Da sind vermutlich Kunden betroffen, die seit vielen Jahren ihr Vermögen bei uns verwalten lassen. Was denken Sie, was geschieht, wenn die herausbekommen, dass wir sie wissentlich nicht gewarnt haben?«

»Schauen Sie, Herr von Rohr, die Leute, die ihre Schwarzgeldkonten bei uns haben, wissen doch genau, welches Risiko sie eingehen. Letztlich ist es so: Je mehr davon erwischt werden, desto höher wird unsere Weißgeldquote.«

»Herr Dr. Bulle, wir haben uns verpflichtet, keinerlei Information über diese Vermögen weiterzugeben. Das ist nämlich der Sinn unseres Bankgeheimnisses. Wenn wir schon nicht in der Lage sind, mit Systemen zu arbeiten, die das sicherstellen, dann müssen wir diese Kunden wenigstens warnen. Sie haben dann immer noch die Möglichkeit, durch eine Selbstanzeige den Schaden zu begrenzen.«

»Ich habe hier die Interessen der Familie wahrzunehmen. Und für die gibt es derzeit nichts Wichtigeres als einen stabilen Börsenkurs. Aber lassen Sie uns abstimmen. Dann werden wir ja sehen, wer die Mehrheit bekommen wird.«

Damit war klar, wie die Sache laufen würde. Dr. Bulle alleine repräsentierte schon eine solide Mehrheit, was von Rohr natürlich bewusst war. Er war zwar nicht einverstanden, hatte aber letztlich auch keine Möglichkeit, etwas daran zu ändern. Ein einträgliches Verwaltungsratsmandat setzte man nicht so einfach aufs Spiel.

»Ich wollte Sie nur warnen. Die Probleme mit den deutschen Kunden, die mit Sicherheit daraus folgen werden, haben Sie dann letztlich zu verantworten.«

»Ich habe ja nichts dagegen, dann etwas zu tun, wenn der Amerika-Deal im sicheren Hafen ist. Schließlich kann uns niemand einen Vorwurf machen, wenn wir das Datenproblem erst in ein paar Wochen bemerken. Es ist doch letztlich nur eine Frage des Zeitpunktes.«

Damit waren alle einverstanden. Was sollte auch dagegensprechen. Niemand würde beweisen können, dass die Bank schon vorher etwas gewusst hatte.

16

Im Büro suchte jeder nach einer sinnvollen Arbeit, aber es war wenig davon vorhanden. Pierres letzter Tag war gekommen, und er war nicht der Einzige, der dem Arbeitsmarkt wieder zur Verfügung gestellt wurde. Augenscheinlich hatte eine ganze Reihe weiterer externer Mitarbeiter keine Auftragsverlängerung bekommen. In einem Großraumbüro bemerkte man diese frei gewordenen Stühle erst nach und nach. Da es nicht wirklich viel zu tun gab, hatte Schwarzenbach Zeit, seine Datenanalysen fortzusetzen.

Die Zeit plätscherte so dahin und er hing seinen Gedanken nach. Er hatte einen einzelnen Arbeitsplatz im äußeren Bereich der Arbeitsgruppe, der er zugeteilt war. Seit Pierre die Bank verlassen hatte, saßen alle anderen Kollegen mindestens zwei Schreibtische weit entfernt. Eines Nachmittags kam Martin Lehmann zu ihm. Er war der zuständige Abteilungsleiter, also unter anderem auch der Chef von Beat. Während eines kleinen Umstellungsprojektes, das er mehr oder weniger unfreiwillig geleitet hatte, hatte er viel Kontakt mit Martin. Komischerweise waren diese Gespräche in letzter Zeit zum Erliegen gekommen. Aber das lag vermutlich einfach daran, dass er wichtigere Themen hatte, mit denen er sich beschäftigen musste.

»Hallo, Gregor. Ich habe noch einen Wunsch. Ich wäre froh, wenn du deinen Platz wechseln würdest. Du sitzt ja hier jetzt komplett allein. Drüben am Fenster ist der Platz neben Klaus Walter frei. Er arbeitet unter anderem noch an dem alten Projekt. Da ist es sicherlich nicht schlecht, wenn du ihn bei Bedarf noch etwas unterstützen kannst.«

»Martin, natürlich, kein Problem. Soll ich gleich jetzt umziehen? Dann wäre es erledigt.«

»Ja, das wäre prima. Dann kann ich den Kollegen vom PC-Service gleich Bescheid geben, dass sie den Rechner hier abräumen können. Ich muss alle nicht genutzten Geräte jetzt zurückgeben, damit mein Budget davon entlastet wird.«

»Ich mache mich gleich auf den Weg.«

Schwarzenbach packte seine wenigen privaten Sachen zusammen und marschierte hinüber zu dem Fensterplatz. Klaus Fischer war einer der vielen deutschen Kollegen in der Schweizer IT-Branche, der auch schon einige Jahre im Land war. Schwarzenbach wusste nicht viel über ihn, so wie er privat zu den meisten Kollegen keinen Kontakt hatte. Das war ihm auch ganz recht. Aus seiner Zeit bei der UBS war ihm in schlechter Erinnerung geblieben, dass zu enge Kontakte zu persönlichen Problemen führten.

Trotzdem gab es über den Tag natürlich immer wieder Gelegenheiten, sich kurz zu unterhalten. Er war immer noch damit beschäftigt, Roger einzuarbeiten. Wobei er allerdings keine großen Fortschritte machte, weil der immer wieder für andere Aufgaben herausgezogen wurde. Ein paar Tage später änderte sich das auf einmal schlagartig, als Martin wieder an seinem Schreibtisch auftauchte.

»Hallo, Gregor, hat sich Roger schon gut in deinen Aufgabenbereich eingearbeitet?«

»Nein, Martin, noch nicht wirklich. Roger hat oft keine Zeit. Er bekommt auch immer wieder andere Aufgaben und deswegen sind wir da bisher nicht wirklich weitergekommen.«

»Dann muss ich Beat einmal darauf ansprechen. Ich möchte jetzt doch sehen, dass das gründlich erledigt wird. Zumal wir ja nicht mehr Pierre als Reserve haben.«

Damit marschierte er ab und Schwarzenbach konnte sich nur wundern. Bisher hatte man solche Dinge nicht besonders ernst genommen. Eine ganze Reihe von Spezialisten waren jeweils allein für ihr System zuständig. Interessant, dass auf einmal Prioritäten gesetzt wurden. Jetzt war er gespannt, ob da auch wirklich etwas passieren würde. Martin hatte ja die Angewohnheit, hin und wieder irgendeine Aktion zu verkünden, die dann doch im Sande verlief. Den Grund für solche »Management-by-Helicopter-Aktionen« konnte man nicht immer erkennen.

In diesem Fall folgte die tatsächliche Aktion allerdings sofort. Schon am Nachmittag erschien Beat und vereinbarte mit ihm und Roger einen Einarbeitungsplan, der sehr eng gesteckt war. Für Schwarzenbach war klar, dass es darum ging, weitere Planstellen zu streichen. Und er hatte auf dieser Streichliste einen Platz in der oberen Region ergattert. Dazu passte auch, dass Beat ihm gleichzeitig verkündete, dass er für den nächsten Release-Zeitraum noch keine neuen Aufträge für ihn hatte. Das war ein bisschen unangenehm, weil er ja aus irgendeinem Topf bezahlt werden musste.

Früher hätte er sich Sorgen gemacht und angefangen, sich nach einem neuen Job umzusehen. Jetzt allerdings passte ihm das eigentlich ganz gut in den Kram, und er machte Beat den Vorschlag, dass er seine Arbeitszeit auf eine Dreitagewoche reduzieren könnte. Davon war Beat sehr angetan und zeigte sich sofort einverstanden. Seine wesentliche Aufgabe war es also vorerst, Roger einzuarbeiten und ansonsten den laufenden Betrieb seiner Systeme sicherzustellen.

Als Schwarzenbach an diesem Nachmittag nach Hause kam, war Louisa schon mit den Essensvorbereitungen beschäftigt. Heute wollte er ihr das Ergebnis der erfolgreichen Verhandlungen mit dem Insolvenzverwalter Fischer mitteilen. Bisher hatte er ihr darüber nichts gesagt.

Jetzt war eine gute Gelegenheit, das Schweigen zu brechen. Er holte aus dem Keller zwei Flaschen erstklassigen Rotwein, die er für besondere Gelegenheiten zurückgelegt hatte.

»Oh, heute gibt's einen guten Roten zum Abendessen. Das ist nett.«

»Ja, ich dachte mir, auch die guten Flaschen müssen einmal getrunken werden. Heute ist der richtige Moment dafür.«

»Aha, wieso? Was gibt es denn Besonderes?«

»Ich habe ein Geschenk für dich.«

»Geschenke sind immer schön. Obwohl ich mich auch ohne Geschenke über ein romantisches Abendessen mit dir freue.«

»Ich habe da etwas für dich geregelt. Schau es dir einmal in Ruhe an. Ich kümmere mich inzwischen darum, dass in der Küche nichts anbrennt.«

Louisa setzte sich in einen Sessel und öffnete den Briefumschlag. Nachdem sie die Dokumente gelesen hatte, kam sie strahlend auf ihn zu und küsste ihn mit einer Zärtlichkeit, dass ihm fast die Sinne schwanden. Das Abendessen rückte irgendwie in weite Ferne.

»Das ist das unglaublichste Geschenk, das ich jemals erhalten habe. Wie hast du das gemacht, ohne dass ich davon was mitbekommen habe? Von wem hast du so viel Geld?«

»Ich habe den Anwalt angerufen und mit ihm den Betrag ausgehandelt. Ich hatte einen Termin mit ihm in der Woche, in der ich den Kurs in Frankfurt hatte. Vorher hatte ich ein Treffen mit einem anderen Anwalt, um meine Erbschaft entgegenzunehmen.«

»Was für eine Erbschaft? Davon hast du mir gar nichts erzählt. Du hast zwar von Geld gesprochen, das du demnächst bekommen würdest, aber von keiner Erbschaft.«

»Das ist die berühmte ›Tante aus Amerika‹. In meinem Fall war sie allerdings nicht in Amerika, sondern in England. Es hat ziemlich lange gedauert, bis die ganze Sache tatsächlich erledigt war. Man hat noch nach weiteren Erben gesucht, deswegen ist einige Zeit ins Land gegangen. Aber letztlich kam das Geld gerade jetzt im richtigen Moment.«

»Das ist wirklich fantastisch. Ich möchte dir das Geld irgendwann wieder zurückgeben.«

»Ach, weißt du, das ist für mich nicht wichtig. Ich würde viel lieber mit dir über unsere Zukunftspläne sprechen. Ich werde ab jetzt nur noch drei Tage in der Woche arbeiten und in absehbarer Zeit ganz aus dem Job aussteigen. Das Erbe wird zwar nicht reichen, um in Saus und Braus zu leben, aber für ein normales Leben ist es genug. Und weil es mir keinen Spaß mehr macht, alleine zu sein, könntest du deinen Job eigentlich auch aufgeben. Wenn es für einen reicht, dann reicht es auch für zwei.«

»Du meinst, ich soll einfach aufhören zu arbeiten? Das kommt mir ziemlich komisch vor. Schließlich arbeite ich, seit ich sechzehn Jahre war. Ich habe keine Ahnung, wie ich den Tag verbringen soll, so ganz ohne Arbeit.«

»Genau darüber sollten wir reden. Ich habe da ein paar Ideen. Aber ich weiß natürlich nicht, ob du dafür zu haben bist.«

»Na, dann mal los! Und mach endlich die erste Flasche auf. Das Essen ist auch fertig und ich habe einen Bärenhunger.«

Es wurde ein langer Abend, und als sie zu Bett gingen, war er noch lange nicht vorbei. Irgendwann schliefen sie dann erschöpft ein und erwachten am Vormittag erst gegen 11 Uhr. Schwarzenbach blickte zuversichtlich in die Zukunft. Sie hatte die Geschichte mit der Erbschaft problemlos geglaubt, und so sollte es auch sein. Er durfte sie auf keinen Fall mit in die Sache hineinziehen, für den Fall, dass nicht alles nach Plan laufen würde. Er war ein Risiko eingegangen, und jetzt hoffte er, dass sich alle seine Wünsche erfüllen würden.

17

Schwarzenbach hatte seit längerer Zeit geplant, eine lange Reise durch Europa zu machen, aber nicht wie bisher mit Flugzeug und Hotel. Er wollte mindestens ein Jahr mit dem Wohnwagen unterwegs sein. Dabei hatte er eine ganz spezielle Idee. Es sollte ein Auflieger werden, und er hatte bereits eine Firma gefunden, die individuelle Wohnauflieger ausbaute. Als Zugfahrzeug war ein Pick-up erforderlich. Seiner Meinung nach war das die ideale Lösung, denn einerseits konnte man flexibel reisen, andererseits hatte man an jedem ausgewählten Standort ein normales Fahrzeug für den täglichen Bedarf zur Verfügung.

Zunächst hatte Schwarzenbach bei seinen Vorbereitungen an ein großes Wohnmobil gedacht. Doch ein Fahrzeug, das seinen Vorstellungen von Komfort entsprach, wäre mindestens acht Meter lang gewesen und hätte als Lkw zugelassen werden müssen. Das aber hätte jeweils die Beweglichkeit vor Ort enorm eingeschränkt. Außerdem hatte Louisa keinen entsprechenden Führerschein. Sie konnten sich beim Fahren also niemals abwechseln.

Der Auflieger verband am besten seine Vorstellung von komfortablem Camping und großer Beweglichkeit. Bei seinen Lieferantenrecherchen kam er ziemlich schnell auf eine Firma in Westdeutschland, die derartige Fahrzeuge individuell ausbaute. Sogar Slide-out-Modelle waren verfügbar, die den Wohnraum enorm vergrößerten. Schwarzenbach kalkulierte für das gewünschte Fahrzeug einen Kaufpreis zwischen 150.000 und 200.000 Euro ein. Wenn sie drei Jahre unterwegs waren, würden die Kosten schon über die ersparte Miete wieder kompensiert. Campingplätze hatten ferner den unschätzbaren Vorteil, dass Bargeld als Zahlungsmittel gerne genommen wurde.

Am nächsten langen Wochenende fuhren sie in die Eifel, um sich ihr Traumfahrzeug direkt beim Hersteller anzusehen. Der Firmeninhaber war selbst anwesend. Es gab noch nicht so viele zugelassene Fahrzeuge dieser Art. Dementsprechend war sein Interesse natürlich groß, gerade in die Schweiz ein erstes Modell verkaufen zu können.

Schwarzenbach ließ ihn in dem Glauben, dass er das Gespann tatsächlich in die Schweiz bringen würde. Sie entwickelten die Innenausstattung bis ins Detail. Die technische Ausrüstung würde mit einem Slide-out,

Fußbodenheizung, moderner Küche, Solaranlage und Generator praktisch alles enthalten, was an Bequemlichkeit und Sicherheit zurzeit zu haben war. Eine detaillierte Kostenaufstellung wurde vereinbart, für deren Erstellung man eine Woche veranschlagte.

In der folgenden Woche wollte Schwarzenbach erneut vorbeikommen, den Auftrag unterschreiben und die gesamte Summe in bar mitbringen. Das fertige Fahrzeug sollte der Firma noch für zwei Messen als Musterfahrzeug dienen. Danach würde er es übernehmen. Messefahrzeuge haben den Vorteil, dass alles perfekt gebaut wird. Niemand möchte auf einer Messe mit einem Fahrzeug stehen, das bei der Vorführung Fehler produziert.

Auch Barzahlung war anscheinend kein Problem. Das deutsche Geldwäschegesetz sprach Schwarzenbach lieber nicht an. Der Firmeninhaber hatte noch keine Ahnung, dass er zur Meldung einer so großen Summe in bar verpflichtet war.

Schwarzenbach und Louisa krönten ihren Ausflug mit einer Übernachtung in einem romantisch gelegenen Hotel mit Drei-Sterne-Küche. Nach dem Dessert holte Schwarzenbach einen wertvollen Ring aus der Tasche und machte Louisa einen Heiratsantrag. Und seine Erleichterung war groß, als sie mit leuchtenden Augen »Ja« sagte.

Der Flasche Champagner folgte dann eine überwältigende Nacht und so fuhren sie am Montagmorgen in absoluter Hochstimmung zurück in die Schweiz.

Eine Woche später machte sich Schwarzenbach wieder auf die Reise in die Eifel. Sein Weg führte ihn über eine einsame Kapelle im Schwarzwald direkt nach Frankfurt. Im Appartement war alles in bester Ordnung. Er kontrollierte alle Safes genau und stellte die Zeitschaltuhr für die Lampen und das Radio neu ein. Schließlich sollte alles bewohnt wirken. Der Kostenvoranschlag für das Fahrzeug lautete über 197.000 Euro inklusive eines neuen Pick-up mit den entsprechenden Umbauten. Er nahm also vier Pakete aus einem Safe und packte sie ein. In der Eifel wurde er vom Geschäftsführer bereits erwartet.

»Guten Tag, Herr Schwarzenbach! Ich freue mich, Sie zu sehen. Sie sind ja ausgesprochen pünktlich.«

»Guten Tag, Herr Schmidt. Ich habe Ihnen den unterschriebenen Auftrag mitgebracht.«

»Das freut mich natürlich. Wie Sie wissen, haben wir ja noch nicht so viele Fahrzeuge dieser Art verkauft. Eines mit einer so umfangreichen Ausstattung schon gar nicht.«

»Ach, wissen Sie, für mich war klar, dass ich eine perfekte Ausstattung brauche. Schließlich werden wir lange Zeit unterwegs sein. Ich möchte vermeiden, unterwegs irgendwo etwas nachrüsten zu müssen, nur weil ich zu Beginn der Reise nicht daran gedacht habe.«

»Das verstehe ich gut. Ich habe allerdings noch ein kleines Problem. Wollten Sie nicht bar bezahlen?«

»Das stimmt. Ich habe das Geld dabei.«

»Nun, darüber habe ich mit meiner Bank gesprochen, und die haben mich darauf aufmerksam gemacht, dass sie von mir einen Herkunftsnachweis haben müssten. Ich habe ihnen natürlich erzählt, dass Sie zwar Deutscher sind, aber in der Schweiz leben und keinen Wohnsitz in Deutschland haben. Daraufhin meinte der Filialleiter, dass das die Sache ziemlich einfach machen würde, wenn Sie denn bereit wären, das Geld selbst vor Ort auf ein Konto einzuzahlen. Dann würde ihm ein Nachweis Ihres Schweizer Wohnsitzes völlig genügen, um das Geld in Empfang zu nehmen.«

»Das ist doch kein Problem. Dann sollten wir gleich dorthin fahren.«

Da war ja ein zumindest halbschlauer Banker am Werk. Das hatte Schwarzenbach allerdings auch erwartet. In einer Dorfbank fällt es natürlich auf, wenn ein Ortsansässiger mit einem solchen Betrag in bar anrückt. Sie fuhren also zu der kleinen Filiale der Sparkasse. Der Filialleiter erwartete sie bereits und führte sie in einen Nebenraum.

»Guten Tag, Herr Schwarzenbach. Ich freue mich, Sie kennenzulernen. Herr Schmidt hat mir das von Ihnen bestellte Fahrzeug schon eingehend beschrieben. Das wird ja ziemlich exklusiv.«

»Nun ja, so etwas kauft man ja nicht jeden Tag, da sollte es schon möglichst gut gemacht sein. Ich habe insgesamt 200.000 Euro dabei. Hier sind mein Pass und eine Meldebescheinigung aus der Schweiz. Ich nehme an, die möchten Sie gerne kopieren.«

»Allerdings, das ist sehr freundlich von Ihnen, dass Sie die Einzahlung selbst vornehmen. Herr Schmidt hätte sonst eine Reihe von Dokumenten ausfüllen müssen. So ist das für uns eine Einzahlung von einem Wohnsitzausländer, die viel einfacher gehandhabt werden kann.«

»Ich hatte schon erwartet, dass Herr Schmidt dieses Thema ansprechen würde. In der Schweiz ist man es ja durchaus gewohnt, mit größeren Mengen Bargeld umzugehen.«

»Nun ja, wir sind hier natürlich von solchen Geschäften weit entfernt. Ich muss zugeben, dass ich mich auch bei einem ehemaligen Kollegen schlaugemacht habe. Er arbeitet bei einer Sparkasse in Baden-Württemberg, die nicht weit von der Schweizer Grenze entfernt ist. Daher hatte ich vermutet, dass er sich mit solchen Einzahlungen auskennt. Das scheint dort ja durchaus gängige Praxis zu sein.«

»Es gibt in der Tat eine Menge Schweizer, die gerne größere Bargeldbeträge in Deutschland anlegen. Das liegt an der Verschwiegenheit der deutschen Banken gegenüber den Schweizer Steuerbehörden. Hier zahlt man ja nicht einmal die Quellensteuer für seine Geldanlagen, die man den Inlanddeutschen immer direkt abknöpft.«

»Das stimmt allerdings. Vielleicht haben Sie ja Interesse, noch weitere Geschäfte mit uns zu tätigen. Das würde mich freuen.«

»Machen wir es doch so, dass Sie den verbleibenden Betrag von 3000 Euro gleich auf ein Konto einzahlen, das ich bei Ihrer Bank eröffnen würde. Dann haben wir es in Zukunft einfacher, wenn ich weitere Einzahlungen vornehmen möchte. Ich werde sicherlich in nächster Zeit öfter in der Gegend zu tun haben.«

»Wunderbar, das freut mich natürlich. Oh, ich sehe, Sie haben original verschweißte Pakete der Bundesbank. Da kann ich mir das Zählen ja sogar sparen. Die müssen wir einfach nur auf die Waage legen.«

Schwarzenbach hatte im selben Moment die vier Pakete auf den Tisch gelegt. Schmidt schaute ziemlich irritiert, aber durchaus zufrieden. Der Filialleiter rief nach einer Mitarbeiterin, die die Pakete in Richtung Tresor brachte. Er erstellte die notwendigen Dokumente zur Kontoeröffnung und machte Kopien von seinen Papieren.

»Hier ist dann die Gutschrift über 200.000 Euro auf Ihrem Konto. Für die Kontoeröffnung brauche ich noch Ihre Unterschrift. Dies ist die Überweisung über 197.000 Euro für die Zahlung Ihres Fahrzeuges.«

Jetzt grinste Schmidt über das ganze Gesicht.

»Es ist eine echte Freude, mit Ihnen Geschäfte zu machen, Herr Schwarzenbach. Ich versichere Ihnen, Sie werden ein erstklassiges Fahrzeug erhalten.«

»Danke, Herr Schmidt, davon gehe ich aus. Wenn ich zufrieden bin, wird es vielleicht in Zukunft noch weitere Schweizer Käufer geben.«

Der Filialleiter lächelte ebenfalls, brachte ihn bis zur Tür und verabschiedete sich fast überschwänglich.

»Vielen Dank, Herr Schwarzenbach. Ich würde mich freuen, Sie bald wieder in unserem Hause begrüßen zu dürfen. Gute Heimreise.«

Schwarzenbach war zufrieden. Die Sache war perfekt gelaufen. Dass er hier gleich noch ein Konto eröffnen konnte, hatte er zwar gehofft, aber nicht unbedingt erwartet. Auf dem Rückweg fuhr er nochmals im Appartement in Frankfurt vorbei, um die Kontounterlagen bei den anderen Papieren im Safe zu deponieren. Der Rückweg führte ihn dann wieder durch den Schwarzwald. Bei der Kapelle war wie immer kein Mensch zu sehen. Sein Versteck war unberührt und er versteckte die Schlüssel wieder am gleichen Ort. Gegen 22 Uhr traf er zu Hause ein.

Bei einem Glas Rotwein berichtete er Louisa von seinem erfolgreichen Vertragsabschluss mit der Camperfirma. Seine Planung war bislang aufgegangen: In zwei Monaten stand der Wagen bereit. Dann würden Sie alles zusammenpacken. Die Möbel und all das andere Zeug, das sie erst einmal nicht brauchten, würden sie einlagern und sich dann auf die lang ersehnte Reise machen.

18

Schon wenige Tage später erhielt Giacometti einen Anruf von Morrison. Es gab neue Informationen in Sachen Kundendaten, weshalb Jim Morrison mit Martin Lehmann zur Besprechung erschien. Lehmann war Mitglied des Kaders, aber letztlich nur ein kleiner Abteilungsleiter in der IT, woran auch der klangvolle Titel »Executive Director« nichts änderte. Das wurde man mehr oder weniger automatisch, wenn man keine Fehler machte und sich ein bisschen in der Hierarchie hochgearbeitet hatte.

»Guten Tag, Herr Giacometti. Ich habe Martin Lehmann mitgebracht. Ein Mitarbeiter seiner Abteilung ist vermutlich der Maulwurf.«

»Guten Tag, Herr Lehmann. Wir haben uns ja noch nicht oft gesehen und die jetzigen Umstände sind alles andere als angenehm.«

»Freut mich, Herr Giacometti. Allerdings ist das mehr als unangenehm. Ich hoffe, Sie machen mir keinen Vorwurf daraus. Solche Dinge sind allerdings auch wirklich nicht vorauszusehen.«

»Machen Sie sich keine Sorgen. Wenn ich mich richtig erinnere, sind Sie für einige unserer Applikationen auf dem Host zuständig?«

»Das stimmt allerdings. Für die Hauptbuchhaltung und eine Reihe von Zuliefersystemen. Unter anderem auch für die Schnittstellen zur Datenlieferung an einige kleinere Systeme, die der Host als zentrale Buchhaltung mit Daten beliefert.«

»Nun raus damit: Um wen handelt es sich?«

»Nun, er heißt Schwarzenbach. Gregor Schwarzenbach. Ein externer Mitarbeiter, der seit etwa zwei Jahren bei uns tätig ist. Er war vorher Interner bei der UBS und hat sehr gute Zeugnisse. Ein Mann mit dreißig Jahren Großrechnererfahrung. Ich muss sagen, dass ich ihn bis zu diesem Zeitpunkt für einen meiner besten Mitarbeiter gehalten habe. Wir hatten sogar im letzten Jahr schon überlegt, ihn als internen Mitarbeiter einzustellen.«

»Wie konnte das denn überhaupt passieren? Nach der letzten Panne vor zwei Jahren hatte ich doch eigentlich den Auftrag gegeben, alle sicherheitsrelevanten Lücken zu schließen.«

Jetzt meldete sich Morrison zu Wort.

»Nun, im Bereich der dezentralen Systeme, die von Servern gestützt werden, haben wir das weitestgehend geschafft. Beim Host allerdings wären Inves-

titionen im Millionenbereich fällig gewesen, um einen solchen Sicherheitslevel konsequent umzusetzen. Ich hatte damals dafür das Budget beantragt, es ist aber von Ihnen selbst abgelehnt worden.«

Das war allerdings sehr peinlich. Giacometti erinnerte sich wieder an die Geschichte. Morrison wollte fünfzehn Millionen Franken, um die Hardware im Host zu erweitern und eine Reihe von Prozessen umzustellen. Da er damals eigentlich geplant hatte, die Großrechnerumgebung in den nächsten zwei bis drei Jahren abzulösen, war es ihm sinnlos erschienen, hier noch jede Menge Geld zu vergraben. Außerdem war im Hostbereich noch nie so etwas vorgekommen, dort waren meist ältere, langjährige Mitarbeiter tätig.

»Wie lange besteht diese Lücke in dem System denn schon?«

»Nun, wenn Sie es so genau wissen wollen, eigentlich schon immer.«

»Wieso schon immer? Meinen Sie damit, seitdem wir die Systeme betreiben?«

»Nun ja, an dem System liegt es eigentlich nicht, sondern wie wir damit umgehen. Sie wissen sicherlich, dass wir seit vielen Jahren ein Emergency-Umfeld betreiben, das bei Systemausfällen als parallele Sicherung dient, damit wir schnell reagieren können. Somit sind wir während des Tages in der Lage, Prozesse, die in der Nachtverarbeitung abbrechen, mit korrigierten Programmen zu wiederholen. Das ist an sich kein Problem, da liegt auch noch keine Sicherheitslücke. Was wir allerdings tun, ist, täglich die produktiven Datenbanken in diese Umgebung zu kopieren, bevor die Nachtverarbeitung startet. Damit stellen wir sicher, dort den letzten Datenstand zu haben, um solche Korrekturen sauber machen zu können. Wir haben schon öfter Dokumente, die nachts Probleme gemacht haben, dann am Tage in der Umgebung nachgefahren und an die Kunden verschickt. Das war für solche Fehlerkorrekturen immer sehr praktisch. Allerdings können sämtliche Host-Entwickler dort zugreifen und somit praktisch jeder Mitarbeiter, der eine Testsystemberechtigung hat. Damals wollten wir eine Anonymisierung einführen, die wäre allerdings mit genau den vorhin genannten Kosten verbunden gewesen.«

»Wieso haben Sie mir das damals nicht genau so erklärt? Das Problem ist also demnach uralt? Letztlich haben wir es unserer eigenen Schlampigkeit zuzuschreiben, dass so eine Sauerei überhaupt möglich ist?«

»Ja, das befürchte ich. Vielleicht habe ich es damals falsch erklärt, oder Sie haben es falsch verstanden. Wie auch immer. Wir hatten in über zwanzig Jahren nie ein Problem damit. Keiner hat das je ausgenutzt, obwohl Hunderte Mitarbeiter die Möglichkeit dazu gehabt hätten.«

»Dieser Externe hat das so schnell durchschaut?«

»Der Mann ist seit vielen Jahren im Geschäft. Die Arbeit, für die wir ihn einsetzen, ist eigentlich deutlich unter seinem Niveau. Er hat den Job vermutlich sowieso nur deshalb angenommen, weil er keine anderen Optionen hatte. Aufgrund unserer aktuellen Kostensparaktionen wäre Schwarzenbach einer der Nächsten auf der Liste der Freisetzungen gewesen.«

»Na prima, und dann hat er sich überlegt, dass das Geld ja sozusagen vor seiner Nase liegt.«

»Das könnte wohl so sein. Obwohl wir das nie so eingeschätzt haben. Er hatte überhaupt keine finanziellen Probleme, im Gegensatz zu vielen anderen, die wir beschäftigen.«

»Demnach hätten also auch noch viele andere auf diese Idee kommen können? Oder wie soll ich das verstehen?«

Giacometti konnte seinen aufsteigenden Zorn nicht länger zurückhalten.

»Herr Lehmann, wie gedenken Sie denn diese Lücke schnellstmöglich zu schließen?«

Morrison mischte sich ein.

»Das ist nicht so einfach. Wir haben zwar herausgefunden, welche Daten Schwarzenbach woher kopiert hat. Aber das Problem der Anonymisierung ist nicht eben mit ein paar Handgriffen zu lösen. Wir stehen vor dem gleichen Dilemma, das wir vor zwei Jahren schon einmal hatten. Allerdings wissen wir immer noch nicht, wie er die Daten vom Host in seine E-Mails gebracht hat.«

Giacometti war außer sich.

»Er hat das Zeug per E-Mail verschickt? Einfach so? Und keiner hat was davon gemerkt?«

Morrison hatte die Antwort schon parat.

»Die E-Mails werden standardmäßig auf große Inhalte überprüft. Er hat die Daten zerlegt und in kleinen Bilddateien verschickt. Das ist so, als würden Sie eine E-Mail mit einem kleinen Foto an irgendjemanden schicken, und das passiert in unserem E-Mail-Verkehr Hunderte Male jeden Tag. Wir haben dafür keine Kontrollmechanismen.«

Giacometti konnte es nicht fassen.

»Jetzt müssen Sie mir nur noch sagen, dass wir das nicht haben, weil es zu teuer ist!«

»Wenn Sie eine ehrliche Antwort bekommen wollen, genau so ist es.«

»Das ist doch ein verdammter Saftladen. Wozu habe ich eigentlich IT-Verantwortliche?«

Jetzt hatte Morrison genug von den Vorwürfen.

»Moment mal. Als IT-Verantwortlicher bekomme ich ein Budget, das ich nicht überschreiten darf. Das reicht derzeit gerade für den laufenden Betrieb. Wie soll ich derartige Projekte finanzieren? Sämtliche Projektanfragen zu solchen Themen wurden durch den Verwaltungsrat als zu teuer abgelehnt. Sie können mir nicht die Schuld dafür geben, dass Sie jetzt so einen Scheißladen bekommen haben, weil Sie für die IT kein Geld lockergemacht haben.«

Lehmann schaute Morrison erschrocken an. Dem war wohl jetzt der Kragen geplatzt. Die Wahrheit zu sagen kann sehr gefährlich sein. Es dauerte ein paar Sekunden, bis Giacometti sich wieder gefasst hatte.

»Sie haben natürlich recht, Morrison. Tut mir leid. Mit dem Thema sind wir augenscheinlich viel zu blauäugig umgegangen. Wir haben noch ein ganz anderes Problem. Die Sache darf auf keinen Fall publik werden. Zumindest nicht jetzt. Sammeln Sie also alle Fakten, und sorgen Sie dafür, dass dieser Mann möglichst keinen weiteren Schaden anrichten kann. Geben Sie ihm irgendwelche unverfänglichen Aufgaben. Herr Lehmann, sitzt er in Ihrem Bereich?«

»Ja klar, er hat einen Einzelplatz, der ziemlich weit weg von allen anderen Mitarbeitern ist.«

»Setzen Sie ihn mit irgendeiner Begründung woandershin, wo ihm möglichst viele Leute bei der Arbeit zusehen. Er selbst darf keinen Verdacht schöpfen. Die ganze Geschichte muss absolut geheim bleiben, bis ich Ihnen Bescheid gebe. Es wird notwendig sein, einige Wochen Stillschweigen zu bewahren.«

»Nun, ich habe von dem Teamleiter gehört, dass Schwarzenbach zurzeit nur noch drei Tage in der Woche arbeitet. Das ist gut für uns. Ferner werde ich ihn umsetzen. Da fällt mir schon was ein. Am besten wäre es, wenn er weiter an der Dokumentation schreibt. Das kann ich leicht damit begründen, dass er einer der wenigen ist, die richtig Deutsch schreiben können.«

»Wie auch immer, versuchen Sie ihn so weit wie möglich abzuschirmen und unter Beobachtung zu halten, um weiteren Schaden zu vermeiden. Zunächst danke ich Ihnen für die Informationen und Ihre Offenheit. Morrison, wir werden uns über dieses Thema zu gegebener Zeit noch einmal unterhalten müssen. Es ist mir klar, dass da einiges schiefgelaufen ist. Schönen Tag noch zusammen.«

Morrison und Lehmann verabschiedeten sich und verließen das Büro. Wichtige Gründe, die Sache geheim zu halten, gab es genug. Dass Giaco-

metti keine Presse wollte, war klar, solche Schlagzeilen hatte es in letzter Zeit schon zu viele gegeben. Es musste noch mehr dahinterstecken. Morrison hatte allerdings eine Ahnung. Aber davon erzählte er Lehmann lieber nichts. Je weniger Personen darüber reden konnten, desto besser.

Einige Tage später informierte Giacometti die Mitglieder des Verwaltungsrats über die jüngsten Entwicklungen. Sie waren alle damit einverstanden, die Suche nach weiteren Informationen über die Aktivitäten dieses Herrn Schwarzenbach fortzusetzen. Die Polizei konnte man dann benachrichtigen, wenn der Amerika-Deal gesichert war. Auf einige Wochen kam es jetzt nicht mehr an. Der Schaden war sowieso angerichtet. Sie beschlossen außerdem, die betroffenen Kunden jetzt noch nicht zu informieren. Es sollte nicht der Verdacht aufkommen, dass die Bank etwas gewusst habe, aber aus taktischen Gründen nicht habe handeln wollen. Alle wurden zum Stillschweigen verpflichtet.

19

Schwarzenbach arbeitete jetzt maximal drei Tage in der Woche, an denen er eigentlich auch nur körperlich anwesend war. Natürlich erledigte er die wenigen Dinge, die ihm aufgetragen wurden. Aber er gab sich dabei keine große Mühe und beeilte sich auch nicht. Mit seinen Gedanken war er ganz woanders. Den drei Kollegen gab er einsilbige Antworten, wenn er etwas gefragt wurde. Nur während der Einarbeitungsstunden mit Roger war er so konzentriert, dass dieser wenig Mühe hatte, sich in den Prozessen zurechtzufinden. Aber Roger war auch ein alter Hase und kannte außerdem die Systemumgebung der Bank noch viel besser als Schwarzenbach.

Er beschäftigte sich mit den Vorbereitungen ihrer Reise. Es sollte erst einmal für einige Monate nach Frankreich und Spanien gehen. Insbesondere von Frankreich hatte er bisher wenig gesehen, und ein Liebespaar musste schließlich unbedingt nach Paris und an die Atlantikküste. Und die Weinregionen in Südfrankreich interessierten ihn besonders. Dann wollte er gerne ins Rioja und die Mittelmeerküste entlang. Und Gibraltar hatte er auch noch nicht gesehen. Sie hatten alle Zeit der Welt und konnten dem Lauf der Sonne folgen.

Bei einem Bauern im Nachbardorf mietete Schwarzenbach ein abschließbares Scheunenteil, wo er sämtliche Möbel aus seiner Wohnung ordentlich und trocken unterstellen konnte. In einigen Wochen würde er eine Firma bestellen, die das ganze Zeug einpacken und dort einlagern konnte. Etwas Sorge machte ihm allerdings noch sein Weinvorrat. Er entschloss sich also, den Vorrat an alten Einzelflaschen durch Trinken zu reduzieren. In den nächsten Wochen würden sie also nur die alten Barolo und Bordeaux trinken.

Als Schwarzenbach eines Morgens ins Büro kam, war der bevorstehende Kauf des großen amerikanischen Kundenbestandes das Tagesgespräch. Es ging um etliche Milliarden US-Dollar Kaufsumme. Er war überrascht, dass die Bank so viel Geld aufbringen konnte. Erwartungsgemäß reagierte man in der IT auf den bevorstehenden Kauf zunächst mit Abwarten. Es wurden keine neuen Projekte mehr genehmigt. Wenn es zu einer Bestandsübernahme kommen sollte, dann würde man alle Kräfte brauchen, um die Sache schnell über die Bühne zu bringen. So war wohl auch zu erklären, dass sich für seine Arbeit jetzt anscheinend niemand mehr interessierte. Selbst wenn er anwesend war, blieb das Telefon meist still, auch der E-Mail-Verkehr kam fast völlig zum Erliegen. Die beginnende Urlaubszeit machte das Ganze noch schlimmer und Schwarzenbach begann sich im Büro zu langweilen.

Dabei kam es ihm allerdings schon seltsam vor, dass sich niemand nach dem Stand seiner Arbeiten erkundigte. Sonst war man immer peinlichst darauf bedacht, irgendeine Form der Beschäftigung zu finden, selbst wenn es nichts zu tun gab. Jetzt interessierte sich weder Beat noch Martin dafür.

Schwarzenbach war sich nicht sicher, was er davon halten sollte. Er fühlte sich, als würde er unter Beobachtung stehen. Andererseits verhielten sich die anderen Kollegen völlig normal. Vielleicht bildete er sich das alles auch nur ein, er durfte jetzt nicht in Panik geraten, schließlich ging es nur noch um ein paar Wochen, dann würde er einfach verschwinden. Das erste Wochenende nach dem nächsten Monatsersten war am besten dafür geeignet. Die letzte Abrechnung würde er noch machen. Die Beratungsfirma zahlte immer sehr schnell, und dann würde er sich ein paar Tage krankmelden. In Anbetracht der Beschäftigungslage wäre man in der Bank vermutlich sogar froh, wenn er nicht zur Arbeit erscheinen und von der Kostenliste verschwinden würde.

Umso mehr beschäftigten Schwarzenbach die Vorbereitungen für die Reise und die Auflösung der Wohnung. Über die Jahre hatten sich doch viele Sachen angesammelt. Jetzt war also der Moment gekommen, sich von dem ganzen Plunder zu trennen. Einiges konnte er leichten Herzens wegwerfen, anderes war ihm dafür doch zu schade.

Aber der Zeitplan saß ihm im Nacken und er konnte sich nicht auf endlose Verkäufe bei eBay mit Verpackung und Versand und all dem Zauber einlassen. Also entschloss er sich, alles zu spenden. Die Umsetzung erwies sich allerdings als durchaus schwierig. Auf den Gedanken, dass wohltätige Spendensammler nicht alles Gespendete mitnehmen, war Schwarzenbach bisher nicht gekommen. Diese Organisationen erwiesen sich als äußerst wählerisch. Kurzerhand lud er einfach das Auto jeweils bis zum Dach voll und fuhr zum Ökihof. Nach einigen Fahrten war die Sache erledigt.

Zwischendurch fuhr Schwarzenbach noch öfter in die Eifel, um nach dem Rechten zu sehen. Die Innenausstattung des Wagens begann Gestalt anzunehmen und der Pick-up war auch geliefert worden. Während des Einbaus fielen ihm noch einige Änderungen ein, die gleich einfließen konnten. Die wichtigste war wohl der im Boden versenkte und mit der Karosserie verschweißte Safe. Er wählte ein ziemlich großes, aber flaches

Exemplar aus. Das zusätzliche Gewicht würde keine Rolle spielen, und von unten war der Einbau nur zu bemerken, wenn man genau wusste, wo man zu suchen hatte. Außerdem ließ er noch eine Rollerrampe installieren. Ein kleiner Motorroller erhöhte die Beweglichkeit am jeweiligen Standort, so konnten sie zu zweit einige Kilometer in den nächsten Ort zum Bäcker oder zum Strand fahren.

Nirgendwo nahm jemand Anstoß daran, dass Schwarzenbach grundsätzlich bar bezahlte. Der alte Grundsatz – nur Bares ist Wahres – galt also doch noch. Den Filialleiter der Sparkasse in dem Eifeldorf kannte er inzwischen recht gut. Er hatte eine Reihe von Einzahlungen gemacht, ein Depot eröffnet und die eine oder andere Aktie gekauft. Der Markt war im Moment nicht so schlecht, die Kurse waren aufgrund der Rezession weit unten. Um nicht ständig die Kurse beobachten zu müssen, hatte er den Filialleiter bevollmächtigt, in seinem Namen Käufe und Verkäufe zu tätigen, natürlich mit einer Reihe von Rahmenbedingungen. Der Mann war sehr rührig und gewissenhaft. Solch einen guten Kunden bekam der Filialleiter nicht alle Tage und den wollte er unbedingt zufriedenstellen.

20

Auf dem Weg nach London dachte Giacometti über die letzten Wochen nach. Der gesamte Verwaltungsrat saß mit ihm im Flugzeug. Etwa die gleiche Anzahl Personen war aus den USA in Richtung London per Flugzeug unterwegs. Morgen Mittag sollte der endgültige Vertrag über den Kauf der europäischen Bestände abgeschlossen werden. Der Börsenkurs der Bank hielt sich seit einer Woche stabil knapp über hundert Franken. Seine Leute würden dafür sorgen, dass in den letzten Stunden nicht noch irgendein Verkäufer den Markt nach unten drücken konnte. Sie hatten die Order, bei Bedarf jede Aktie aus dem Markt zu kaufen. Es würde also letztendlich doch alles klappen.

Eine Zeit lang hatte Giacometti befürchtet, dass dieser Datendiebstahl doch bekannt werden könnte. In der Zwischenzeit hatten sich über zwanzig Kunden gemeldet, die Besuch vom deutschen Finanzamt erhalten hatten. Sie wussten inzwischen, dass möglicherweise einige Tausend betroffen waren. Aber sie hatten es geschafft, den Deckel draufzuhalten.

Bei der Vertragsunterzeichnung in der Londoner Filiale der Amerikaner verlief alles nach Plan. Beide Seiten waren hochzufrieden mit dem Geschäftsabschluss. Zwar wurden die Amerikaner damit zu einem der großen Aktionäre der Bank, doch der interne Machtverlust würde durch die zukünftigen Geschäftsmöglichkeiten mehr als aufgewogen. Für alle zukünftigen Kunden der Amerikaner ohne amerikanischen Pass würde die Bank als Kooperationsbank jetzt die erste Adresse sein.

An Kunden mit US-Bürgerschaft war man nicht länger interessiert. Die letzten dieser Kunden würden kurzfristig in die Bestände der Amerikaner übergehen, sie waren schon entsprechend informiert worden. Man würde sich also zukünftig nicht ins Gehege kommen, sondern im Gegenteil bestens zusammenarbeiten.

Dies war für die Bank vor allem deswegen wichtig, weil sie, im Gegensatz zu ihren großen Konkurrenten im eigenen Land, das US-Geschäft komplett aufgegeben hatte, um nicht noch weiter in den Fokus der dortigen Finanzbehörden zu geraten. Da gab es schon mehr als genug Ärger. Das anschließende Essen ging in eine fast schon zwanglose Party über. Auch die amerikanischen Manager nutzten die Gelegenheit, fern der Heimat zu sein. Der Rückflug am nächsten Morgen verlief dementsprechend schweigsam. Giacometti beschloss, *sich den Rest des Tages freizunehmen und sich stattdessen mit Nationalrat Kocher auf dem Golfplatz zu verabreden. Der hatte ihn kürzlich zu einer Golfrunde eingeladen. Er hatte wohl neben dem Verkauf seiner Bankaktien auch weitere eigene Geschäfte zeitgerecht abgewickelt und war mit dem Ergebnis zufrieden. Der Vertrag über den Kauf des Chalets in Crans Montana war auch schon vorbereitet und konnte Ende der Woche unterzeichnet werden. Alles war also nach Plan verlaufen. Jetzt mussten sie nur noch das Problem mit diesem Datendiebstahl in den Griff bekommen.*

Einige Tage später hatte Giacometti einen Termin mit Morrison, und der brachte eine Menge Unterlagen mit.

»Hallo, Herr Morrison. Wie sieht's aus?«

»Guten Morgen, Herr Giacometti. Wir haben jetzt vermutlich alle Daten, die von dem Mann abgezogen wurden. Insgesamt sind über 15.000 deutsche Kunden betroffen.«

»Wieso so viele? Das ist ja ein Drittel des deutschen Bestandes.«

»Das ist richtig. Es sind nur die Kunden ungeschoren geblieben, die Nummernkonten haben. Zum Glück ist das die wesentlich sensiblere Kundschaft mit dem viel größeren Anlagevolumen. Aber wenn die Adressen alle weitergegeben wurden, dann ist der Schaden groß genug.«

»Über welches Kapitalvolumen reden wir denn jetzt eigentlich?«

»Es geht um knapp vier Milliarden Franken Anlagevermögen. Das ist ein Viertel des deutschen Gesamtbestandes.«

»Sind Sie sicher, dass er nicht noch mehr Daten genommen hat?«

»Zu hundert Prozent kann man nie sicher sein, denn selbstverständlich hatte er auch Zugang zu allen anderen Bestandsgruppen. Ich gehe aber davon aus, dass er nur die Daten genommen hat, die verschickt wurden. Andere Gruppen gehören nicht dazu.«

»Gut, dann sollten wir unsere Anwälte einschalten und eine Anzeige vorbereiten.«

»Für eine Anzeige müssen wir Beweise vorlegen. Das heißt, dass wir die Mails mit den Daten der Staatsanwaltschaft übergeben müssen. Weil das aber Kundendaten sind, würden wir uns theoretisch auch noch selbst strafbar machen.«

»Das lassen Sie mal meine Sorge sein. Ich rede mit dem Chef der Staatsanwaltschaft, und wenn der nicht bereit ist, auf solche Unterlagen zumindest vorerst zu verzichten, dann gibt es immer noch die Politik. Schließlich sind wir eines der ältesten Bankhäuser dieses Landes. Das sollte also kein wirkliches Problem sein.«

Selbstverständlich war die Staatsanwaltschaft sofort bereit zu handeln. Noch am gleichen Tag stellte man einen Haftbefehl aus und natürlich wurde der Anzeige der Bank ohne jeden Vorbehalt geglaubt. Das war ein durchaus gängiges Verfahren, die Bank musste nicht gleich Beweise vorlegen. Schließlich geht ein Züricher Staatsanwalt immer davon aus, dass die Beschuldigung einer Züricher Bank gegen eine Person Hand und Fuß hat. Die Verhaftung wurde für den nächsten Morgen geplant. Es war davon auszugehen, dass Herr Schwarzenbach am nächsten Morgen zur Arbeit erschien.

Um acht Uhr morgens trafen der zuständige Staatsanwalt Pietro Carrozzi und vier Polizisten in der Bank ein. Sie wurden von Jim Morrison in seinem Büro empfangen.

»Guten Morgen, meine Herren. Das ist ja ein ziemliches Aufgebot.«

»Guten Morgen, Herr Morrison. Wenn wir eine solche Festnahme durchführen, ist dies das normale Vorgehen. Dem zu Verhaftenden muss von vornherein klar sein, dass Flucht zwecklos wäre. Das gelingt am einfachsten durch massive Präsenz.«

»Mit dem Auftritt gelingt Ihnen das bestimmt. Im Interesse der Bank möchte ich allerdings Aufsehen vermeiden.«

»Wo befindet sich die gesuchte Person denn zurzeit?«

»An seinem Arbeitsplatz im Großraumbüro. Da dürfen Sie auf keinen Fall rein, sonst haben wir in zwei Stunden hundert Journalisten vor der Tür.«

»Das ist mir klar. Können Sie ihn unter einem Vorwand in dieses Zimmer einbestellen? Dann wären wir hier unbehelligt.«

»Ich rufe seinen Vorgesetzten an. Geben Sie mir einige Minuten Zeit.«

Morrison telefonierte mit Lehmann. Der erschien nach wenigen Minuten im Büro.

»Guten Tag zusammen. Das ist ja eine ziemliche Überraschung. Ich wäre froh gewesen, wenn Sie mich schon früher über Ihr Vorhaben informiert hätten.«

»Wir wissen ja selbst erst seit gestern, dass eine derartige Aktion stattfinden soll.«

Carrozzi war etwas pikiert.

»Sehen Sie eine Möglichkeit, Herrn Schwarzenbach hierherzulocken?«

»Das bekommen wir schon hin. Ich habe da eine Idee. Ich könnte ihm sagen, dass eine Besprechung wegen des alten Projektes bei Herrn Morrison im Büro stattfindet.«

»Das klingt gut. Wir werden uns im Nebenraum aufhalten. Am besten wäre es, wenn Sie ihn erst einmal Platz nehmen lassen. Wir wollen jede Form von körperlicher Gegenwehr vermeiden.«

»Ich kann mir nicht vorstellen, dass Herr Schwarzenbach auf Sie losgehen wird, aber wenn Sie meinen.«

Lehmann machte sich auf den Weg zum Großraumbüro, während der Staatsanwalt und die Polizisten den Raum verließen.

21

Alles war vorbereitet. Die Wohnung war praktisch leer geräumt und die letzten Möbel würde eine Firma in der nächsten Woche abholen und im Schuppen einlagern. Der Mietvertrag lief zwar noch drei Monate, aber die Vermieter wussten Bescheid und waren froh, demnächst eine bereits leere Wohnung zukünftigen Interessenten zeigen zu können. Falls jemand sofort einziehen wollte, würden sie Schwarzenbach entsprechend früher aus seinem Vertrag entlassen. Auch der neue Wagen war fertig und wartete in der Eifel auf seinen Besitzer.

Louisa hatte ihre Stelle gekündigt und war bereits in der Eifel, um alles für den Reiseantritt vorzubereiten. Er selbst würde noch für zwei Tage ins Büro gehen und dann offiziell freimachen. In der kommenden Woche würde eine Krankmeldung folgen, und das war's dann. Schwarzenbach freute sich auf seinen »Vorruhestand«. Jetzt würde er endlich selbstbestimmt leben können, befreit vom Mief der Großraumbüros und alten COBOL-Programme. Das war jetzt endgültig vorbei, und so war er in bester Stimmung, als er sich auf den Weg nach Zürich machte. Gegen etwa 9 Uhr betrat er das Büro, schaltete wie üblich den Rechner ein und wartete darauf, dass die alte Kiste hochfuhr. Plötzlich tauchte Martin an seinem Schreibtisch auf.

»Guten Morgen, Gregor. Entschuldige, dass ich dich gleich so überfalle. Aber wir haben heute Morgen einen Termin bei Jim Morrison. Es geht um das alte Projekt und er hat da noch einige Fragen an dich. Er will die Sache wohl wieder aufleben lassen, und du bist ja derjenige, der sich in dem Thema am besten auskennt. Könntest du gleich mit zu ihm kommen?«

»Ja, natürlich. Benötige ich noch irgendetwas?«

»Nein, ich denke nicht. Es wäre gut, wenn wir gleich losgehen könnten, Jim Morrison hat mir den Termin erst gestern Abend mitgeteilt und deshalb konnte ich dich nicht mehr benachrichtigen. Er wartet also schon auf uns.«

Das Büro von Morrison befand sich auf der gleichen Etage auf der gegenüberliegenden Seite des Gebäudes. Sie betraten gemeinsam den Raum. Morrison gab Schwarzenbach die Hand und bot ihm einen Platz an. In dem Moment, als er sich setzte, ging die Tür auf und etliche Personen betraten im Laufschritt das Büro. Einer der Männer stürzte auf ihn zu.

»Guten Tag, Herr Schwarzenbach. Ich bin Staatsanwalt Carrozzi. Ich verhafte Sie hiermit wegen Verletzung des Bankgeheimnisses. Hier ist der Haftbefehl.«

Nach dieser Erklärung kam ein anderer Mann auf ihn zu und legte ihm sofort Handschellen an. Schwarzenbach war wie vor den Kopf geschlagen. Natürlich hatte er sich ausgemalt, was alles passieren konnte. Aber irgendwie hatte er trotzdem nicht damit gerechnet. Jetzt saß er hier in Handschellen, und der Typ, der sich Staatsanwalt nannte, redete auf ihn ein. Schwarzenbach las erst einmal den Haftbefehl, den man ihm in die Hand gedrückt hatte. Auch um Zeit zu gewinnen und seine Gedanken zu ordnen. Er brauchte einen Anwalt, und zwar einen, der keine Angst vor den Banken hatte, und er musste irgendwie Louisa benachrichtigen – diese Sache war sicher nicht in drei Tagen ausgestanden.

»Herr Schwarzenbach, wie sind Sie heute hergekommen?«

»Mit dem Auto, wie immer.«

»Wo parken Sie denn Ihren Wagen? Hier in der Tiefgarage?«

»Ich habe in der Querstraße in einem Privathaus einen Garagenplatz. Dort steht mein Wagen.«

»Dann werden wir uns jetzt dorthin begeben. Wir müssen das Fahrzeug durchsuchen. Wo haben Sie die Schlüssel?«

»Mein Schlüsselbund liegt an meinem Arbeitsplatz.«

»Ach ja, den Arbeitsplatz müssten wir auch noch durchsuchen.«

Diese Bemerkung richtete sich an die Adresse von Morrison und Lehmann.

»Nein, das geht auf keinen Fall. Wenn Sie dort einfallen, haben wir sofort ein Riesentheater. Kein anderer Mitarbeiter darf von der Sache etwas mitbekommen.«

Morrison hatte auf einmal Panik in den Augen. Jetzt wurden die Herren von der Bank sichtlich nervös. Die ganze Aktion war schlecht vorbereitet.

»Aber irgendwie müssen wir doch an seine Sachen im Schreibtisch kommen.«

Carrozzi zeigte sich unnachgiebig, Morrison machte einen neuen Vorschlag.

»Ich rufe den Hausdienst an und lasse den Schreibtisch in ein separates Zimmer bringen.«

Morrison hängte sich ans Telefon, aber es dauerte eine halbe Stunde, bis man es geschafft hatte, an den Schreibtisch zu kommen. Kaum vorstellbar, dass diese Aktion den Mitarbeitern im Großraumbüro entgangen war. Nachdem die wenigen Habseligkeiten von Schwarzenbach eingesammelt waren, machte sich die ganze Gruppe auf den Weg zu seinem Garagenplatz: Sechs Personen mussten unbemerkt per Lift in die Tiefgarage gelangen, man wollte schließlich niemanden sonst antreffen. Drei Polizisten stiegen dann mit Schwarzenbach in den Lift, er wurde in einen Opel gesetzt und sie fuhren die zweihundert Meter bis zu seiner Tiefgarage. Dort angekommen, wurde sein Auto geöffnet und durchsucht – ohne Ergebnis.

Daraufhin machte man sich in gleicher Besetzung auf den Weg zu seiner Wohnung. Der Staatsanwalt war irritiert, weil die Schränke bis auf wenige Kleidungsstücke weitgehend leer waren. Auch im Kühlschrank befand sich nur das Nötigste. Sein Notebook im Arbeitszimmer wurde natürlich inklusive der externen Festplatte mitgenommen. Ansonsten fand man im Schreibtisch seine Münzsammlung und etwas mehr als 100.000 Euro in bar. Die wurden ebenfalls eingepackt, und natürlich jede SD-Card, CD und DVD, die man finden konnte. Auch sämtliche Schlüssel waren Gegenstand ihres Interesses. Es fanden sich aber keine Schließfachschlüssel oder dergleichen, die einen Hinweis auf weitere Versteckmöglichkeiten hätten geben können.

Schwarzenbach saß währenddessen in seinem Sessel im Wohnzimmer, fast teilnahmslos beobachtete er die Szenerie. Es war für ihn ziemlich surreal, als diese Leute durch die Wohnung liefen und nach Dingen suchten, die für das anstehende Verfahren interessant sein konnten.

Mit der Zeit wurde die Suche immer planloser. Der in den Medien oft verwendete Begriff »Steuer-CD« hatte sich auch in den Köpfen der Polizisten fest eingebrannt. Alle auffindbaren silbernen Scheiben wurden untersucht und im Zweifelsfall mitgenommen. Der Gedanke, dass jemand Daten, die von solcher Brisanz sind, möglicherweise auf einem anderen Medium und nicht gerade offen in der Schublade lagerte, schien keinem der Polizisten zu kommen. Schwarzenbach war sicher auch kein Profi, aber aufgrund seiner Beobachtungen war er sich sicher, dass sie das Datenversteck nicht finden würden.

Nach etwa zwei Stunden war man mit dem Ergebnis zufrieden und bereitete sich auf den Heimweg vor. Die Beamten erstellten eine lange Liste der beschlagnahmten Gegenstände. Besonders erfreut waren sie über das Bargeld und die Münzsammlung. Die Auswertung der beschlagnahmten Datenträger würde die Mitarbeiter für Wochen beschäftigen.

Schwarzenbach hatte zeitweise das Gefühl, dass er selbst nicht Beteiligter war, sondern die Szene als stiller Beobachter von außen betrachtete. Anschließend fuhren sie mit ihm in ihre Dienststelle nach Zürich. Dort durfte er einen Anwalt anrufen. Übrigens ein schwieriges Thema. Das wusste er, weil er unlängst beim Surfen im Internet nach Anwälten mit Spezialgebiet Strafrecht recherchiert hatte. Wenn es um schwierige Prozesse mit medienwirksamen Themen ging, war allerdings ein Name immer wieder aufgetaucht. Dr. Jonathan Staedtler hatte diverse Prozesse gegen die verschiedensten Staatsanwaltschaften geführt und dabei immer gute Ergebnisse für seine Mandanten erzielt.

Die Frage war nun, ob dieser Mann das Mandat für ihn übernehmen würde. Würde er überhaupt mit ihm sprechen? Als Schwarzenbach den Beamten um die Rufnummer von Dr. Staedtler bat, schaute dieser ziemlich irritiert. Der Name war ihm anscheinend bekannt, und sein Gesichtsausdruck ließ darauf schließen, dass er ihn nicht in bester Erinnerung hatte. Schwarzenbach wertete das für sich als gutes Zeichen und wählte die ihm gereichte Telefonnummer.

»Guten Tag, ich würde gerne Herrn Dr. Staedtler sprechen.«

»Guten Tag, worum geht es denn? Sind Sie Mandant bei ihm?«

Die Dame am Telefon war bestens darauf vorbereitet, unliebsame Mandanten gleich am Telefon abzuwimmeln.

»Mein Name ist Schwarzenbach. Ich bin bisher kein Mandant bei Ihnen, aber ich wäre froh, wenn Herr Dr. Staedtler als mein Verteidiger in einer komplizierten Strafsache für mich tätig sein würde.«

»Gut, ich stelle Sie zu Herrn Doktor durch.«

»Staedtler. Guten Tag, mit wem spreche ich?«

»Guten Tag, Herr Dr. Staedtler, mein Name ist Schwarzenbach. Ich brauche dringend einen guten Strafrechtsanwalt, da ich vor einigen Stunden verhaftet worden bin.«

»Aha, was wird Ihnen vorgeworfen?«

»Ich werde beschuldigt, bei der Bank, in der ich arbeite, Kundendaten gestohlen und an die deutschen Finanzbehörden weitergegeben zu haben.«

»Wo befinden Sie sich?«

»Ich sitze hier beim Kommissariat für Wirtschaftskriminalität in Zürich.«

»Ist ein Polizeibeamter bei Ihnen?«

»Ja, der sitzt mir gegenüber.«

»Bitte geben Sie ihn mir doch kurz ans Telefon. Ich muss danach aber nochmals mit Ihnen sprechen.«

Schwarzenbach reichte das Telefon an den Polizisten weiter, der wurde vermutlich danach gefragt, wohin man ihn in der Folge bringen würde. Dann erhielt er das Telefon zurück.

»Herr Schwarzenbach, sind Sie am Apparat?«

»Hallo, Herr Dr. Staedtler, ja ich bin hier.«

»Hören Sie mir bitte ab jetzt einfach nur zu und antworten Sie lediglich mit Ja oder Nein. Ich übernehme Ihr Mandat. Das habe ich dem Polizisten gerade mitgeteilt. Ich werde ab sofort als Prozessanwalt für Sie tätig sein. Am wichtigsten ist jetzt, dass Sie erst einmal überhaupt keine Aussagen mehr zur Sache machen. Sie machen einzig und allein die notwendigen Angaben zur Person. Man wird Sie ins Gefängnis der Polizeikaserne bringen. Heute kann ich leider nicht mehr zu Ihnen kommen, aber morgen Vormittag wird Sie jemand abholen und in einen Gesprächsraum bringen, in dem wir uns unterhalten können. Alles Weitere sehen wir dann. Vielleicht möchten Sie noch jemanden benachrichtigen? Das muss leider auch bis morgen warten. Haben Sie das so weit alles verstanden?«

»Ja, natürlich.«

»Gut. Alles Weitere besprechen wir morgen. Lassen Sie sich keine Angst machen und schweigen Sie am besten. Auch wenn wir uns persönlich noch nicht kennen, glauben Sie mir bitte, dass ich alles Notwendige und Mögliche tun werde, um Sie aus dieser Lage zu befreien.«

»Gut, Herr Dr. Staedtler, vielen Dank für Ihre Hilfe.«

»Wir sehen uns also morgen, auf Wiedersehen.«

Schwarzenbach atmete tief durch und spürte, wie das Gefühl der inneren Unruhe allmählich von ihm abfiel. Der anwesende Polizist hatte seine Arbeit beendet.

»Herr Schwarzenbach, nachdem das erledigt ist, müssen wir noch einige Formulare ausfüllen, und ich brauche weitere Angaben von Ihnen. Ich denke, wir gehen die Punkte gemeinsam durch.«

Schwarzenbach machte Angaben zu seiner Person, äußerte sich aber nicht zur Sache selbst. Das hatte der Polizist auch nicht anders erwartet.

»Wir werden dann noch eine genaue Aufstellung der beschlagnahmten Gegenstände machen, die wir gemeinsam kontrollieren werden. Da es ja einige Dinge sind, wird das wohl bis morgen dauern. Ich bringe Sie jetzt erst einmal hinüber ins Polizeigefängnis. Dort werden dann noch die erkennungsdienstlichen Maßnahmen durchgeführt.«

Sie machten sich auf den kurzen Weg zum Polizeigefängnis. Es war seltsam, in Handschellen über eine normale Straße geführt zu werden. Im

Vorraum des Erkennungsdienstes wurde Schwarzenbach an einen Polizisten übergeben. Als Erstes scannte man seine Fingerabdrücke, dann wurden Fotos von allen Seiten gemacht und natürlich der DNA-Test. Schließlich brachte ihn der Polizist über den Hof in den Zellenbereich, wo seine restlichen Habseligkeiten bereits angekommen waren. Die Polizei hatte seine Geldbörse fast komplett geleert, sodass ihm noch 93 Franken und der Führerschein blieben. Zum Glück hatte er Schuhe mit Klettverschlüssen an, solche mit Schnürsenkel wären ihm sicher abgenommen worden. Der Hosengürtel verschwand ebenfalls in den Asservaten. Als Nichtraucher wurde er in eine Zwei-Mann-Zelle im zweiten Stock verbracht.

Die Größe des Raumes schätzte Schwarzenbach auf etwa zehn Quadratmeter. Auf der rechten Seite war eine Tür, hinter der sich eine Toilette und ein Waschbecken befanden. Weiter hinten stand an der Wand ein Etagenbett. Der Träger des oberen Betts war mit großen Schrauben fest in der Wand verankert. An der Wand gegenüber war eine hölzerne Tischplatte von etwa achtzig mal achtzig Zentimetern auf einem eingemauerten Stahlträger aufgeschraubt. Jeweils davor und dahinter stand eine auf die gleiche Weise befestigte Holzbank. Ferner noch ein vergittertes Fenster, von dem aus man in den Hof der Polizeikaserne schauen konnte.

Nach einiger Zeit entdeckte Schwarzenbach das Radio. An der Wand hatte man eine Sprechanlage für Notfälle angebracht. Dort konnten auch vier Radiosender eingestellt werden. Schließlich fand er noch ein paar Blätter Papier, einige Briefumschläge und einen Bleistift. Gegen 16 Uhr brachte ein Polizist das Abendessen. Seltsam geformte Nudeln in einer kleisterähnlichen Tomatensoße. Weil er inzwischen großen Hunger hatte, aß er trotzdem brav die ganze Portion auf.

Etwa eine Stunde später ging die Tür auf und ein Mann wurde hereingebracht. Er war etwa in Schwarzenbachs Alter und stammte dem Aussehen nach aus dem Nahen Osten. Die Sprachbarriere konnten die beiden Männer mit ihren Englischkenntnissen schnell überwinden. Es stellte sich heraus, dass der Neue aus dem Iran stammte, aber seit vielen Jahren in den USA lebte und Esmail hieß. Dieser erste Zimmergenosse war für Schwarzenbach ein Glücksfall, denn die angeregte Unterhaltung lenkte ihn ein wenig von seiner misslichen Situation ab. Gegen 23 Uhr legte sich jeder auf sein Bett. Seine Gedanken kreisten um die Ereignisse des Tages und er fand lange keine Ruhe. Irgendwann musste er dann aber doch eingeschlafen sein.

Am nächsten Morgen um 6 Uhr ging das Licht an. Eine halbe Stunde später öffnete sich die Klappe, und zwei Scheiben graues Brot sowie zwei Portionspackungen Margarine und Marmelade, wie man sie aus Hotels kennt, wurden für jeden hineingereicht. Außerdem gab es Milchkaffee, der zwar heiß war, aber mehr nach Wasser und Milchpulver als nach Kaffee schmeckte. Da Schwarzenbach keine Uhr mehr hatte, konnte er nur schätzen, wann man ihn abholen würde. Kurz darauf wurde er in einen kleinen Raum gebracht, in dem bereits ein mittelgroßer, dunkelhaariger Mann auf ihn wartete.

22

»Guten Morgen, Herr Schwarzenbach. Ich bin Jonathan Staedtler.«

»Guten Morgen, Herr Dr. Staedtler. Ich freue mich, Sie zu sehen.«

»Wie haben Sie die Nacht überstanden?«

»Ich habe wenig geschlafen, aber das war wohl zu erwarten.«

»Nun, wenn ich das richtig sehe, ist die Situation für Sie völlig neu. Ich habe den Haftbefehl gelesen, weiß also grundsätzlich, worum es geht. Sie sollten wissen, dass Sie mir alles, was Sie erzählen wollen, erzählen können. Ich unterliege der Schweigepflicht und mache mich strafbar, wenn ich etwas von dem weitergebe, was Sie mir berichtet haben. Wir sollten also möglichst mit offenen Karten spielen. Ich habe im Moment den Eindruck, dass die Beweise gegen Sie durchaus stichhaltig sind. Allerdings hat man die Daten wohl bisher nicht bei Ihnen gefunden.«

»Ja, genau. Allerdings wird der Staatsanwalt die E-Mails mit den Daten kennen, die ich an mich geschickt habe. Den Beweis zu führen, wird dann wohl nicht allzu schwierig sein.«

»Was haben Sie denn mit den Daten gemacht?«

»Ich habe sämtliche Daten deutscher Bankkunden über einen Vermittler an die deutschen Steuerbehörden verkauft.«

»Natürlich haben Sie auch Geld bekommen.«

»Selbstverständlich, ich habe vereinbarungsgemäß geliefert und wurde bezahlt.«

»Gibt es für die Schweizer Behörden eine Chance, das Geld sicherzustellen?«

»Man hat ja bereits Bargeld bei mir sichergestellt. Darüber hinaus habe ich dafür gesorgt, dass niemand das Geld finden kann, wenn ich es nicht will.«

»Und die Daten?«

»Die hätte man allerdings finden können, wenn man in meiner Wohnung sorgfältig gesucht hätte. Aber ich war ziemlich überrascht, wie dilettantisch die Polizisten vorgegangen sind.«

»Ich vermute, dass man zunächst größten Wert darauf legen wird, die Daten zu bekommen, um sicherzugehen, dass sie nicht mehr in falsche Hände geraten. Den Verkauf wird man Ihnen allerdings beweisen können. Im Haftbefehl steht, dass die Bank durch einen Kunden, der von der

Steuerfahndung in Deutschland besucht worden ist, überhaupt erst auf die Sache gestoßen worden ist.«

»Herr Dr. Staedtler, das wundert mich nicht. Die Sicherheitssysteme der Bank sind faktisch nicht existent. Es gibt genügend Leute, die genau die gleichen Daten extrahiert haben könnten.«

»Das ist erstaunlich. Ich hätte nicht gedacht, dass sich eine Schweizer Bank heute noch so eine Schlamperei erlaubt.«

»Man hat einfach die seit über dreißig Jahren bestehenden Prozesse nicht wesentlich geändert. Das ist ja auch am billigsten.«

»Gut, das werden wir in einer Gerichtsverhandlung sicherlich ausschlachten können. Ich kann mir kaum vorstellen, dass die Bank ein Interesse daran hat, dass solche Fakten in der Öffentlichkeit bekannt gemacht werden. Das würde allerdings geschehen, wenn eine Verhandlung stattfindet. Ich denke, es macht für Sie erst einmal Sinn, dass Sie die Tat zunächst gestehen. Beweise wird man wohl ohnehin finden und ein Geständnis hat in solchen Verfahren immer eine positive Wirkung auf den Prozessverlauf. Außerdem sollten wir Ihre totale Kooperationsbereitschaft dadurch unter Beweis stellen, dass Sie Angaben darüber machen, wo genau die Daten in Ihrer Wohnung zu finden sind. Das nimmt die Brisanz aus den nächsten Tagen und wird die aufgebrachten Gemüter etwas beruhigen. Ich gehe davon aus, dass heute Nachmittag noch eine erste Einvernahme stattfindet. Sie müssten mich bitte mit einer Unterschrift auf dieser Vollmacht als Ihren Rechtsbeistand beauftragen. Ich nehme an, man hat Ihre Konten bereits gesperrt. Sie werden mich also nicht bezahlen können, oder?«

»Ich könnte Ihre Bezahlung schon organisieren, wenn das zwingend notwendig ist.«

»Herr Schwarzenbach, ich denke, wir werden erst einmal Prozesskostenhilfe beantragen, da ja Ihr gesamtes Eigentum beschlagnahmt wurde. Ich möchte im Moment gar nicht wissen, wie viel Geld Sie bekommen haben. Sie sollten sich zu diesem Punkt auch nur äußern, wenn man Sie danach fragt. Als Beschuldigter haben Sie im Übrigen das Recht, zu lügen.«

»Tatsächlich? Das ist ja interessant.«

»Wenn man den Eindruck gewinnt, dass Sie lügen, wird man natürlich versuchen, Ihnen genau das zu beweisen. Aber ein derartiger Beweis muss nicht zwingend gelingen.«

»Das werde ich mir merken.«

»Zurück zur Sache. Sie haben zwar eine C-Bewilligung für den Aufenthalt in der Schweiz, aber man wird mit Sicherheit von Flucht- und Verdunklungsgefahr ausgehen. Denn sollten Sie es schaffen, aus dem Gefängnis heraus und irgendwie über die Grenze zu kommen, sind Sie ein freier Mann. Im Rest von Europa wird Sie niemand für eine solche Handlung anklagen, weil dort keine Straftat vorliegt. Der Staatsanwalt wird also alles daransetzen, Sie sicher in Haft zu behalten.«

»Das klingt so, als würde das einige Zeit dauern?«

»Davon ist auszugehen, und das werde ich auch nicht verhindern können. Herr Schwarzenbach, Sie sind nicht verheiratet. Haben Sie jemanden, den ich benachrichtigen soll?«

»Unbedingt, Herr Dr. Staedtler. Meine Lebensgefährtin Louisa Ackermann ist derzeit in Deutschland. Eigentlich war alles dafür vorbereitet, dass wir in zwei Tagen die Schweiz auf Nimmerwiedersehen verlassen hätten. Das ist jetzt wirklich dumm gelaufen.«

Schwarzenbach schrieb Louisas Telefonnummer auf einen Zettel, den Staedtler ihm in die Hand gedrückt hatte.

»Hier ist Louisas Mobilnummer. Bitte geben Sie ihr den Rat, in Deutschland zu bleiben. Sie hat zwar mit der ganzen Sache überhaupt nichts zu tun und weiß auch nichts darüber, aber so ist es für sie vermutlich sicherer. Da ich ja selbst erst einmal nicht telefonieren kann, werde ich ihr schreiben. Ich habe allerdings im Moment keine Adresse von ihr, bitte fragen Sie Louisa danach. Können Sie das für mich tun?«

»Natürlich mache ich das, Herr Schwarzenbach. Sie können auch mir jederzeit schreiben. Die Post an mich ist die einzige Post, die ungeöffnet weitergeleitet wird. Ich gehe davon aus, dass die Staatsanwaltschaft Sie zunächst komplett isolieren wird. Der Fall ist schließlich auch medial sehr brisant. Vor allem bei dem aktuellen Streit mit Deutschland zu den vielfachen Steuerhinterziehungen und dem offenen Abkommen über die pauschale Abgeltungssteuer. Ich möchte da auf keinen Fall ein vermeidbares Risiko eingehen. Also, Herr Schwarzenbach, ich besorge Ihnen schnellstmöglich die Adresse Ihrer Freundin. Gehen Sie bitte davon aus, dass jedes Wort sehr genau gelesen wird und dass die Weiterleitung von Briefen einige Zeit dauert. Wenn Sie gleichzeitig einen Brief an mich schicken, können Sie dort ein Blatt mit vertraulichen Mitteilungen beilegen. Ich werde es übermitteln.«

»Das ist sehr freundlich von Ihnen. Ich werde heute noch schreiben.«

»Gut, ich rufe Ihre Freundin erst einmal an, damit sie überhaupt weiß, in welcher Lage Sie sich befinden. Den Brief senden Sie mir dann so schnell wie möglich. Wir sehen uns heute Nachmittag bei der Einvernahme wieder.«

Schwarzenbach wurde in die Zelle zurückgebracht. Esmail war immer noch dort. Er hatte keine Aufenthaltserlaubnis für die Schweiz und war deswegen festgehalten worden. Von Deutschland aus hatte Esmail einen Freund in der Schweiz besuchen wollen, der war jedoch nicht zu Hause gewesen. Ein Nachbar rief sofort die Polizei, um einen verdächtigen Ausländer zu melden, und da die Polizisten kein Englisch konnten, machten sie nicht viel Federlesen. Zur Sicherheit erst einmal verhaften, das ist immer gut. Alles in allem eine überflüssige Aktion. Esmail besaß Geld, ein Rückflugticket in die USA und gültige Papiere. Seine Ferienreise in die Schweiz hatte auf einmal eine völlig überraschende Wendung genommen.

Am Nachmittag passierte wider Erwarten nichts weiter. Sie bastelten sich aus dem Briefpapier Schachfiguren, als Brett diente eines der karierten Handtücher. So vertrieben sie sich den Abend mit Schachspielen.

Mit der Zeit wurde Schwarzenbach klar, dass auch die hygienischen Verhältnisse sehr bescheiden waren, denn er hatte nur die Kleidung zur Verfügung, die er am Leibe trug. Man hatte ihm zwar erlaubt, eine kleine Reisetasche mit ein paar Sachen zu füllen, aber die lag irgendwo in der Asservatenkammer. Bei der Verteilung des Abendessens fragte er den Polizisten, ob er eventuell duschen könne. Die Antwort war unmissverständlich: Heute ist Mittwoch, geduscht wird nur montags. Ihm blieb also nichts anderes übrig, als das kleine Waschbecken zur Badewanne umzufunktionieren. Dann wusch er seine einzige Unterhose und das Poloshirt mit der Hand durch. Die Hose zog er wieder an und hängte die Sachen zum Trocknen vor die Klimaanlage.

Zum Glück waren die Kleidungsstücke am nächsten Morgen getrocknet, denn nach dem Frühstück wurde er zur Einvernahme abgeholt. Zunächst traf er sich mit Dr. Staedtler. Es gab leider nicht viel Neues zu berichten. Dann stellte er noch eine Frage.

»Sagen Sie, Herr Schwarzenbach, kennen Sie die Telefonnummer Ihres Vermittlers auswendig, der den Datentransfer für Sie mit der Finanzbehörde abgewickelt hat? Ich würde ihn gerne anrufen, um sicherzustellen, dass er in nächster Zeit auf keinen Fall wieder in die Schweiz reist. Man wird Sie nach der Verbindung fragen. Sie sollten seinen Namen nennen, aber möglicherweise haben Sie ja seine Nummer bis dahin vergessen. Wissen Sie auch, wo er wohnt?«

»Wo er wohnt, weiß ich allerdings nicht. Ich hatte nur telefonischen Kontakt. Seinen Namen hat er mit »Thomas Maier« angegeben.«

»Das ist hervorragend. Je weniger Sie von ihm wissen, desto besser. Unter diesem Namen leben wahrscheinlich Hunderte Personen in Deutschland. Sie sollten betonen, dass Sie absolut nicht wissen, ob das sein richtiger Name ist.«

Sie gingen in den Vernehmungsraum, in dem gleich mehrere Personen auf sie warteten. Staatsanwalt Carrozzi kannte er bereits. Dann erkannte er überraschenderweise einen Mitarbeiter der Bank. Ein unbekannter Mann stand direkt neben ihm.

»Guten Tag, Herr Schwarzenbach. Mein Name ist Wirnsberger. Ich bin der leitende Staatsanwalt und wir haben eine ganze Reihe von Fragen an Sie. Ich stelle Ihnen die weiteren Personen kurz vor. Herrn Carrozzi kennen Sie ja bereits. Frau Fischer führt das Protokoll. Herr Reuter ist hier als Vertreter der Bank erschienen. Bei ihm ist der Herr Rechtsanwalt von Schulzendorf, der die Bank als Privatklägerschaft vertritt. Herr Schwarzenbach, ich möchte Sie darauf hinweisen, dass es für Sie in der jetzigen Situation nur von Vorteil sein kann, eine vollständige Aussage zu machen. Selbstverständlich haben Sie das Recht, zu schweigen. Möchten Sie eine Aussage machen?«

Er bejahte diese Frage, und dann folgten eine Reihe von Formalitäten, um die Rechtmäßigkeit der Vernehmung und seiner Aussagen sicherzustellen. Erst jetzt begann der leitende Staatsanwalt mit der Vernehmung.

»So, Herr Schwarzenbach, jetzt kommen wir zu den inhaltlichen Fragen. Sind Sie bereit, Aussagen zu machen?«

»Jawohl, ich bin bereit, Aussagen zu machen.«

»Ist es richtig, dass Sie Kundendaten der Bank aus deren eigenem System entnommen haben?«

»Das ist insoweit richtig, als ich Kundendaten deutscher Bankkunden aus dem Testsystem der Bank entnommen habe.«

»Herr Schwarzenbach, da muss ich noch einmal nachfragen. Wieso nennen Sie es »Testsystem«?«

»Weil es sich um ein Testsystem handelt. Zu den produktiven Datenbanken der Bank hatte ich keinerlei Zugang.«

»Nur damit ich es richtig verstehe: Die Daten, die Sie entnommen haben, waren unverschlüsselt auf einem Testsystem zugänglich?«

»Alle Kundendaten der Bank, die auf Hostsystemen verwaltet werden, sind unverschlüsselt auf einer Reihe von Testsystemen zugänglich.«

»Welche Daten haben Sie von dort entnommen?«

»Kontonummer, Name, Adresse, Eröffnungsdatum, Saldo und Währung von solchen Kundenportfolios, die mit Wohnsitz Deutschland gekennzeichnet waren.«

»Diese Informationen sind tatsächlich unverschlüsselt zugänglich?«

»Diese Informationen sind Hunderten von Mitarbeitern der Bank auf diesen Testsystemen zugänglich.«

»Wie haben Sie die Daten dann transportiert?«

»Ich habe auf dem Host eine Datei mit diesen Daten erzeugt und diese Datei dann auf meinen Arbeitsplatz-PC kopiert. Danach habe ich die Daten in Excel-Tabellen importiert und in verschiedenen Einzeltabellen per E-Mail an meine eigene Mailadresse gesendet.«

»Mussten Sie für diesen Kopiervorgang Sicherheitssperren auf Ihrem Arbeitsplatz-PC durchbrechen?«

»Nein, diese Kopierfunktion gehört zu den Standardwerkzeugen, die die Software auf dem PC anbietet. Diese Funktion wird von allen IT-Mitarbeitern täglich benutzt.«

»Das heißt, Sie haben keine speziellen technischen Werkzeuge für diese ganze Aktion gebraucht, die Sie selbst hätten installieren müssen?«

»Nein, alle Werkzeuge, die ich benutzt habe, sind normale Arbeitswerkzeuge, die standardmäßig im Hause zur Verfügung stehen.«

»Hatten Sie keine Bedenken, dass diese E-Mails überprüft werden?«

»Es ist in der Bank allgemein bekannt, dass E-Mails der Mitarbeiter lediglich drei Monate lang aufbewahrt werden. Wenn es bis dahin nicht zu irgendwelchen Fragen kommt, werden sie gelöscht. Ich habe die Dateien als Bilddateien getarnt, die so klein waren, dass aus meiner Sicht keine große Gefahr bestand, aufzufallen.«

»Herr Schwarzenbach, hat Ihnen irgendeine Person in der Bank geholfen?«

»Nein, niemand.«

»Hat irgendeiner Ihrer Arbeitskollegen von Ihrem Tun etwas mitbekommen?«

»Ich denke nicht.«

»Wie haben Sie den Kontakt zu den deutschen Finanzbehörden hergestellt?«

»Ich selbst hatte keinen Behördenkontakt. Die Verbindung wurde durch einen Vermittler hergestellt.«

»Wie ist der Kontakt zu diesem Vermittler zustande gekommen?«

»Ich wurde von ihm angesprochen.«

Jetzt wurde die Sache für ihn möglicherweise brenzlig. Er musste sich eine möglichst harmlose Geschichte ausdenken.

»Hat er Sie etwa gezielt angesprochen?«

»Das weiß ich eigentlich nicht, Herr Wirnsberger. Ich habe ihn auf einer Wanderung auf der Rigi kennengelernt. Es kann Zufall gewesen sein, es ist aber auch möglich, dass er mich gezielt angesprochen hat. Das ist für mich nicht nachvollziehbar.«

»Sind Sie gleich auf seinen Vorschlag eingegangen?«

»Nein, zunächst überhaupt nicht.«

»Und wieso dann später?«

»Es ergaben sich Umstände, die es notwendig machten, an eine größere Geldsumme zu kommen. Diesen Betrag kann ich aber mit einer geregelten Beschäftigung in der Bank nicht verdienen, selbst wenn ich für den Rest meines Lebens arbeiten würde. Außerdem war mir klar, dass ich in absehbarer Zeit arbeitslos werden würde. Das hatte man mir in der Bank ja schon deutlich zu verstehen gegeben.«

»Diese Gründe haben Sie dann letztlich bewogen, auf das Angebot einzugehen?«

»Das ist richtig. Zumal der Zugang zu den Daten so extrem einfach war. Das hatte ich eigentlich nicht erwartet.«

»Haben Sie selbst Kontakt zu den deutschen Behörden gehabt?«

»Nein, überhaupt nicht. Ich wollte unbedingt anonym bleiben. Ich habe daher alles dem Vermittler überlassen.«

»Wie ist denn der Name dieses Vermittlers?«

»Er hat sich mir als Thomas Maier vorgestellt. Maier mit a-i.«

»Was wissen Sie sonst noch von ihm? Haben Sie eine Adresse oder eine Telefonnummer ...?«

»Seine Adresse kenne ich nicht. Wir hatten immer nur telefonischen Kontakt oder haben uns persönlich getroffen. Seine Telefonnummer weiß ich nicht mehr auswendig. Es kann sein, dass sie auf meinem Handy gespeichert ist.«

»Das werden wir überprüfen. Jetzt zunächst zu den Daten. Wie viele Adressen haben Sie entnommen?«

»Entnommen habe ich zunächst etwa 15.000 dieser Datensätze. Nachdem sich dann aber herausgestellt hat, dass die deutschen Behörden an Konten unter 100.000 Euro Volumen nicht interessiert sind, blieben etwas über 3000 Adressen übrig. Die habe ich letztlich per E-Mail verschickt.«

»Hat man Ihnen erklärt, warum die Konten unter 100.000 Euro nicht interessant waren?«

»Die Erklärung war, dass in diesen Fällen der Aufwand für den Staat zur Strafverfolgung viel zu groß und die zu erzielende Steuernachzahlung viel zu gering sein würde. Bei den größeren Vermögen besteht die Vermutung, dass es sich um unversteuertes Einkommen handelt, durch das dieses Vermögen angehäuft wurde. Davon kann man dann vierzig bis fünfzig Prozent der Summe einkassieren, anstatt nur die Kapitalertragssteuer für die Zinserträge zu kassieren.«

»Wir haben hier Ausdrucke Ihrer E-Mails vorliegen. Würden Sie sich die E-Mails bitte einmal anschauen und uns bestätigen, ob sie von Ihnen verschickt wurden?«

Schwarzenbach sah sich die Mailausdrucke an. Sie hatten alle Mails rausgefischt, die er verschickt hatte.

»Ja, das sind die E-Mails, die ich verschickt habe.«

Jetzt meldete sich Herr Reuter als der Vertreter der Bank zu Wort.

»Dürfte ich eine Frage stellen?«

Der Staatsanwalt machte eine einladende Handbewegung.

»Haben Sie außer den Daten in den Mails noch weitere Kundendaten an sich genommen? Zum Beispiel in Form von Ausdrucken oder auf andere Art?«

»Ich habe nur die Daten genommen, die ich verkaufen konnte. Die vom Volumen kleineren Kunden waren ja wie gesagt nicht interessant.«

»Bitte erklären Sie uns doch genau den technischen Vorgang, mit dem Sie die Daten extrahiert und weiterverschickt haben.«

Schwarzenbach erklärte die SQL-Funktionen, mit denen er das Auswertungsprogramm erstellt hatte und den Datentransfer vom Host zum PC. Der Vertreter der Bank war kein Techniker. Er hatte einige Hardcopys von Funktionsbildschirmen dabei und fragte nach deren Funktionsweise.

Anscheinend wollte die Bank niemanden in die Vernehmung schicken, der wirklich etwas von den technischen Abläufen verstand. Das war aber auch gar nicht nötig. Schwarzenbach selbst kannte schon Dutzende Mitarbeiter der Bank, die das technische Know-how hatten, um das Gleiche zu tun. Anscheinend hatte man in den sogenannten Sicherheitsbereichen niemanden, der über das nötige Wissen verfügte. Der leitende Staatsanwalt ergriff wieder das Wort.

»Herr Schwarzenbach. Noch einmal zurück zu den Daten. Bisher konnten unsere Techniker auf Ihrem Notebook keine Spur von den Daten entdecken. Gibt es noch weitere Rechner?«

»Nein, die gibt es nicht.«

»Wo sind die Daten denn dann geblieben? Haben Sie noch eine Kopie davon?«

»Ja, die Kopie befindet sich in meiner Wohnung.«

»Die wurde aber bei der Hausdurchsuchung nicht gefunden.«

»Dann hat man nicht richtig gesucht.«

»Sind Sie bereit, uns das Versteck der Daten zu nennen?«

»Sie befinden sich auf einer SD-Card, die mit einem Klebestreifen unter der mittleren Schublade des Wohnzimmerschranks befestigt ist.«

Der Staatsanwalt griff zum Telefon und sprach mit den Polizisten, die bei der Hausdurchsuchung dabei waren. Es wurde nochmals jemand in die Wohnung geschickt, um diese SD-Card zu suchen.

»Gut, Herr Schwarzenbach. Ich gehe davon aus, dass diese SD-Card nun gefunden wird. Kommen wir jetzt zu etwas anderem. Wieso brauchten Sie plötzlich so eine große Summe Geld?«

»Ich habe in den letzten Jahren aufgrund meines stark gesunkenen Einkommens meinen Lebensstil erheblich ändern müssen. Ausschlaggebend waren jetzt allerdings Forderungen aus meinen früheren Geschäftsaktivitäten in Deutschland. Die Gläubiger hatten vor, mich auf diese Beträge zu verklagen. Das ist ein sehr hoher Betrag, den ich auf normale Art niemals aufbringen könnte.«

»Um welche Summe ging es da?«

»Um mehr als eine Million Euro.«

»Was verdienen Sie derzeit in Ihrem Job?«

»Das ist nicht ganz einfach zu definieren. Ich habe kein festes Gehalt. Mein Arbeitgeber berechnet einen Stundenlohn, und je mehr Stunden ich arbeite, desto mehr verdiene ich.«

»Das verstehe ich nicht so ganz. Sie haben also gar keinen fixen Lohn?«

»So ist es. Von den hundert Franken in der Stunde, die mein Arbeitgeber bei der Bank in Rechnung stellt, werden die Kosten für Rentenversicherung, Unfallversicherung und so weiter abgezogen. Die Gewinnmarge meines Arbeitgebers wird ebenfalls abgezogen, das sind derzeit fünfzehn Prozent. Den Rest erhalte ich als Bruttolohn, von dem dann wiederum mein Anteil an Rentenversicherung, Arbeitslosenversicherung und so weiter abgezogen wird. Je weniger Stunden ich arbeite, desto weniger verdiene ich. Wenn ich gar nicht arbeite, verdiene ich nichts. Das ist dann der Fall, wenn ich beispielsweise krank bin oder Urlaub habe.«

»Das hört sich für mich ziemlich merkwürdig an. Wie viel ist denn von den hundert Franken tatsächlich bei Ihnen angekommen?«

»Nach Abzug aller Kosten etwa sechzig Franken. Das ist durchaus gängige Praxis in der Branche. Die Firmen vermitteln lediglich den Auftrag. Das gesamte wirtschaftliche Risiko und alle Lohnnebenkosten trägt der Mitarbeiter. Das ist die ganz normale Form der gehobenen modernen Sklaverei. Seit einigen Wochen ist es so, dass die Bank mein Arbeitszeitvolumen deutlich verringert hat. Damit hat man natürlich auch mein Einkommen massiv reduziert. Letztlich war es eine Frage der Zeit, bis dieser Auftrag ganz entfallen würde.«

»Das heißt, Sie standen vor einem größeren wirtschaftlichen Problem?«

»In der Schweiz kann man nur angenehm leben, wenn man ›reich und gesund‹ ist. Durch die Reduzierung der Stunden wurde natürlich auch mein Anspruch auf Arbeitslosengeld entsprechend reduziert.«

»Durch diese Verkaufsaktion wollten Sie also einerseits die Schulden in Deutschland loswerden und andererseits die zu erwartende Einkommensmisere beenden?«

»Genau, so ist es.«

»Wie viel Geld haben Sie denn überhaupt bekommen?«

»Nach Abzug der Provision von Herrn Maier sind das 1,5 Millionen Euro.«

»Und wie hoch war die Provision von Herrn Maier?«

»Die lag bei 25 Prozent, also 500.000 Euro.«

»Das ist ja ziemlich viel.«

»Das fand ich anfangs auch, aber ich hatte keine Alternative. Entweder zahle ich die Provision oder ich bekomme nichts. Eigentlich war ich nicht überrascht. Das ist doch in etwa auch die Provision, die ein Schweizer Treuhändler verlangt, um mein Schwarzgeld weißzuwaschen. Außerdem hat es Herr Maier für mich übernommen, die Angelegenheit mit meinen Gläubigern zu regeln.«

»Das heißt, Sie haben die 1,5 Millionen Euro insgesamt gar nicht bekommen?«

»Das ist richtig. Ich habe mit ihm vereinbart, dass er eine Million Euro behält, um meine Gläubiger zu befriedigen.«

»Sie haben also tatsächlich nur 500.000 Euro erhalten?«

»Das stimmt absolut.«

»Damit kann man sich aber auch nicht zur Ruhe setzen oder?«

»Mein Hauptanliegen war, die Schulden loszuwerden. Einen Job hätte ich schon wieder irgendwo gefunden. In Deutschland werden Leute mit meinen Fachkenntnissen durchaus noch gesucht.«

»Das heißt, wenn Sie Ihren Job hier in nächster Zeit verloren hätten, wären Sie nach Deutschland zurückgegangen?«

»Wenn ich hier nichts Neues gefunden hätte, wäre mir nichts anderes übrig geblieben.«

»Gut, Herr Schwarzenbach, das reicht uns für heute erst einmal. Sie werden dann wieder in Ihre Zelle zurückgebracht.«

»Ich würde gerne noch kurz mit meinem Anwalt allein sprechen.«

»Natürlich, wir bringen Sie in ein anderes Zimmer.«

Alle verabschiedeten sich äußerst höflich und er wurde mit Dr. Staedtler in ein Nebenzimmer gebracht.

»Also, Herr Schwarzenbach, ich denke, das haben Sie nicht schlecht gemacht. Ich gehe davon aus, dass man diese SD-Card an dem von Ihnen beschriebenen Ort finden wird. Das wird die Glaubwürdigkeit Ihrer Aussage noch unterstreichen. Sie sollten bei dieser Version bleiben.«

»Was, denken Sie, wird jetzt weiter geschehen?«

»Man wird einen Haftbefehl gegen Herrn Maier ausstellen. Das wird nicht viel bringen, insofern als er nicht in die Schweiz einreisen wird. Ich habe bereits mit ihm telefoniert, und er wird sich hüten, wieder über die Grenze zu kommen. Für die Schweizer Polizei ist es praktisch unmöglich, in diesem Fall in Deutschland zu ermitteln. Wahrscheinlich wird man um Amtshilfe nachsuchen, und die Deutschen werden, wie immer in solchen Fällen, nicht reagieren. Das heißt auch, dass man praktisch keine Chance hat, Ihre Geschichte zu verifizieren. Da es keine weiteren Mittäter gibt, muss man letztlich Ihre Version glauben, ob man will oder nicht.«

»Haben Sie mit meiner Freundin gesprochen?«

»Allerdings, sie war ziemlich schockiert. Sie würde Ihnen gerne helfen, aber sie weiß im Moment nicht, wie. Ich habe ihr geraten, nicht in die Schweiz zu kommen, aber ich weiß nicht, ob sie sich daran hält. Hier ist die Adresse, an die Sie schreiben können. Dort wird sie vorerst wohnen, bis sich die Sachlage etwas geklärt hat.«

»Vielen Dank. Im Moment kann mir Louisa tatsächlich nicht helfen. Ich nehme an, das war nicht die letzte Vernehmung.«

»Allerdings nicht. Sobald klar ist, dass die Daten nicht noch woanders sind und Sie keine weiteren Daten entwendet haben, wird man sich auf das Geld konzentrieren. Die genannten 1,5 Millionen Euro sind das sogenannte Deliktgut, und das wird man bei Ihnen suchen.«

»Das kann aber lange dauern.«

»Nun, sicherlich nicht länger als die Strafzeit, die für dieses Delikt im Raum steht. Eigentlich ist die Verletzung des Bankgeheimnisses juristisch gar keine so große Sache. Aber derzeit steht der politische Wind für derartige Taten auf Sturm. Ich bin gespannt, auf welche Ideen der Staatsanwalt eventuell noch kommt. Das müssen wir abwarten.«

»Mit welchem Strafmaß muss ich denn überhaupt rechnen?«

»Das kommt ganz darauf an, mit welchen Artikeln aus dem Strafgesetz wir es zu tun bekommen werden. Bleibt es nur bei der Verletzung des Bankgeheimnisses, dann müssen Sie vielleicht mit einem Jahr rechnen.«

»Das klingt erst einmal nicht so schlimm.«

»Schon, aber wir müssen erst abwarten, ob der Staatsanwalt noch etwas aus dem Hut zaubert. Ich denke, es wird weitere Einvernahmen geben. Man wird herausfinden wollen, ob Sie irgendwann eine andere Version der Geschichte erzählen, und mit Sicherheit kommt man noch einmal auf das Geld zurück. Man hat ja schon einiges beschlagnahmt, aber von den 500.000 Euro, von denen Sie gesprochen haben, fehlt noch eine ganze Menge. Zumindest die hätte man gerne in Händen. Wie erklären Sie dem Staatsanwalt das Fehlen des restlichen Geldes?«

»Ich habe dieses Geld bereits ausgegeben. Ich denke, niemand kann mir das Gegenteil beweisen.«

»Das stimmt. Allerdings ist es fraglich, ob man Ihnen glauben wird. Aber da Sie sowieso für eine Weile in Haft sitzen werden, ist das im Moment ziemlich zweitrangig. Nur weil man das Geld nicht findet, darf man Sie nicht härter bestrafen. Sie haben übrigens morgen einen Termin beim Haftrichter. Der entscheidet dann darüber, ob Ihre Untersuchungshaft verlängert wird oder ob Sie entlassen werden. Sie können dort persönlich erscheinen oder darauf verzichten, das ist letztlich Ihre Entscheidung. Aus meiner Sicht wird der Haftrichter zunächst eine Untersuchungshaft für drei Monate anordnen. Egal, ob Sie in dem Moment vor ihm stehen oder nicht. Danach muss wieder neu entschieden werden.«

»Das heißt, diese drei Monate hänge ich auf jedem Fall in dem Loch da in der Polizeikaserne herum? Das ist ziemlich übel.«

»Dort ist man in der Regel nur wenige Tage. Wenn morgen der Entscheid vom Haftrichter kommt, werden Sie in ein Untersuchungsgefängnis verlegt. Ich denke, das wäre es fürs Erste. Wir werden uns sicherlich in wenigen Tagen schon wiedersehen.«

Schwarzenbach wurde in Handschellen abtransportiert und in seine Zelle geschafft. Esmail erzählte ihm, dass er gegen Abend zum Flughafen gebracht würde, um nach Deutschland auszureisen. Damit war er leider seinen ersten Zellengenossen los. Der Platz blieb aber nicht lange leer. Der nächste war ein junger Kroate, den seine Freundin wegen Bedrohung angezeigt hatte. Er sollte am nächsten Tag dem Haftrichter vorgeführt werden.

Die sogenannte Spazierzeit war das einzig positive Tagesereignis im Gefängnis. Eine Stunde jeden Tag. Alle Insassen des zweiten Stocks wurden an einem Spalier von etwa fünfzehn Polizisten vorbei die zwei Treppen hinab in den Hof gelotst. Der Hof war eine Betonfläche von etwa zwanzig mal zehn Metern, begrenzt durch eine etwa sechs Meter hohe Mauer, die zusätzlich mit Stacheldraht abgesichert war. Dazu gab es eine kleine Extrafläche, die im Erdgeschoss des Gebäudes lag und deshalb überdacht war.

Schwarzenbach nutzte die Zeit, um eine Stunde lang mit möglichst hohem Tempo zu marschieren. Sein Weg führte immer im Kreis herum und er begann die Schritte zu zählen. Eine Runde entsprach siebzig Schritten beziehungsweise etwa fünfundfünfzig Metern. Am ersten Tag schaffte er sechsundfünfzig Runden. Am dritten Tag waren es schon zweiundsiebzig Runden. Da es auch noch sommerlich warm war, schwitzte er wie verrückt. Aber es war die einzige Chance auf Bewegung und frische Luft.

23

(Rückblende)

Nachdem die Verhaftungsaktion gelaufen war, machte sich Morrison sofort auf den Weg in das Büro von Giacometti. Die häufigen Kontakte in letzter Zeit hatten sie einander etwas nähergebracht. Bei einer Golfrunde hatten sie sich auf das »Du« geeinigt.

»Hallo, Jim, wie ist die Sache gelaufen?«

»Hallo, Vittorio, soweit ganz gut. Ich bin mir aber ziemlich sicher, dass einige Mitarbeiter etwas gemerkt haben. Man wird sich sicherlich das Maul zerreißen und spekulieren, worum es tatsächlich geht.«

»Das können wir sowieso nicht verhindern. Herr Reuter wird bei der ersten Einvernahme dabei sein. Die IT-Leute füttern ihn gerade mit Fragen. Außerdem habe ich die Kanzlei von Schulzendorf mit der Wahrnehmung unserer Interessen in diesem Fall beauftragt. Herr von Schulzendorf wird gleich hier sein. Kennst du ihn?«

»Ich hatte noch nicht mit ihm zu tun, aber ich weiß, dass er in vielen Fällen unser Hausanwalt ist.«

»Wir müssen sicherstellen, dass wir möglichst nicht gezwungen sind, Daten herauszugeben.«

Die Tür öffnete sich und eine Sekretärin ließ Herrn von Schulzendorf herein.

»Guten Tag, Herr Giacometti. Ich freue mich, Sie zu sehen. Was gibt es denn Dringendes?«

»Guten Tag, Herr von Schulzendorf. Ich möchte Ihnen Herrn Morrison vorstellen, unseren IT-Chef. Wir sprechen gerade über die Angelegenheit. Hier im Hause wurde heute ein Mitarbeiter wegen Datendiebstahls verhaftet. Wir haben gestern Anzeige erstattet und der Staatsanwaltschaft einige Fakten geliefert, die dann sofort in einen Haftbefehl umgesetzt werden konnten. Ich möchte, dass Sie in diesem Fall unsere Interessen als Anwalt der Privatklägerschaft vertreten.«

»In so einem Fall vertrete ich die Bank natürlich gern. Haben Sie schon Details zu dem Fall? Ich nehme an, dass spätestens übermorgen die erste Einvernahme stattfinden wird, da sollte ich vorbereitet sein.«

»Deswegen ist Herr Morrison da. Er wird Sie mit den notwendigen Informationen versorgen. Außerdem wird Sie Herr Reuter begleiten. Er ist als Chefcontroller ebenfalls informiert. Meine Sekretärin hat Ihnen ein Besprechungszimmer reservieren lassen, wo Sie Herrn Reuter antreffen. Sie sind mit dem Vorgehen einverstanden, Herr von Schulzendorf?«

»Selbstverständlich. Dann sollten wir uns gleich an die Arbeit machen.«

Die beiden verabschiedeten sich und gingen in den Besprechungsraum, wo Reuter bereits wartete. Er und Morrison kannten sich natürlich und von Schulzendorf war schnell vorgestellt. Morrison erklärte zunächst die für den Rechtsanwalt relevanten Umstände des Falls. Auf Details zu der Art und Weise, wie sich Schwarzenbach die Daten hatte beschaffen können, ging er nicht weiter ein. Von Schulzendorf interessierte sich als Jurist auch mehr für die rechtlichen Aspekte der Angelegenheit.

»Sie werden natürlich Beweise dafür liefern müssen, dass der Mann tatsächlich die Daten gestohlen hat. Eine Aussage mindestens eines Kunden, der bestätigt, dass das deutsche Finanzamt bei ihm war, ist auch notwendig. Sehr hilfreich wäre es auch, wenn der Mann gesteht – dann müssen wir nicht alles bis ins Detail beweisen.«

»Nun, der Staatsanwalt hat schon zugesagt, dass er alles versuchen wird, um an ein Geständnis zu kommen. Es gibt da ja einige Möglichkeiten, Druck auf Herrn Schwarzenbach auszuüben.«

»Na gut, das werden wir sehen. Welche Aufgabe hat Herr Reuter?«

»Er soll nachvollziehen, auf welchem Weg der Mann die Daten entwendet hat. Wir haben zwar klare Vermutungen darüber, wie das abgelaufen ist, würden es aber gerne bestätigt bekommen.«

»Wie lange wissen Sie überhaupt schon von dem Diebstahl?«

»Nun, das ist schon so etwa vier Monate her.«

»Wann haben Sie Anzeige erstattet?«

»Gestern. Heute war dann die Verhaftung.«

Der Jurist war irritiert.

»Da haben Sie aber lange Zeit gezögert, finden Sie nicht auch?«

»Nun ja, aus Sicht der Bank sprachen einige wichtige Gründe dafür, nicht sofort Anzeige zu erstatten. Wenn Sie dazu Fragen haben, sollten Sie gleich mit Herrn Giacometti darüber reden.«

»Ich hoffe nur, dass diese Frage niemand im Verfahren stellen wird. Der Fall wird sicherlich an die Öffentlichkeit kommen, denn das Thema ist im Moment politisch zu brisant. Ich glaube nicht, dass die heutige Verhaftung lange geheim bleiben wird. Irgendein Bankmitarbeiter wird sicher dar-

über plaudern. Wenn ein Journalist mitbekommt, dass der Vorfall schon vier Monate im Hause bekannt war, werden sich diejenigen Ihrer Kunden, die Ärger mit den deutschen Behörden bekommen haben, fragen, warum sie nicht vorgewarnt worden sind. Sie sollten sich auf mögliche Schadenersatzklagen der Kunden vorbereiten. Darüber muss ich auch mit Herrn Giacometti sprechen.«

Morrison war überrascht. Von Schulzendorf hatte die Problematik sofort erkannt. Ein guter Journalist würde seinen Finger in die gleiche offene Wunde legen. Das könnte gewaltigen Ärger nach sich ziehen.

»Wissen Sie, ob der Verhaftete schon einen Anwalt hat?«

»Das wissen wir nicht. Wie geht's dann weiter?«

»Nun, er muss innerhalb von achtundvierzig Stunden dem Haftrichter vorgeführt werden. Der muss dann eine Untersuchungshaft anordnen, was bei dem vorliegenden Delikt kein Problem sein sollte. Danach wird er sich einen Anwalt suchen. Im Anschluss finden vermutlich weitere Einvernahmen statt, wir müssen Beweise liefern und so weiter. Das Verfahren wird eine ganze Reihe von Monaten dauern.«

»Das ist durchaus in unserem Sinne. Je mehr Zeit vergangen ist, desto schwieriger ist es für alle Beteiligten, sich an jedes Detail zu erinnern.«

»Gut, warten wir die erste Einvernahme ab.«

Zwei Tage später traf sich die Dreierrunde in Giacomettis Büro wieder. Schwarzenbachs erste Einvernahme war bereits gelaufen.

»Guten Abend, die Herren. Herr von Schulzendorf, geben Sie mir doch einen kurzen Bericht, wie die Sache steht.«

»Nun, Herr Giacometti, die erste Einvernahme ist insofern gut für uns gelaufen, als Herr Schwarzenbach die Tat gestanden hat. Daher können wir uns bei der Beweislieferung etwas zurücknehmen. Andererseits hat er offensichtlich einkalkuliert, dass er verhaftet werden könnte. Er hat sich Dr. Staedtler als Anwalt genommen.«

»Muss man diesen Herrn kennen?«

»Nun, in Juristenkreisen ist er durchaus bekannt. Er hat eine Menge Erfahrung mit Strafprozessen und scheut sich vor allem nicht, die Medien in seine Verteidigung einzubeziehen. Ich vermute, dass er den Fall schon deswegen gerne übernommen hat. Haben Sie die heutigen Zeitungen schon gelesen?«

»Natürlich! Ich bin zu einer Stellungnahme angefragt worden, habe aber zunächst jeden Kommentar verweigert. Das werde ich vermutlich nicht ewig durchhalten können. Allerdings kennen die Zeitungsleute keine

Details. Herr Schwarzenbach wird Gott sei Dank in nächster Zeit keine Möglichkeit haben, sich zu äußern.«

»Das stimmt so nicht. Er kann über seinen Anwalt jederzeit eine Presseerklärung abgeben. Wenn er veröffentlichen lässt, dass er die Daten aus den Testsystemen genommen hat, weil in der Bank aufgrund der fehlenden Sicherheitssysteme sehr viele Mitarbeiter beliebigen Zugang zu Kundendaten haben, dann werden Sie möglicherweise ein Problem bekommen.«

»Das hat Schwarzenbach ausgesagt?«

»Allerdings. Der leitende Staatsanwalt wird in dieser Frage möglicherweise noch auf Sie zukommen. Ich glaube zwar nicht, dass man Ihnen Fahrlässigkeit vorwerfen wird, aber wir sollten an jede Möglichkeit denken.«

»Wissen wir denn jetzt, welche Kundendaten er geliefert hat?«

Jetzt meldete sich Reuter zu Wort.

»Das wussten wir ja auch schon vorher. Es war letztlich nur eine Bestätigung dessen, was wir erwartet hatten.«

»Hat er weitere Kundendaten kopiert?«

»Nein, zumindest können wir das nicht beweisen. Ob es trotzdem der Fall ist, werden wir vielleicht nie erfahren.«

»Außerdem habe ich vom hiesigen Staatsanwalt gehört, dass sich die Bundesanwaltschaft bereits zu Wort gemeldet hat und dass sie den Fall übernehmen will.«

Giacometti war irritiert. Seine Beziehungen nach Bern waren längst nicht so gut. Wenn sich Bern auf einmal in den Fall einmischte, konnte das für die Bank politische Schwierigkeiten bringen. Andererseits war Bern weit weg.

»Wieso das jetzt auf einmal?«

»Vermutlich hat sich die Bundesanwaltschaft für zuständig erklärt, weil die letzten Fälle dieser Art auch in Bern bearbeitet worden sind. Gerade in dem Credit-Suisse-Fall hat man sich ja nicht mit Ruhm bekleckert. Es könnte ein Versuch sein, diesen Imageverlust wieder auszugleichen.«

»Wird man bei der Bundesanwaltschaft denn auf unsere Interessen Rücksicht nehmen?«

»Sicher weniger als hier in Zürich. Die Frage ist, woher der politische Wind weht. Das Abkommen mit Deutschland über die Abgeltungssteuer steht kurz vor dem Abschluss. So ein Fall wirbelt dieses Thema vielleicht wieder durcheinander.«

»Wir müssen vermeiden, dass unser Fall von den Medien ausgeschlachtet wird.«

»Das liegt nur begrenzt in unserer Hand. Aber versuchen können wir es.«

Von Schulzendorf war wenig zuversichtlich, dass sie den Vorfall aus den Schlagzeilen heraushalten konnten. Giacometti war natürlich auch klar, dass es in irgendeiner Form Presseaktivitäten geben würde. Vielleicht war es sinnvoll, die Kontakte der Bank zur Presse zu nutzen, um die Berichterstattung wenigstens in eine für ihn angenehmere Richtung zu lenken? Er überlegte, wer dort der richtige Ansprechpartner sein könnte. Er musste ganz oben ansetzen.

24

Schwarzenbach nutzte die vielen Stunden in seiner Zelle, um Briefe an Louisa zu schreiben. Natürlich konnte er nichts über das Verfahren schreiben, aber er versuchte ihr durch verklausulierte Beschreibungen klarzumachen, wo sie Geld finden konnte. In dem Tresor im Wohnanhänger hatte er genügend Bares hinterlassen, damit Louisa für einen längeren Zeitraum zurechtkam, ohne in finanzielle Schwierigkeiten zu geraten. Er war sich allerdings nicht sicher, ob sie auch weiterhin zu ihm stand. Zumal überhaupt noch nicht klar war, wann er endlich aus dem Schweizer Gefängnis entlassen würde. Immer noch steckte er in der maroden Polizeikaserne fest. Und das jetzt schon fast seit einer Woche.

Inzwischen hatte Schwarzenbach einen jungen Ghanaer als Zellengenossen, der angeblich völlig zu Unrecht auf dem Bahnhof Zürich verhaftet worden war. Als er ihm jedoch die Papiere für den Haftrichter so weit wie möglich ins Englische übersetzt hatte, stellte sich heraus, dass man fünfzig Gramm Kokain bei ihm gefunden hatte.

Komischerweise waren alle Dokumente des Gerichts oder der Staatsanwaltschaft, die er von verschiedenen Mitinsassen zu sehen bekam, immer nur in deutscher Sprache abgefasst. Aber kaum ein Beschuldigter konnte Deutsch sprechen, geschweige denn lesen. Bei Verhandlungen gab es zwar Übersetzer, aber nie lagen Dokumente in der Muttersprache oder wenigstens in einer Sprache vor, die der Angeklagte verstehen konnte. Selbst mit den eigenen Landessprachen Französisch und Italienisch tat man sich schwer. Außerdem fiel Schwarzenbach auf, dass das Personal mit Insassen, die Deutsch und vor allem Schweizerdeutsch verstanden, meist freundlicher umging.

Nach vier Tagen in der überhitzten Zelle hatte einer der Aufseher Erbarmen mit Schwarzenbach. Er ließ ihn duschen und holte seine Tasche aus dem Keller, damit er Kleidung zum Wechseln bekam. Es ist erstaunlich, wie sich die Sichtweise auf einfachste Dinge des Lebens ändern kann. Da das Essen immer in einer Portion ausgegeben wurde, begann er bei jeder Mahlzeit nach Brot zu fragen. Am Morgen gab es die abgezählten zwei Scheiben Brot. Wenn er Glück hatte, konnte er im Verlauf des Tages noch ein oder zwei zusätzliche Scheiben ergattern. Trotzdem hatte Schwarzenbach permanent Hunger, den er nur durch Wassertrinken bekämpfen konnte. Außer dem morgendlichen Kaffeetopf gab es keine weiteren Getränke. Man ging davon aus, dass sich die Insassen an den Wasserhahn hängten.

Er begann zu begreifen, dass Freiheitsentzug auch Nahrungsmittelentzug bedeutete. Inzwischen aß er sogar die Kleisterpolenta, die es alle zwei bis drei Tage gab, obwohl die eigentlich besser als Mörtel zum Hausbau brauchbar gewesen wäre. Gemüse war sowieso Mangelware. Um die Insassen auf möglichst einfache und billige Art satt zu bekommen, waren Nudeln und Polenta bestens geeignet.

Bei der zweiten Einvernahme kamen wieder dieselben Personen zusammen. Schwarzenbach freute sich inzwischen auf die Einvernahmen. Nicht etwa, weil immer wieder die gleichen Fragen gestellt wurden, sondern weil die Treffen so lange dauerten, dass das Gefängnis ein Lunchpaket für ihn bereitstellen musste. Es bestand nicht nur aus einem echten Sandwich mit richtigem Brot sowie Schinken oder Käse als Belag, sondern es enthielt auch noch einen Apfel oder eine Birne sowie ein Mars oder Snickers. Für ihn war das die einzige Chance, an ein Stück Obst und etwas Süßes zu kommen.

Der leitende Staatsanwalt teilte einleitend mit, dass die Bundesanwaltschaft sich entschlossen hatte, den Fall zu übernehmen. Anscheinend lag ein nationales Interesse vor. Dann erst begann die Befragung. Zunächst wurden wie immer die Formalien festgestellt, es folgten einige Wiederholungsfragen. Herr Reuter, der Vertreter der Bank, wollte sich noch einmal davon überzeugen, dass der Hergang des Datendiebstahls wirklich so simpel wie von Schwarzenbach behauptet gewesen war. Danach wechselte der Staatsanwalt das Thema.

»Herr Schwarzenbach, ich spreche Sie nochmals auf das Geld an, das Sie erhalten haben. Herr Maier hat also neben seiner Provision noch eine Million Euro bekommen, mit der er Ihre Schulden in Deutschland abgelten sollte. Wieso haben Sie das nicht selbst in die Hand genommen?«

»Ich wollte bei meinen Gläubigern den Anschein erwecken, dass Maier mir das Geld nur geliehen hat. Somit habe ich also sozusagen nur einen anderen Gläubiger gefunden.«

»Aber wozu sollte das dienen?«

»Zum einen sollte Maier die Schuld auf eine Million Euro herunterhandeln, zum anderen sollte keiner wissen, dass ich zu Geld gekommen bin.«

»Aber einem Gläubiger kann es doch egal sein, woher das Geld kommt, Hauptsache, die Schuld wird beglichen?«

»Ich wollte auf jeden Fall vermeiden, dass jemand herausbekommt, woher das Geld stammt. Für einen Gläubiger ist es glaubwürdiger, wenn ein neuer Gläubiger die Schuld übernimmt.«

»Sie setzten damit aber erhebliches Vertrauen in Herrn Maier, obwohl Sie ihn angeblich doch überhaupt nicht kennen.«

»Ich musste ihm bei der Vermittlung des Verkaufs vertrauen. Er hätte genauso gut mit den Daten und dem Geld verschwinden können. Weil er das aber nicht getan hat, gewann ich den Eindruck, dass ich ihm auch in dieser Sache vertrauen konnte.«

»Diese Geschichte sollen wir Ihnen jetzt so glauben?«

»Das liegt ganz an Ihnen. Ich kann Ihnen nur berichten, wie es war.«

»Was ist denn mit den restlichen 400.000 Euro passiert, die Sie angeblich erhielten? Die haben wir ja nicht bei Ihnen gefunden.«

»Die habe ich ausgegeben.«

»Aber so einen Betrag gibt man doch nicht einfach so aus. Was haben Sie sich denn dafür gekauft?«

»Das werde ich Ihnen nicht erzählen. Es hat ja auch nichts mit der Tat an sich zu tun. Fakt ist, dass ich das Geld nicht mehr habe.«

»Nun, wir werden dann sehen, inwieweit wir Kenntnis über den Verbleib dieses Geldes bekommen werden.«

Damit war auch diese Einvernahme beendet. Die Protokolle wurden gegengelesen und unterschrieben. Danach traf sich Schwarzenbach mit seinem Anwalt Dr. Staedtler in einem separaten Zimmer.

»Nun, das ist so weit erwartungsgemäß gelaufen. Ich denke, auf der Frage nach den fehlenden 400.000 Euro wird man noch eine Weile herumhacken. Ich gehe davon aus, dass dieses Geld verschwunden bleibt und niemals gefunden wird.«

»Weg ist weg. Was ich nicht mehr habe, kann mir ja auch niemand wegnehmen.«

»Dabei sollten Sie es unbedingt belassen, Herr Schwarzenbach. Ein anderes Thema ist die Einschaltung der Bundesanwaltschaft, was bedeutet, das sich die Staatsanwälte hier in Zürich in Kürze nicht mehr mit dem Fall befassen müssen. Für uns ist diese Entwicklung ganz positiv.«

»Wieso das?«

»Nun, die Bundesanwaltschaft genießt allgemein in der Schweizer Justiz den Ruf einer gewissen Unprofessionalität. In vielen Fällen der letzten Jahre hat es schlampige Ermittlungen und formale Fehler gegeben. Warum sollte das jetzt bei Ihnen anders kommen? Ich gehe davon aus, dass wir eine viel größere Chance bekommen werden, auf das Verfahren Einfluss zu nehmen, als wir sie hier in Zürich hätten.«

»An den Fakten ändert das doch nichts, oder?«

»Das nicht. Aber formale Fehler, wie zum Beispiel eine schlampige Ermittlung, helfen uns später vor Gericht beim Aushandeln des Strafmaßes. So weit sind wir aber noch lange nicht. Sind Sie immer noch in der Polizeikaserne?«

»Allerdings. Sie hatten doch von ›ein paar Tagen‹ gesprochen. Jetzt ist es schon eine Woche. So stelle ich mir Isolationshaft vor. Immerhin konnte ich die Wärter überreden, mir ein Buch zu geben. Aber immer nur eines zur Zeit. Man kann Briefe nur mit Bleistift schreiben und hat nicht einmal einen Anspitzer. Einmal am Tag – bei der Geschirrrückgabe – darf man seinen Bleistift rausreichen, um ihn anspitzen zu lassen. Die spinnen doch!«

»Das ist die Sicherheitsparanoia, die überall in unseren Gefängnissen herrscht. Ich befürchte, dass Sie sich für eine Weile an solche Dinge gewöhnen müssen.«

»Könnten die mich nicht einfach nach Deutschland ausweisen? Als unerwünschten Ausländer?«

»So wie ich das sehe, ist Ihr Delikt in Deutschland keine Straftat. Das weiß auch der Staatsanwalt. Das heißt, Sie wären dort sofort ein freier Mann. Dann würde ihm ein Verfahren hier nichts mehr nützen, weil Deutschland Sie mit Sicherheit nicht ausliefern würde. Vermutlich würde man einen solchen Auslieferungsantrag nicht einmal entgegennehmen.«

»Das heißt, ich sitze hier auf jeden Fall fest, bis die Sache irgendwie erledigt ist?«

»Davon können Sie ausgehen. Freiwillig wird man Sie nicht laufen lassen. Jetzt warten wir die nächste Einvernahme ab. Die wird vermutlich schon die Bundesanwaltschaft durchführen. Ich werde bezüglich Ihrer Unterbringung nachfragen, man sollte Sie wenigstens in eine normale Untersuchungshaftanstalt verlegen. Dort ist es zwar auch nicht viel angenehmer, aber wenigstens gibt es da Einzelzellen.«

»Danke, das wäre gut. Bitte senden Sie einen Gruß an meine Freundin Louisa, und fragen Sie nach, ob sie der Brief erreicht hat, den ich ihr geschrieben habe.«

»Das mache ich. Sobald Sie in einem anderen Gefängnis sind, werde ich die Adresse an ihre Freundin weitergeben. Sie kann Ihnen auch Pakete schicken.«

Sie verabschiedeten sich und Schwarzenbach wurde von zwei Polizisten wieder in seine Zelle zurückgebracht.

Am nächsten Morgen ging um 5 Uhr die Tür auf und ein Wärter erschien.

»Herr Schwarzenbach, Sie werden heute verlegt. Bitte packen Sie Ihre Sachen zusammen. Transport ist gleich nach dem Frühstück.«

Das hätte man ihm auch später beim Frühstück mitteilen können. Ein Poloshirt und eine Unterhose einzupacken brauchte keine Stunde. Um kurz nach 7 Uhr wurde er dann abgeholt und in einen Transportwagen verfrachtet. Das Züricher Untersuchungsgefängnis war ein sicher hundertjähriges Gemäuer. Man hatte zwar überall neue Gitter eingebaut und die Zellentüren waren sicherlich auch noch so alt, aber der Holzfußboden und die restliche Ausstattung schienen aus grauer Vorzeit zu stammen. Immerhin konnte Schwarzenbach vor dem Einzug in die Zelle duschen. Hier gab es nun einen alten kleinen Fernseher, und man konnte zum ersten Mal ein richtiges Fenster öffnen. Das Bett war allerdings sehr schmal und die Matratze extrem durchgelegen. Zumindest wartete auf ihn eine Einzelzelle.

Von nun an begann eine Zeit der Isolation und der Langeweile. Schwarzenbach war dreiundzwanzig Stunden am Tag in der Zelle eingeschlossen. Der Sommer war sehr warm, und die heiße Luft strömte von draußen in die Zelle, sobald man das Fenster öffnete. War das Fenster auch nur für kurze Zeit geschlossen, so wurde es in der Zelle unerträglich stickig. Während der Schließzeit – also praktisch immer – trug er lediglich eine Unterhose. Schwarzenbach wusch sich mindestens dreimal am Tag mit einem nassen Waschlappen, ohne sich abzutrocknen. Die natürliche Verdunstung auf der Haut verschaffte ihm für eine halbe Stunde eine angenehme Kühlung. Da nichts anderes verfügbar war, trank er Leitungswasser. Zum einen um sich abzukühlen, zum anderen um seinen Hunger zu stillen. Er konnte sich nicht daran erinnern, jemals so viel Wasser getrunken zu haben.

Außerdem litt Schwarzenbach unter der Trennung von Louisa. Sie konnte überhaupt nicht wissen, worum es eigentlich ging. Er hatte sich diesem Risiko auch ausgesetzt, um den Rest ihres gemeinsamen Lebens ohne finanzielle Sorgen verbringen zu können. Hoffentlich verstand Sie das. Er hatte keine Ahnung, ob sie seine Briefe überhaupt erhielt. Trotzdem schrieb er ihr fast jeden Tag, denn das war eine der wenigen Möglichkeiten, sein Gehirn in Bewegung zu halten.

25

Schwarzenbach begann zu begreifen, warum Menschen im Gefängnis entweder aggressiv oder verrückt werden. Das eigentliche Problem ist nicht das Eingesperrtsein, sondern die fehlende geistige und körperliche Aktivität. Der ständige Anblick der immer gleichen vier Wände musste über kurz oder lang zu geistigen Schäden führen. Das ist den Verantwortlichen natürlich längst klar, aber man nimmt es billigend in Kauf.

Er begann deshalb zu lesen. Immerhin gab es eine Bücherei, aus der man jede Woche drei Bücher bestellen konnte. Er fing an, sich systematisch durch die Bücherliste zu arbeiten. Bei den Hofgängen hielt er sich von den anderen Insassen fern. In der Mehrheit waren es Afrikaner, Albaner und Jugoslawen, mit denen man sich ohnehin nicht auf Deutsch verständigen konnte.

Ein paar Tage später bekam er den nächsten Besuch von Dr. Staedtler.

»Guten Tag, Herr Schwarzenbach. Wie geht's Ihnen?«

»Nun ja, der Mensch kann sich an vieles gewöhnen. Ich versuche, mein Gehirn und meine Knochen so gut es geht zu beschäftigen.«

»Haben Sie sich zum Arbeiten gemeldet?«

»Bisher nicht. Man hat für die Leute sowieso nicht genug zu tun, und ehrlich gesagt habe ich keine Lust, die Gänge und Duschen zu putzen.«

»Das ist verständlich. Ich habe gestern mit Frau Ackermann gesprochen. Sie hat Ihre ersten beiden Briefe erhalten und hat Ihnen auch schon zurückgeschrieben. Außerdem hat sie mir einen Brief mit fünfhundert Franken zugeschickt. Sie hatten ihr ja in Ihrem ersten Brief mitgeteilt, dass Sie hier auch etwas Geld benötigen, um sich einige notwendige Dinge kaufen zu können. Man hat ja fast Ihr gesamtes Geld beschlagnahmt. Ich habe das Geld vorhin auf Ihr Insassenkonto eingezahlt. Sie können dann darüber verfügen.«

»Das ist sehr hilfreich. Hat Louisa sonst noch was zu Ihnen gesagt?«

»Sie sagte, Sie sollen sich keine zusätzlichen Sorgen machen. Sie hat alles verstanden, was Sie ihr geschrieben haben, und wird Sie unterstützen, bis Sie wieder bei ihr sein können. Außerdem würde sie Sie gerne besuchen.«

»Glauben Sie, dass das in der derzeitigen Situation sinnvoll ist?«

»Ich gehe davon aus, dass die Staatsanwaltschaft weiß, dass Louisa Ackermann bei Ihnen gewohnt hat. Demzufolge wird sie sicherlich als Mittäterin in Betracht gezogen.«

»Man hat aber bisher nicht danach gefragt.«

»Ich habe ihr jedenfalls geraten, zunächst auf einen Besuch zu verzichten, bis wir mehr über das Vorgehen der Bundesanwaltschaft wissen. Wir haben morgen den nächsten Einvernahmetermin.«

»Wieso teilt man mir den Termin eigentlich nicht mit? Ich erfahre immer erst davon, wenn ein Wärter kommt, um mich abzuholen.«

»Buchen Sie das unter Schikane ab und lassen Sie sich davon nicht nervös machen. Vermutlich ist es schlechte Organisation. Der Gefangene ist ja sowieso da ...«

»Na gut, jetzt kann ich mich ja mental darauf vorbereiten.«

»Im Übrigen hat der Staatsanwalt noch den Artikel 273 Schweizer StGB ins Spiel gebracht, darin geht es um ›wirtschaftlichen Nachrichtendienst‹. Da das Bankgeheimnisgesetz den Herren anscheinend nicht genügend Strafmaß hergibt, versucht man jetzt auf diesem Wege, eine höhere Strafe durchzudrücken. Man will an Ihnen ein Exempel statuieren, um den Datenverkäufen Einhalt zu gebieten.«

»Und wie soll das begründet werden?«

»Nun, eine juristische Begründung dafür findet man. Den Umstand, dass Sie aus Sicht der Bundesanwaltschaft gezielt angeworben wurden, legt man so aus, dass Sie damit als Spion für die Bundesrepublik Deutschland tätig waren. Dieser Artikel bietet eben die Möglichkeit, bis zu drei Jahre Haft zu verhängen.«

»Das klingt aber ziemlich heftig.«

»Gehen Sie nicht davon aus, dass man ein derartiges Strafmaß anstreben wird. Schließlich kann man Ihnen diese Anwerbung nicht beweisen. Sie sollten sich aber auf keinen Fall dahingehend äußern, dass Herr Maier Sie aktiv angeworben hat. Das Thema wird vermutlich morgen nochmals zur Sprache kommen.«

»Dann warten wir erst einmal ab, worum es morgen geht.«

In dieser Nacht schlief Schwarzenbach unruhig. Bisher war noch kein Antwortbrief von Louisa angekommen, dabei hatte er den ersten Brief schon vor über zwei Wochen geschrieben. Anscheinend las man sehr genau, was er mitzuteilen hatte. Am nächsten Morgen erschien einer der Wärter und teilte ihm mit, dass er um 9 Uhr abgeholt würde. Die übliche Prozedur lief ab: Seine Schuhe wurden zum mindestens zehnten Mal gescannt und sie grasten ihn wie üblich mit dem Metallsucher ab. Dann fuhr man ihn im geschlossenen Transporter in das Gebäude der Staatsanwaltschaft. Vonseiten der Bank waren wieder von Schulzendorf und Reuter anwesend. Der Staatsanwalt hatte allerdings gewechselt. Ihm gegenüber stand ein schlanker, kahler Mann, der vermutlich nur etwas älter war als er selbst.

»Guten Tag, Herr Schwarzenbach. Mein Name ist Peter Neumann. Ich bin der für Ihren Fall jetzt zuständige Bundesstaatsanwalt.«

Mit ausgesuchter Höflichkeit wurden die normalen Formalitäten am Beginn der Einvernahme abgewickelt. Dann begann Neumann, eine Reihe von Fragen aus den vorherigen Einvernahmen zu wiederholen. Natürlich waren die Antworten dieselben. Dann kam der Bundesstaatsanwalt auf einmal mit etwas Neuem.

»Herr Schwarzenbach, Sie haben Post von einer Frau Louisa Ackermann erhalten?«

»Nein, ich habe bisher keine Post von ihr bekommen.«

»Ich habe hier zwei Briefe, die an Sie gerichtet sind. Ich habe Sie bisher nicht weitergeleitet, weil ich zunächst mit Ihnen darüber sprechen wollte.«

Jetzt meldete sich Dr. Staedtler zu Wort.

»Wollen Sie damit sagen, dass Sie meinem Mandanten seine private Post vorenthalten haben?«

»Selbstverständlich nicht, das wäre ja unrechtmäßig. Ich möchte lediglich dazu einige Fragen stellen. In welchem Verhältnis stehen Sie zu Frau Ackermann?«

»Wir sind eng befreundet.«

»Haben Sie Frau Ackermann in ihre illegalen Aktivitäten bei der Bank eingeweiht?«

»Selbstverständlich nicht. Ich habe überhaupt niemandem davon erzählt.«

»Nun, vielleicht sprechen Sie ja im Schlaf?«

»Wenn ich im Schlaf sprechen sollte, höre ich es ja nicht.«

»Das heißt, Frau Ackermann hat nichts mit der Sache zu tun?«

»Sie weiß bis heute nicht mehr darüber als das, was in der Zeitung steht.«

»Wieso hat sie dann die Schweiz so fluchtartig verlassen?«

»Sie hat die Schweiz nicht fluchtartig verlassen, sondern sie ist planmäßig abgereist.«

»Und ist nicht wieder zurückgekehrt.«

»Darüber habe ich keine Kenntnis. Wie Sie wissen, sitze ich in Haft und habe bisher keine Nachricht von ihr erhalten. Ich höre jetzt zum ersten Mal, dass sie mir geschrieben hat.«

Wieder meldete sich Dr. Staedtler.

»Herr Neumann, ich muss darauf bestehen, dass Herrn Schwarzenbach seine Post ausgehändigt wird. Eine Kontrolle durch Sie hat ja wohl schon stattgefunden.«

»Wir haben festgestellt, dass Frau Ackermann Bankkonten bei der Raiffeisenbank besitzt. Herr Schwarzenbach, haben Sie Zugang zu diesen Konten?«

»Nein.«

»Wissen Sie, ob Frau Ackermann noch weitere Bankkonten hat?«

»Nein.«

»Aufgrund des Verdachts der Mittäterschaft haben wir die Sperrung dieser Konten veranlasst. Wir würden gerne mit Frau Ackermann sprechen. Könnten Sie sie dazu bewegen?«

»Das ist völlig absurd. Glauben Sie, es wäre ein kluger Rat von mir, ihr ein Gespräch mit Ihnen nahezulegen?«

»Das wäre es sicherlich. Wenn Frau Ackermann, wie Sie sagen, nicht in ihre Tat eingeweiht war, dann hat sie auch nichts zu befürchten.«

»Wenn sie als Verdächtige vernommen wird und ihre Konten beschlagnahmt werden, dann hat sie ja doch etwas zu befürchten, obwohl Sie nichts damit zu tun hat.«

»Nun, Sie müssen verstehen, dass eine Person, die Ihnen so nahesteht, von uns als Mittäterin in Betracht gezogen werden muss.«

»Ich habe dafür absolut kein Verständnis. Sie weiß nicht, welche Tätigkeiten ich bei der Bank ausgeübt habe. Sie hat das Gebäude der Bank niemals betreten und kennt keinen Menschen dort. Louisa hat mir bei der Ausübung meiner Tat überhaupt nicht geholfen.«

»Das können wir erst dann feststellen, wenn wir mit Frau Ackermann gesprochen haben.«

Schwarzenbach war jetzt endgültig wütend.

»Ich habe den Eindruck, dass sich hier etwas abspielt, das wir in Deutschland unter dem Begriff ›Sippenhaft‹ kennen. Das sagt Ihnen doch hoffentlich etwas. Allerdings ist dieses Vorgehen nach dem Zweiten Weltkrieg durch die neuen Staatsorgane in Deutschland abgeschafft worden. In der Schweiz scheint man davon noch nichts mitbekommen zu haben.«

Dem Bundesanwalt schien diese Betrachtungsweise gar nicht zu gefallen. Es war offensichtlich, dass er Louisa als Druckmittel gegen ihn einsetzen wollte.

»Darf ich dann bitte meine Briefe bekommen? Sie haben sie ja schon ausführlich gelesen.«

Neumann reichte die Briefe über den Tisch. Schwarzenbach steckte sie sorgfältig ein. Dr. Staedtler machte sich einige Notizen und meldete sich dann wieder zu Wort.

»Ich schlage vor, dass ich Frau Ackermann davon in Kenntnis setze, dass Sie mit ihr sprechen möchten, und ihr einen Anwaltskollegen empfehle, der sie zu diesem Gespräch begleiten wird. Oder haben Sie bereits einen Haftbefehl gegen sie erlassen? Dann wird Frau Ackermann sicherlich nicht zu einer Befragung in die Schweiz kommen.«

»Ich habe bisher noch keinen Haftbefehl erlassen und derzeit auch nicht die Absicht, dies zu tun. Aber ich hoffe, Sie haben Verständnis dafür, dass wir Frau Ackermann in der Sache befragen müssen. Natürlich ist mir klar, dass sie nicht die Täterin sein kann. Die Tat selbst hat Herr Schwarzenbach ja bereits zugegeben, und seine bisherigen Aussagen sind mir natürlich bekannt.«

»Wird sie als Beschuldigte oder als Zeugin vernommen?«

Diese direkte Frage von Staedtler war Neumann augenscheinlich unangenehm. Er konnte sich aber auch nicht vor der Antwort drücken.

»Sie wird zunächst als Beschuldigte vernommen. Sollte sie sich zu der Befragung hier vor Ort nicht bereit erklären, so müssen wir von ihrer Mittäterschaft ausgehen und entsprechend handeln.«

Dr. Staedtler nickte verstehend.

»Ich kann mir kaum vorstellen, dass sie unter diesen Umständen bereit ist, vor Ihnen zu erscheinen. Sie setzt sich dem Risiko aus, trotz ihrer Unschuld von Ihnen festgesetzt zu werden. In Deutschland ist sie dagegen vor diesen absurden Anschuldigungen sicher. Sie würden es ja nicht einmal schaffen, einen internationalen Haftbefehl gegen Herrn Schwarzenbach zu erwirken. Aufgrund der beschriebenen aktuellen Situation werde ich als Anwalt Frau Ackermann davon abraten, wieder in die Schweiz einzureisen.«

»Das ist bedauerlich. Dann muss ich sie weiterhin als der Mittäterschaft verdächtig bezichtigen.«

»Das kann ich Ihnen natürlich nicht verbieten. Es liegt aber auf der Hand, was Sie damit beabsichtigen. Wenn die Presse davon erfährt, dann bin ich gespannt, was Sie den Journalisten erzählen werden.«

»Nun, Herr Schwarzenbach wird in nächster Zeit nicht die Gelegenheit haben, direkten Kontakt mit der Presse aufzunehmen. Da er laut seiner Aussage außer dem ominösen Herrn Maier die einzige Person ist, die irgendwelche Tatumstände darlegen kann, wird die Presse nichts zu schreiben haben.«

»Ich denke, für die deutsche Presse reicht es völlig aus, wenn sie darüber schreiben kann, dass die Freundin des Täters durch die Schweiz in Sippenhaft genommen wird. Für Sie, Herr Bundesstaatsanwalt, wird es sicherlich eine interessante Erfahrung, wenn Sie ihr Büro jeden Morgen in Begleitung einiger Reporter betreten. Ich kann mir nicht vorstellen, dass das in Ihrem Interesse liegt. Ich schlage daher einen Kompromiss vor: Sie geben Frau Ackermann eine schriftliche Garantie auf freies Geleit. Ich gehe davon aus, dass Sie nicht den geringsten Beweis gegen Louisa Ackermann in der Hand haben.«

»Gut, Herr Dr. Staedtler, ich werde Ihren Vorschlag überdenken. Im Übrigen werden wir Herrn Schwarzenbach nach Bern verlegen. Es macht wenig Sinn, dass für die Einvernahmen hier in Zürich immer viele Leute anreisen müssen.«

Damit war die Einvernahme beendet. Schwarzenbach wurde in seine Zelle transportiert, wo er endlich die Briefe von Louisa lesen konnte. Es war das erste Lebenszeichen seit drei Wochen.

Louisa schrieb von ihrem Schock, als der Anwalt sie angerufen hatte. Einige Tage habe sie überhaupt nicht gewusst, was sie tun sollte. Dann habe sie einen Anwalt in Deutschland angerufen, den sie noch von früher kannte. Der wiederum habe ihr erklärt, dass Schwarzenbachs Tat nur in der Schweiz vom Staat verfolgt würde, während er in Deutschland als Held gefeiert würde, weil er dem Finanzamt geholfen habe, Steuern einzutreiben. Unter diesen Umständen würde Louise seinen Datendiebstahl mit ganz anderen Augen sehen. Sie wollte zu ihm stehen, auch wenn es lange dauern würde, bis sie sich in Freiheit wiedersehen würden. Schwarzenbach sollte ihr nur schreiben, und sie würde ihn bedingungslos unterstützen, denn ihm fehlten sicherlich Kleidung und Wäsche und weitere wichtige Sachen, die man so im Knast benötigt. Seine Briefe seien fast zwei Wochen unterwegs gewesen, und natürlich wüsste sie, dass die Post kontrolliert wurde. Louisa wollte auf jeden Fall Kontakt mit Dr. Staedtler halten, damit sie auf dem Laufenden bliebe. Schwarzenbach war unendlich froh, dass Louisa ihm ihre Hilfe versprochen hatte, und schrieb sofort einen neuen Brief an sie. Zwei Tage später wurde er nach Bern verlegt.

26

Die Zeitungen hatten zwar nur wenige Tage lang, aber mit vielen Titelschlagzeilen vom Datendiebstahl in der Bank berichtet. Da dies bereits der zweite Zwischenfall bei der Bank war, stand die Frage im Raum, ob die Bank ihre Sicherheit wirklich im Griff hatte. Giacometti lancierte über seine Kontakte zur Tagespresse die Information, wonach es sich bei dem Datendieb um einen IT-Spezialisten handelte, der mit erheblicher krimineller Energie und großem Sachverstand zu Werke gegangen sei. Sonst wäre ein solcher Diebstahl praktisch nicht möglich gewesen. Dieser Artikel erschien einige Tage nach der Festnahme.

Bereits am nächsten Tag erhielt er einen Anruf von Staatsanwalt Carrozzi.

»Guten Tag, Herr Giacometti. Ich wollte mich noch einmal bei Ihnen melden. Ich nehme an, Sie haben den Artikel über den Datendiebstahl in der Zeitung gelesen?«

»Natürlich, Herr Carrozzi. Ich frage mich, wie der Journalist an diese Informationen gekommen ist. Haben Sie vielleicht eine Presseerklärung herausgegeben?«

Es dauerte einige Sekunden, bis Carrozzi seine Sprache wiedergefunden hatte. Er war von der Dreistigkeit überrascht, mit der Giacometti hier zu Werke ging. Gleichzeitig war genau das eingetreten, was er vermutet hatte.

»Nun, Herr Giacometti. Wir haben keine Presseerklärung zu dem Fall abgeben. Ich gehe daher davon aus, dass dieser Journalist seine Informationen aus Ihrem Hause bezogen hat. Er macht hier detaillierte Angaben zu dem Fall, die er nur von einem Verfahrensbeteiligten erfahren haben kann.«

»Möglicherweise hat ja auch der Anwalt von diesem Herrn Schwarzenbach Informationen weitergeben?«

»So, wie ich das sehe, ist es eher so, dass aus Ihrem Hause bewusst Informationen herausgeben wurden, um die Umstände des Datendiebstahls in ein besseres Licht zu rücken. Aber das ist natürlich Ihre eigene Angelegenheit. Ich wollte Sie nur davor warnen, so etwas in Zukunft zu wiederholen.

Der Anwalt von Herrn Schwarzenbach hat mich in der Sache angerufen und mir mitgeteilt, dass er sich zum Schutze seines Mandanten gezwungen sieht, eine Richtigstellung des Sachverhaltes durch die Zeitung zu ver-

langen, falls solche Informationen, die nur von einem Prozessbeteiligten kommen können, nochmals an die Presse gelangen. Ferner behält er sich vor, gegen Ihr Unternehmen eine Verleumdungsklage anzustrengen, was er natürlich der Presse mitteilen würde. Ich kann mir kaum vorstellen, dass ein solches Vorgehen in Ihrem Sinne ist.«

In Giacometti kochte die Wut hoch. Dieser verdammte Anwalt erwies sich als ausgesprochen lästig.

»Nun, Herr Carrozzi, ich bin wirklich überrascht, dass der Herr Anwalt zu diesem Schluss kommt. Ich werde natürlich versuchen herauszufinden, ob diese Informationen tatsächlich aus unserem Hause kommen. Wenn ja, wird dieses Leck gestopft. Würden Sie das entsprechend weitergeben?«

»Ich gehe fest davon aus, dass Sie das schaffen werden, und informiere Herrn Dr. Staedtler gerne über unser Gespräch. Besten Dank und auf Wiedersehen.«

Das war wirklich sehr ärgerlich. Immerhin hatte sich dieser Anwalt noch zurückgehalten. Er rief umgehend seinen Freund bei der Zeitung an und bat ihn, von einer weiteren Berichterstattung abzusehen, da sie sich noch mehr Aufsehen in dieser Sache nicht leisten konnten. Selbstverständlich würde er ihm gerne bei Gelegenheit zum Ausgleich einen Tipp geben. Damit war sein Verlegerfreund zwar nicht ganz glücklich, aber immerhin doch bereit, das Thema vorerst in der Versenkung verschwinden zu lassen.

Einige Tage später meldete sich Jim Morrison bei ihm.

»Hallo, Vittorio, ich habe eine wichtige Frage.«

»Hallo, Jim, worum handelt es sich denn?«

»Wir fangen ja gerade an, Maßnahmen zu entwickeln, damit uns so eine Geschichte wie mit Schwarzenbach nicht noch einmal passieren kann. Es ist mir natürlich klar, dass wir für ein Projekt, das die Problematik umfassend behebt, keine Mittel zur Verfügung stellen können. Meine Leute haben sich daher eine Lösung einfallen lassen, die leichter und schneller umsetzbar ist. Aber trotzdem wird die Sache drei bis vier Millionen Franken kosten. Ich kann dieses Projekt aber nicht aus meinem normalen Budget bezahlen.«

»Also, Jim, da finden wir schon eine Lösung. Du solltest erst einmal die Kosten sammeln und einen Projekttopf einrichten. Ich kümmere mich um eine entsprechende Deckung durch die Buchhaltung. Ich habe da schon eine Idee, wie wir die Kosten begründen können. Was hältst du davon, wenn wir das Ganze als Untersuchungskosten für den Datendiebstahl deklarieren und diese Summe dann gleich noch als Schaden im Prozess geltend machen?«

»Das ist eine sehr gute Idee! Mir ist es eigentlich egal, woher das Geld kommt. Hauptsache ist, dass ich das Budget dafür gestellt bekomme.«

»Das bekommst du auf jeden Fall. Ich lasse dem Projekttopf 4 Millionen Franken zuweisen. Lass bitte auch gleich alle Rechnungen, die wir für die Untersuchung der Sache tatsächlich hatten, auf dieses Budget buchen.«

»Alles klar, Vittorio, besten Dank.«

Der Gedanke war Giacometti gerade gekommen. Es war ihm klar, dass sie in Privatklägerschaft einen Schaden geltend machen mussten. Löschte der Kunde jetzt sein Konto, weil seine Daten beim Finanzamt gemeldet waren? Löschte ein anderer Kunde, der gar nicht betroffen war, sein Konto, nur weil er etwas in der Zeitung gelesen hatte, das ihm nicht gefiel, und weil er Angst bekam? Solche Schäden waren schwer zu beziffern und noch schwerer zu beweisen. Was die Kosten für die notwendige Untersuchung betraf, gab es viel weniger zu diskutieren. Er rief von Schulzendorf an, um mit ihm die Sache zu besprechen.

»Hallo, Herr von Schulzendorf, ich wollte gerne mit Ihnen in der Sache Schwarzenbach über unsere Schadenersatzforderungen sprechen.«

»Hallo, Herr Giacometti. Das ist gut, denn der Staatsanwalt hat mich bereits auf das Thema angesprochen. Wir werden zu irgendeinem Zeitpunkt dort Zahlen vorlegen müssen.«

»Das ist mir klar. Da wir die Kosten von Kundenabgängen kaum ermitteln können, beschränken wir uns auf die Kosten der Untersuchung.«

»Das ist in Ordnung. Damit entgehen Sie auch der leidigen Diskussion über die Kunden. Das macht sich in einem Strafprozess, der vermutlich in Bellinzona stattfindet, nicht gut. Haben Sie denn eine Idee, wie hoch die Summe in etwa sein wird?«

»Nun, wir gehen im Moment von etwa drei bis vier Millionen Franken aus.«

»Nur für die Untersuchung? Das erscheint mir aber ziemlich gewaltig.«

»Nun, wenn Sie dafür eine namhafte Unternehmensberatung einsetzen, kommen solche Beträge schnell zustande.«

»Gut, ich kann Ihnen natürlich nicht vorschreiben, was Sie dort einklagen wollen. Ich gebe zu bedenken, dass Herr Schwarzenbach eine solche Summe nicht wird zahlen können. Das heißt, dass er insolvent werden wird. Wenn er in Zukunft nicht mehr als das Existenzminimum verdient, wovon auszugehen ist, dann wird die Bank das Geld niemals bekommen.«

»Dass Schwarzenbach das Geld nicht zahlen kann, ist mir durchaus klar. Die Kosten haben wir so oder so. Aber ich brauche natürlich gegen-

über meinem Aufsichtsrat eine offizielle Begründung für diese außerordentlichen Kosten. Was dann am Schluss dabei herauskommt, ist zweitrangig. Natürlich sollten wir alles versuchen.«

»Gut, wenn Sie die Sache so sehen, spielt der Betrag ja letztendlich eine untergeordnete Rolle. Sobald das Thema vonseiten der Staatsanwaltschaft kommt, werde ich die Werte erst einmal so kommunizieren. Die Details können wir dann auch später besprechen.«

»Bestens, Herr von Schulzendorf, auf Wiederhören.«

27

Die Zellen in Bern waren zumindest insofern erträglicher, als die Betten gut zwanzig Zentimeter breiter waren. Außerdem gab es warmes Wasser, die Heizung funktionierte und das Essen war etwas schmackhafter als in Zürich. Das Brot musste aus der gleichen Großbäckerei kommen, denn zum Frühstück wurden die gleichen zwei Scheiben halb aufgetautes Graubrot ausgegeben. Auf jeder Etage gab es eine kleine Bibliothek. Da anscheinend niemand außer ihm lesen konnte oder wollte, hatte Schwarzenbach das gesamte Bücherangebot für sich. Wie in Zürich waren die Bestände in den letzten zehn Jahren kaum aufgestockt worden.

Der sogenannte Spazierhof war ein Ärgernis für jeden Frischluftfanatiker. Eigentlich handelte es sich um zwei Dachterrassen, die wohl früher die obersten Stockwerke des Hauses gewesen waren. Man hatte das Dach abgenommen und die Fenster weitestgehend zugemauert. Aus drei Zimmern entstanden zwei Höfe und ein Aufenthaltsraum mit eigener Terrasse für die Wärter. An wirkliche Bewegung in frischer Luft war in dem kleineren Hof mit seiner Größe von sechs mal fünf Metern bei einer Belegung von acht bis zwölf Insassen nicht zu denken, zumal man in der Mitte eine Tischtennisplatte einbetoniert hatte. Der größere Hof war auch nicht viel besser für sportliche Aktivitäten geeignet, aber immerhin etwa doppelt so groß. Bei Regen oder Schnee wurde es dann deutlich enger, da kaum wettergeschützte Flächen vorhanden waren.

Seine früheren Schweizer Arbeitskollegen hatten immer auf die vielen Ausländer geschimpft, die es sich in den Schweizer Gefängnissen gut gehen ließen: Fernsehen, Zeitschriften und Internetanschluss, das sollte es alles geben. Fernsehen gab es in der Tat, die Gefangenen wurden aber täglich dafür zur Kasse gebeten. Wenn man nichts verdient, dann ist selbst ein Franken am Tag viel, und die Geräte waren alle mindestens fünfzehn Jahre alt. Damit hatte eine lange Reihe von Gefangenen dafür gesorgt, dass die Geräte ihren Kaufpreis vielfach wieder eingespielt hatten. Zeitschriften gab es auch nur gegen Geld, wenn überhaupt. Oder man hatte wohltätige Verwandte, die, zumindest hier in Bern, etwas schicken durften.

Anscheinend war die Gefängnisverwaltung der Meinung, dass Insassen mit zwei Sorten Schokolade, Cola, Fanta und einer Sorte Kekse bereits bestens versorgt waren.

Die Haupthandels- und Konsumware im Gefängnis sind Tabak und Zigaretten. Zum Glück rauchte Schwarzenbach nicht. Wer von draußen keine Pakete bekam, der musste mit siebzig Franken auskommen. Bei den aktuellen Zigarettenpreisen bekam man ein echtes Problem, wenn man mehr als ein Päckchen am Tag rauchte. Auch im Knast galt der Wahlspruch: Hast du nichts, bist du nichts.

Als Untersuchungshäftling war Schwarzenbach nicht zur Arbeit verpflichtet und leistete sich den Luxus, darauf zu verzichten, zumal die Arbeitsmöglichkeiten hier in Bern sehr eingeschränkt waren. Einer seiner Mitgefangenen durfte beispielsweise Verpackungen für Uhren zusammenlegen und ein anderer war für den Putzdienst eingeteilt. Damit hatten sie zumindest die Möglichkeit, ein wenig Geld dazuzuverdienen, was dann meist gerade so für Zigaretten reichte. Wer sich zum Arbeiten bereit erklärte, erhielt fünf Franken am Tag. Nach Auskunft der Wärter kam dieses Geld interessanterweise aus der Arbeitslosenversicherung.

Schwarzenbach selbst brauchte etwa hundert Franken im ersten Monat. Das bedeutete, dass die fünfhundert Franken von Louisa eine Weile reichen würden. Inzwischen klappte der Briefverkehr so einigermaßen. Die durchschnittliche Laufzeit der Briefe betrug etwa zwei Wochen.

Mit weiteren Einvernahmen war erst einmal nicht zu rechnen. Was hätte man ihn auch Neues fragen sollen? Er musste also irgendwie seine Tage herumbringen. Zwischendurch machte sich auch der fortgesetzte Bewegungsmangel bemerkbar, denn morgens hatte er oft Rückschmerzen. Die dünne Matratze auf dem Brett ohne Lattenrost war nichts für ältere Herren. Er versuchte also, sich mit einigen Gymnastikübungen in Bewegung zu halten. Anfänglich fiel es ihm schwer, sich darauf zu konzentrieren. Aber nach einer Weile legte er sich regelmäßige Zeiten für diese Übungen fest. Er musste einen neuen Rhythmus für seinen Tag finden, mit dem einstündigen Hofgang als absolutes Highlight. Dabei konnte er die frische Außenluft genießen und richtige lebendige Menschen sehen. In seinem »alten Leben« hatte er sich nicht für die Lebensumstände von Gefängnisinsassen interessiert, warum auch? Nun begann er sich jeden Tag ein wenig mehr mit seinen Mitinsassen zu befassen.

Es wurde ihm klar, dass er in dieser eigenen Welt der Außenseiter war. Die anderen hatten sich zuvor mit Drogenhandel, Schlägereien und Einbrüchen beschäftigt oder versucht, in der Illegalität unterzutauchen. Alles Dinge, über die er zuvor nichts gewusst hatte. Das änderte sich mit der Zeit.

Im Gegensatz zu Zürich gab es hier in Bern keinen Wäschedienst. Als Waschmaschine diente ein zusätzlicher Plastikmülleimer, der in jeder Zelle stand. Man konnte also mit dem lauwarmen Wasser aus der Leitung und Seife seine Wäsche selbst waschen. Mithilfe der drei zugeteilten Kleiderbügel und aller verfügbaren Möbelstücke wurde die Wäsche dann zum Trocknen aufgehängt. Der eine oder andere Mitgefangene fand diese Methode sehr mühsam und verströmte daher bei den Hofgängen unerfreuliche Gerüche. Das ging in der Regel so lange, bis einige andere sich lautstark bei ihm beschwerten. Sobald solche Bemerkungen einen bedrohlichen Tonfall annahmen, war das dann Ansporn genug, um eine Waschaktion zu starten.

All dies diente letztlich nur dazu, die Zeit totzuschlagen. Das Warten auf das Vergehen von Zeit erwies sich in dieser Situation als das größte Problem. Schwarzenbach stellte fest, dass eine ganze Reihe seiner Mitinsassen damit sehr schlecht umgehen konnte. Insbesondere am Abend war es bei einigen von ihnen üblich, eine halbe Stunde an die Zellentür zu trommeln oder mit dem Plastikbecher an die Wand zu klopfen. Diese Gebäude sind bewusst so konstruiert, dass jedes laute Geräusch aus einer Zelle über mehrere Etagen zu hören ist. Einige Häftlinge hatten die Angewohnheit, laut zu singen, bis einer der Wärter auftauchte, um für Ruhe zu sorgen.

Auch die ärztliche Versorgung hatte ihre eigenen Gesetze. Grundsätzlich konnte der Arzt immer nur an einem Tag in der Woche besucht werden. Wer sich am Morgen nicht meldete, hatte Pech gehabt. Kernpunkt jeder ärztlichen Behandlung war die Verabreichung von Medikamenten. Fast jeder Insasse wurde mit irgendwelchen Pillen oder Flüssigkeiten gefüttert. Dabei musste der Wärter kontrollieren, ob diese Medikamente auch genommen und heruntergeschluckt wurden, einschließlich Nachkontrolle des Mundinhalts. Im normalen Leben empfohlene Behandlungen, also mehr Bewegung oder gesünderes Essen, ließen sich unter diesen Umständen einfach nicht umsetzen.

Das Aufsichtspersonal war immerhin nach einiger Zeit bereit, ab und an ein paar Worte mehr mit den Häftlingen zu wechseln, als das vielleicht üblich oder erwünscht war. Dass es sich bei ihm um einen Sonderfall handeln musste, war allen Wärtern relativ schnell klar. Als er einem von ihnen erklärte, warum er einsaß, machte das schnell die Runde, und alle behandelten ihn von da ab mit mehr Sympathie.

Diese Einvernahmen hatten inzwischen weitestgehend den Charakter von Wiederholungsveranstaltungen. Einzig die Gespräche mit Dr. Staedtler waren für ihn von Interesse. Heute hatte er Neues zu berichten.

»Hallo, Herr Schwarzenbach. Es gibt einige interessante Neuigkeiten.«

»Guten Tag, Herr Dr. Staedtler. Was gibt es denn Spannendes?«

»Nun, ich habe einige Telefonate mit Herrn von Schulzendorf geführt. Es sieht so aus, als würde die Bank mit einer sehr großen Schadenssumme gegen Sie aufwarten.«

»Das verstehe ich nicht. Machen Sie etwa den Verlust von Kundengeldern geltend?«

»Nein, das nicht. Aber sie behaupten, dass die Beantwortung der Frage ›Wer hat was getan?‹ die Bank etwa vier Millionen Franken gekostet habe.«

»Für so einen Betrag kann man ein Dutzend erstklassige Berater mehr als ein Jahr lang beschäftigen. Das kann ja gar nicht sein! Zwischen meiner Lieferung und meiner Verhaftung lagen vier Monate. Also müssen mindestens vierzig Leute an dieser Suche gearbeitet haben. Was waren denn das für Amateure?«

»Eine der weltweit namhaftesten Consultingfirmen.«

»Die haben wohl ihre Auszubildenden für hohes Honorar in die Bank geschickt. Um nachzuvollziehen, wie ich an die Daten gekommen bin, musste man nur die E-Mails der letzten sechs Monate durchsuchen. Das ist im Grundsatz total simpel. So ein Aufwand ist für mich nicht nachvollziehbar. Vermutlich haben sie die Kosten für die Sanierung ihres Systems auch gleich mit draufgeschlagen.«

»Das kann sein. Wir werden das prüfen. Ich bin in dem Zusammenhang noch auf ein ganz anderes Thema gestoßen. Wussten Sie, dass die Bank die europäischen Bestände einer US-Bank aufgekauft hat?«

»Das habe ich in den Nachrichten gehört. Aber was hat das mit meinem Fall zu tun?«

»Möglicherweise einiges. Die Bank hat den Kaufpreis zum Teil mit eigenen Aktien bezahlt. Der Festlegungstermin dieses Preises war nur wenige Tage vor Ihrer Festnahme. Jetzt stellen Sie sich einmal vor, dass die Bank die Anzeige möglicherweise verzögert hat, um sicherzustellen, dass der Kurs ihrer eigenen Aktie nicht negativ durch solche Schlagzeilen beeinflusst wird.«

»Das kann ja durchaus sein. Aber was sollte das für Auswirkungen haben?«

»Nun, dann läge einerseits eine unzulässige Kursmanipulation durch die Bank vor, und zum anderen hätte man die betroffenen deutschen Kunden ja viel früher warnen können. Wenn das in die Schlagzeilen kommt, dann könnte es zu einer Reihe von Schadenersatzklagen kommen. Womöglich von den Kunden, die durch diese Verzögerung keine Selbstanzeige mehr machen konnten und damit in ein Strafverfahren geraten sind.«

»Das wäre der Hammer. Aber das müsste man doch beweisen können.«

»Wenn es diese Schadenersatzforderungen gegen Sie tatsächlich geben sollte, werden wir jeden Beleg verlangen, der diese Forderung begründet. Im Zweifel werden wir Personen, die diese Arbeiten ausgeführt haben, als Zeugen vorladen. Ich glaube nicht, dass die Bank es so weit kommen lassen wird.«

»Was meinen Sie?«

»Das Problem mit den Kunden kann man lösen, indem man diese Kunden in irgendeiner Weise entschädigt. Aber wenn sich die Kursmanipulation beweisen lässt, dann hat die Bank die amerikanische Börsenaufsicht am Hals. Die kennen bei so einem Thema kein Pardon. Wenn das dann noch bekannt wird, ist der Ruf der Bank komplett ruiniert.«

»Sie meinen, dieser Umstand könnte mir helfen?«

»Das wird Ihnen vermutlich nicht beim Strafmaß helfen. Da ist der Staat am Zug. Der Schutz des Bankgeheimnisses ist derzeit wohl eine der wichtigsten Aufgaben unserer Regierung. Man wird Sie also so lange wie möglich aus dem Verkehr ziehen wollen, was auch die Anwendung von Artikel 273 StGB belegt. Da müssen wir abwarten, was der Staatsanwalt fordert. Ich habe die Frage des vereinfachten Verfahrens schon angesprochen – und man zeigte sich dem nicht abgeneigt.«

»Was bedeutet das?«

»Das ganze Verfahren wird vereinfacht. Das Gericht muss natürlich dabei mitspielen. Aber darum kümmert sich der Staatsanwalt schon deswegen selbst, weil er mit seinem Antrag nicht abblitzen möchte. Dann könnten maximal drei Jahre verhängt werden, von denen achtzehn Monate zur Bewährung ausgesetzt werden. Sie wären also nach insgesamt eineinhalb Jahren wieder auf freiem Fuß.«

»Das ist aber auch eine ziemlich lange Zeit.«

»Bei realistischer Betrachtung wird es kaum weniger werden. Wenn wir heute anfangen, gegen die Bank anzugehen, indem wir die Öffentlichkeit suchen und von schlechten Sicherheitsmaßnahmen und Kursmanipulation berichten, bekommen wir zwar die Presse auf unsere Seite, aber sicherlich nicht den Staatsanwalt und vermutlich auch nicht den Richter.«

»Was bringt uns dann die Sache?«

»Wenn wir ein verkürztes Verfahren anstreben, muss die Bank als Geschädigte diesem Verfahren zustimmen. Ich gehe davon aus, dass die

Bank dazu gerne bereit ist, denn einen großen Prozess mit viel Presse will man sicherlich vermeiden. Wenn es dann später um den Schadenersatz geht, den man von Ihnen verlangt, können wir diese Karte weiter ausspielen. Ich kann mir einfach nicht vorstellen, dass man das Risiko einer Anzeige bei der Börsenaufsicht eingehen wird.«

»Aber für eine Anzeige müssen wir doch Beweise liefern, oder nicht?«

»Den Amerikanern wird es schon reichen, wenn wir eine überzeugende logische Argumentation bringen können, die sie veranlasst, eine Untersuchung durchzuführen. Dann werden die Bankunterlagen geprüft. Es ist sicher leicht nachvollziehbar, wann die erste Kundenbeschwerde eingegangen ist. Übrigens, ist Ihnen damals aufgefallen, dass man Sie seitens der Bank zuletzt anders behandelt hat?«

»Jetzt, wo Sie danach fragen, fällt mir ein, dass man mich schon etwa drei Monate vor der Verhaftung an einen anderen Arbeitsplatz gesetzt hat, ohne eine wirkliche Begründung dafür zu liefern. Der Rechner, an dem ich gearbeitet habe, wurde noch am gleichen Tag abgebaut und weggebracht. Vermutlich hat man den dann untersucht. Also wird man sich schon zu diesem Zeitpunkt sehr sicher gewesen sein, dass ich die Daten geliefert habe.«

»Das sieht so aus. Man hat zunächst auf eine Anzeige gegen Sie verzichtet, obwohl man Sie als Täter schon längst entlarvt hatte. Damit wurde die Schädigung der Kunden billigend in Kauf genommen. Aus Sicht der Bank stand der Börsenkurs im Vordergrund, und man wollte zu diesem Zeitpunkt keine Staub aufwirbelnde Berichterstattung über diesen Fall haben, bis der Kauf mit den Amerikanern sicher abgewickelt war.«

»Stellt diese Kursmanipulation nicht allein schon ein Vergehen seitens der Bank dar? Ganz unabhängig von meinem Datendiebstahl?«

»Ja, natürlich. Aber dieses Wissen werden wir erst einmal für uns behalten. Es wird uns später noch an anderer Stelle nützlich sein, das habe ich im Gefühl.«

»Darauf wäre ich selbst nie gekommen. Aber wenn man die einzelnen Mosaiksteinchen zusammensetzt, dann fügt es sich zu einer plausiblen Geschichte.«

»Das werden die Leute bei der Börsenaufsicht auch denken, wenn sie es hören. Also schauen wir mal, wie es weitergeht. Ich werde zu dem Thema noch weitere Fakten zusammensuchen.«

»Gut, dann warten wir weiter ab. Ich kann hier sowieso nicht viel tun.«

»Das stimmt leider. Bekommen Sie denn inzwischen problemlos Post von Frau Ackermann?«

»Das klappt einigermaßen. Obwohl ich es schon seltsam finde, dass ein Brief von ihr zwei Wochen braucht. Aber die Mühlen der Justiz mahlen auch in der Schweiz langsam.«

»Einerseits wird man sich natürlich nicht besonders beeilen. Andererseits werden an Sie gerichtete Briefe sehr sorgfältig gelesen, weil man hier Hinweise auf Mittäter oder Geldverstecke vermutet. Das Interesse, Sie medial abzuschirmen, ist recht groß. Vielleicht hofft man, dass das öffentliche Interesse an Ihrem Fall langsam erlischt.«

»Sollte Louisa nicht auch vernommen werden?«

»Das möchte man immer noch, aber wohl nur um sie als Mittäterin zu überführen.«

»Aber dann könnte ich Ihnen mindestens zehn Namen von Personen nennen, die als Mittäter viel eher infrage kämen.«

»Der Bundesstaatsanwalt hat sich da mental festgebissen. Er wünscht sich einfach, dass er Frau Ackermann etwas nachweisen kann.«

»Aber wo nichts ist, kann man auch nichts nachweisen.«

»Da wäre ich mir nicht so sicher. Staatsanwälte haben im Allgemeinen eine ausgeprägte kriminelle Fantasie. Die können sich die tollsten vermeintlichen Tatsachen zu Straftaten ausdenken, da kann man nur staunen. Ich persönlich glaube sogar, dass lediglich eine kleine Kehrtwende in der persönlichen Laufbahn eines Menschen stattfinden muss, damit aus einem Staatsanwalt ein Berufsverbrecher wird. Aber das nur so am Rande.«

»Das ist eine interessante Idee. Kommen wir noch einmal auf meine Freundin zu sprechen. Es besteht also vorerst keine Chance, dass sie mich besuchen kann?«

»Ich sehe da im Moment leider keine Möglichkeit. Frau Ackermann hat mir gesagt, dass Sie auf jeden Fall Pakete und Zeitungen bekommen werden, soweit das möglich ist. Schreiben Sie ihr, sooft es geht. Ich soll Ihnen liebe Grüße von ihr überbringen, und sie hofft, dass es Ihnen einigermaßen gut geht.«

»Grüßen Sie Louisa bitte auch ganz herzlich von mir. Ich werde ihr weiterhin jede Woche schreiben und eine Liste von Dingen mitschicken, die ich dringend benötige.«

»Gut, und wenn ich ihr sonst noch eine Nachricht übermitteln soll, schicken Sie mir einfach einen Brief. Wir sehen uns dann ja vermutlich erst bei der nächsten Einvernahme wieder. Ich habe übrigens eine Reihe von Presseanfragen bekommen. Wie sollen wir damit umgehen?«

»Im Moment möchte ich in dieser Richtung gar nicht aktiv werden. Ich gehe davon aus, dass die Zeitungen auch ohne mein Zutun schon einiges geschrieben haben. Leider kenne ich die Berichte nicht, hier ist davon nichts angekommen. Ich könnte natürlich über die ›ach so fantastischen Sicherheitssysteme‹ berichten, aber das hebe ich mir für später auf oder falls es im Laufe des Verfahrens nötig wird.«

»Ich werde die Presseleute vertrösten, ihnen aber in Aussicht stellen, dass es zu einem späteren Zeitpunkt etwas zu berichten geben wird.«

»Das finde ich gut. Vielleicht brauchen wir ja irgendwann die Angst der Bank vor negativen Presseberichten. Also dann, bis zum nächsten Mal.«

»Alles Gute für Sie, soweit das möglich ist.«

Dr. Staedtler packte seine Sachen zusammen und klingelte nach dem Wärter. Schwarzenbach wurde wie üblich in Handschellen zum Transporter gebracht und zum Gefängnis zurückgefahren.

In seiner Zelle hatte Schwarzenbach massenhaft Zeit, sich Gedanken über sein weiteres Leben zu machen. Das Appartement in Frankfurt war gesichert. Das Geld auf dem Mietkonto sollte auch für einen Zeitraum von achtzehn Monaten ausreichen. Die deutschen Konten waren vor dem Zugriff aus der Schweiz sicher. Einziges Risiko war ein Einbruch, aber das wäre wirklich ein unglaublicher Zufall gewesen. Louisa sollte das restliche Geld auch gefunden haben. Wenn Sie nicht gerade in Saus und Braus lebte, würde diese Summe für sie so lange ausreichen, bis er seine Zeit abgesessen hatte.

Er begann sein Leben vor allem im Kopf zu entschleunigen. Es gab kein Internet, kein Mobiltelefon, keine Werbung, keinen Konsum. Selbst Zeitungen waren eine Rarität. Schwarzenbach las jedes Buch, das er bekommen konnte. Er las die Schweizer Verfassung und das Strafgesetzbuch. Leider konnte er keine deutschsprachige Version des Korans finden. Das wäre auch interessant gewesen. Das Fernsehen war sein einziger Zugang zu aktuellen Informationen. Zum ersten Mal spürte er die Folgen von Unfreiheit und Zensur.

Wirkliche Festtage feierte Schwarzenbach, wenn ein Paket ankam. Er erinnerte sich an seine Kindheit, als eine Tüte Gummibärchen ein echtes Ereignis war. Er schaffte es, einen 300-Gramm-Beutel dieser Gelatinetierchen gleichmäßig über drei Wochen zu verteilen. Auch der Genuss einer Tafel Schokolade erstreckte sich über mindestens eine Woche. Zum Glück war wenigstens die Zusendung von Artikeln wie Seife oder Shampoo nicht durch die Gefängnisleitung begrenzt. Außerdem hatte er endlich auch seinen elektrischen Rasierer erhalten. Zu der knastüblichen Glatze konnte er sich nicht durchringen.

Nach einiger Zeit bekam er immer näheren Kontakt zum Wachpersonal. Die Wärter waren froh, einmal einen Insassen zu haben, der sie nicht beschimpfte oder in seiner Zelle randalierte. Darüber hinaus fiel er natürlich durch seine vielen ankommenden und abgehenden Postsendungen auf. Durch diese Gespräche erfuhr er unter anderem, dass die Bundesanwaltschaft in dem fragwürdigen Ruf stand, oft sehr lange Zeit zu brauchen, bis die Ermittlungen abgeschlossen waren. Meist saßen die U-Häftlinge so lange, dass sie unmittelbar nach dem Prozess entlassen werden mussten, weil die Strafe bereits verbüßt war.

In seinen Briefen an Louisa berichtete Schwarzenbach detailliert aus dem Gefängnisalltag, denn einerseits hatte er kaum etwas anderes zu erzählen, andererseits würde er die Briefe nach seiner Entlassung vielleicht noch einmal lesen, um sich sein Ausnahmeleben im Knast wieder in Erinnerung zu rufen.

28

Das Telefon auf Dr. Staedtlers Schreibtisch klingelte. Überraschenderweise meldete sich von Schulzendorf bei ihm, um ihn zu fragen, ob er vielleicht Zeit und Lust hätte, mit ihm gemeinsam zu Mittag zu essen. Er sagte zu. Aus Erfahrung wusste er, dass von Schulzendorf ihn aushorchen wollte. Aber vielleicht hatte ja auch er etwas Interessantes zu berichten. Da von Schulzendorf in die »Taube« eingeladen hatte, würde zumindest ein gutes Essen für ihn dabei herausspringen. Zwei Stunden später traf er sich mit Herrn von Schulzendorf.

»Hallo, Herr Dr. Staedtler, freut mich, dass Sie sich spontan Zeit für mich genommen haben. Ich dachte mir, ein kleiner Gedankenaustausch bei einem Mittagessen wäre vielleicht für alle Beteiligten ganz hilfreich.«

»Herr von Schulzendorf, ich bedanke mich für die Einladung. Für gutes Essen bin ich immer zu haben. Ich nehme an, Sie wollen mit mir über den Fall Schwarzenbach reden.«

»Natürlich, und es gibt vielleicht auch noch ein paar andere Themen. Aber lassen Sie uns doch zunächst einen Aperitif nehmen.«

Nachdem beide einen Campari Orange bestellt hatten, nahmen Sie sich die Speisekarte vor.

Von Schulzendorf wandte sich an den Kellner.

»Was gibt es heute als Hauptgang zum Drei-Gänge-Überraschungsmenü?«

Der Kellner betete andächtig die Menüfolge herunter. Nach Hirschcarpaccio als Vorspeise gab es einen Rehrücken mit Spätzle und zum Abschluss ein Überraschungsdessert. Staedler war einverstanden und so bestellten sie beide das Menü. Kurz darauf brachte der Kellner den Aperitif, jetzt konnten sie ihr Gespräch fortsetzen.

»Herr Dr. Staedtler, ich habe gehört, dass Sie mit dem Staatsanwalt bereits über ein verkürztes Verfahren gesprochen haben.«

»Das ist richtig. Aber dazu braucht es ja auch Ihre Zustimmung. Vielleicht haben Sie ja auch kein Interesse an einer großen öffentlichen Verhandlung?«

»Selbstverständlich haben wir daran überhaupt kein Interesse. Lassen Sie uns nicht um den heißen Brei herumreden. Wir würden die Sache ebenfalls gern ohne viel Aufsehen hinter uns bringen. Aber wir wollen auf den Schadenersatz nicht verzichten.«

»Von Staatsanwalt Neumann habe ich gehört, dass Sie da irgendwas von vier Million Franken erzählt haben sollen. Das kann ich gar nicht glauben! Wie kommen Sie auf einen so hohen Betrag?«

»Nun, die Summe ist mir von der Bank genannt worden. Ehrlich gesagt war ich auch etwas konsterniert. Ich habe wirklich keine Ahnung, wie so ein Betrag zustande kommen kann. Aber uns ist natürlich klar, dass Schwarzenbach so eine Summe niemals wird zahlen können.«

»Und auch nicht wollen, selbst wenn er es könnte. Ich freue mich schon auf den Prozess, wenn Sie erklären müssen, wie ein solch astronomischer Betrag zustande kommt.«

»Nun, so weit sind wir ja noch nicht. Der Bank geht es lediglich darum, dass Herr Schwarzenbach nicht völlig ungeschoren davonkommt und sich nach seiner Haft ein angenehmes Leben machen kann.«

»Wenn Sie eine Haftzeit von achtzehn Monaten noch als ungeschoren bezeichnen, dann sollten Sie selbst einen Blick hinter die Kulissen tun. Ich bin ehrlich gesagt überrascht, wie mäßig die Verhältnisse in unseren Gefängnissen sind, wo die Schweiz doch zu den reichsten Ländern der Welt zählt. Aber das ist ja jetzt nicht unser Thema. Jedenfalls sollten Sie davon ausgehen, dass wir sehr detaillierte Beweise verlangen, wenn Sie diesen Betrag einfordern. Wie kann es sein, dass eine Tat, die Herr Schwarzenbach sozusagen schnell am Freitagnachmittag ausgeführt hat, so umfangreiche und teure Untersuchungen mit sich bringt? Wir werden die handelnden Personen sehr genau nach ihren einzelnen Tätigkeiten befragen.«

»So weit sind wir ja wie gesagt noch lange nicht. Außerdem geht es uns in der Schadenersatzfrage eher um einen symbolischen Betrag.«

»Dann ist ja erst einmal alles gut, oder nicht?«

»Wir haben auch kein Interesse daran, dass die ganze Angelegenheit unnötig medialen Staub aufwirbelt, Herr Dr. Staedtler.«

»Wenn ich es richtig sehe, dann haben Sie die ersten Informationen an die Presse geliefert, um meinen Mandanten möglichst lächerlich aussehen zu lassen. Verstehen Sie das unter medialer Zurückhaltung?«

»Ein Mitarbeiter der Bank glaubte, seinem Chef damit einen Gefallen zu tun. Das wird nicht wieder vorkommen.«

»Das hoffe ich, Herr von Schulzendorf. Sonst müssten Sie womöglich in einer eigenen Presseerklärung die Frage beantworten, warum Herr Schwarzenbach erst mehrere Monate nach Feststellung seiner Täterschaft durch die Bank angezeigt wurde.«

Dr. Staedtler beobachtete von Schulzendorf in diesem Moment genau. Der senkte sofort seinen Kopf und versuchte vergeblich, eine Scheibe des Hirschcarpaccios vom Teller zu spießen. Er hatte also mit dieser Bemerkung ins Schwarze getroffen. Es dauerte einige Sekunden, bis von Schulzendorf eine Antwort parat hatte.

»Nun, ich weiß nicht, wie Sie zu einer solchen Annahme gelangen. Aber grundsätzlich ist es so, dass die Bank keinerlei Interesse an einer öffentlichen Darstellung des Falles hat. Das hat nichts damit zu tun, dass es irgendwelche Verfehlungen seitens der Bank gegeben haben könnte.«

»Das ist eine Frage der Sichtweise. Wie auch immer, mein Mandant hat grundsätzlich im Moment kein Interesse daran, seine Geschichte einer breiten Öffentlichkeit zugänglich zu machen. Allerdings sollte mit dem Ende seiner Haftstrafe, wie lang die auch immer sein wird, die Angelegenheit für ihn in jeder Hinsicht erledigt sein.«

»Die Staatsanwaltschaft wird aber in jedem Fall das Deliktgut von ihm verlangen.«

»Das mag sein. Schwarzenbach wird nach seiner Haftentlassung nach Deutschland zurückkehren. Ich kann mir eigentlich nicht vorstellen, dass die Schweiz sich mit aller juristischen Macht an die Eintreibung des Deliktgutes machen wird. Aber das wird man sehen. Wenn es doch so kommt, dann freue ich mich schon auf die Schlagzeilen in der europäischen Presse.«

»Das ist ja auch gar nicht unser Thema. Ich nehme an, dass Ihr Mandant im Prinzip bereit ist, sich auch nach der Strafe schweigsam zu verhalten?«

»Davon können Sie ausgehen. Die Zeit im Gefängnis kann aber dazu beitragen, dass er möglicherweise seine Meinung hierüber ändert. Es sollte also auch in Ihrem Interesse liegen, das sich Schwarzenbachs Haftaufenthalt nicht unnötig verlängert.«

»Daran ist meiner Mandantschaft sicherlich nicht gelegen. Ich werde mich selbstverständlich dafür verwenden, dass man einer möglichst einfachen Lösung zustimmt.«

Nach dem Hauptgang nahm das Essen eine ganz andere Wendung. Eigentlich war Dr. Staedtler mit dem Ergebnis so weit zufrieden. Er hatte seinen Standpunkt klargemacht und der ausgezeichnete Rehrücken trug erheblich zu seiner Zufriedenheit bei. Jetzt ließ von Schulzendorf noch eine weitere Katze aus dem Sack.

»Noch ein ganz anderes Thema. In unserer Kanzlei ist man ja im Wesentlichen auf Wirtschafts- und Gesellschaftsrecht spezialisiert. Ferner

haben wir auch international immer mehr mit Strafrechtsthemen zu tun, Herr Dr. Staedtler. Wäre es nicht interessant für Sie, in einer großen internationalen Kanzlei tätig zu sein? Die Honorare, die wir zahlen, liegen derzeit im Durchschnitt bei über fünfhundert Franken in der Stunde. Das werden Sie vermutlich mit Ihrer bisherigen Tätigkeit nur schwer erreichen können.«

»Ach, Herr von Schulzendorf, es ist in der Tat so, dass ich meist Pflichtverteidigungen übernehme. Aber auch dort sind die Honorare nicht so schlecht, dass ich hungern müsste. Ich habe mir bei solchen Fällen ja inzwischen einen gewissen Ruf erarbeitet. Den müsste ich dann aufgeben und mich den Sozietätsinteressen unterordnen. Das ist überhaupt nicht meine Idee von Rechtspflege. Wir haben über die Jahre schon sehr viel von unserem Rechtsstaat eingebüßt, und ich habe mir auf die Fahne geschrieben, diesen so gut es geht gegen den Einfluss der Mächtigen zu verteidigen. Klingt pathetisch, nicht wahr? Also lassen wir das Thema lieber fallen.«

»Das war ja nur so eine Idee. Ich dachte mir schon, dass Sie darauf nicht eingehen würden.«

Nach dem Kaffee verabschiedeten sie sich. Staedtler war zufrieden, seine Botschaft war angekommen. Die Bank würde sich also einer einfachen Lösung nicht in den Weg stellen. Ob Schwarzenbach sich später entschließen würde, doch noch mit seiner Geschichte an die Öffentlichkeit gehen, das war ein ganz anderes Thema.

Von Schulzendorf rief nach dem Essen umgehend bei Giacometti an. Er musste ihn davon in Kenntnis setzen, dass Staedtler zumindest eine Ahnung hatte, dass die ganze Sache nicht so gelaufen war, wie sie es der Staatsanwaltschaft erzählt hatten.

»Giacometti.«

»Hier ist von Schulzendorf, guten Tag Herr Giacometti. Wie geht es Ihnen?«

»Hallo, Herr von Schulzendorf, so weit gut. Worum geht es?«

»Ich hatte gerade ein Treffen mit Dr. Staedtler wegen der Schwarzenbach-Sache. Es war natürlich ein inoffizielles Treffen, aber durchaus wichtig für uns.«

»Wieso? Was haben Sie erfahren?«

»Der Mann ist ziemlich gut. Dr. Staedtler hat mir zu verstehen gegeben, dass er zumindest eine Ahnung hat, warum die Bank Schwarzenbach nicht schon viel früher angezeigt hat. Wenn wir die Summe an Schadenersatz, die mir Herr Morrison genannt hat, tatsächlich fordern wollen, wird

er vor Gericht sehr genaue Nachweise darüber verlangen, durch wen und in welchen Zeiträumen diese Kosten entstanden sind. Ich denke, es ist im Interesse der Bank, dass wir solche Nachforschungen möglichst vermeiden.«

»Ich bin nicht darüber informiert, dass Sie mit Morrison über diese Kosten gesprochen haben. Was hat er Ihnen denn gesagt?«

»Nun, er sprach von etwa vier Millionen Franken für die Aufdeckung der Geschichte. Das erschien mir doch ein sehr hoher Betrag, aber auf meine Nachfrage wollte er mir keine Einzelheiten nennen. Wenn es in der Sache zu einem Prozess kommen sollte, wird Staedtler von uns eine besonders detaillierte Kostenaufstellung verlangen.«

»Da hat sich Morrison wohl etwas zu weit aus dem Fenster gelehnt. Ich werde mit ihm Rücksprache halten. Grundsätzlich sollten Sie davon ausgehen, dass wir kein Interesse daran haben, einen Prozess loszutreten, der uns außer Kosten und schlechter Presse nichts einbringt.«

»Ja, natürlich. Ich habe deswegen Staedtler zu verstehen gegeben, das wir einverstanden wären, wenn er bei der Staatsanwaltschaft ein verkürztes Verfahren durchsetzen kann. Dann wäre Schwarzenbach spätestens nach achtzehn Monaten wieder auf freiem Fuß.«

»Das soll mir egal sein. Ich möchte nur keinen unnötigen Presserummel haben.«

»Das war auch mein Eindruck. Ich halte Sie dann weiter auf dem Laufenden. Schönen Tag noch, Herr Giacometti.«

»Ebenfalls, Herr von Schulzendorf, für Sie auch.«

Giacometti musste sich also Jim vornehmen, denn diese Informationen durften keine weiteren Kreise mehr ziehen. Eine derartige Schadenersatzforderung würde nur zusätzliche Aufmerksamkeit auf ein Thema bringen, das niemanden etwas anging. Aber er wollte sich nicht aufregen. Heute Nachmittag würde er nach Crans Montana fahren, um das Wochenende in seinem neuen Chalet zu verbringen. Auf dem Golfplatz war er außerdem mit Kocher verabredet. Da schien sich eine vielversprechende neue Freundschaft zu entwickeln. Der große alte Parteichef würde ihm sicherlich noch nützlich sein …

29

Das eintönige Gefängnisleben bot für Schwarzenbach genügend Gelegenheiten, um nicht nur über Essen, Trinken und Schlafen nachzudenken, sondern auch tiefschürfendere Überlegungen anzustellen. Weil er schon über zwölf Jahre in einem der reichsten und gleichzeitig kleinsten Länder der Welt zugebracht hatte, stellte er sich die Frage, wie dieses Land eigentlich so wurde, wie es heute ist.

Er wusste, dass der Kanton Zug in den Fünfzigerjahren einer der ärmsten Kantone der Schweiz war. Hier lebten damals nur Bauern und grasende Kühe. Weil die Bevölkerung so arm war, gab es auch keine nennenswerten Steuereinnahmen. Daher kamen die Kantonsobersten auf die Idee, das Problem zum Konzept zu machen: Wenn es schon keine Steuereinnahmen gab, dann konnte man den Steuersatz so weit senken, dass es vielleicht attraktiv wurde, nach Zug zu kommen, weil hier nur wenig Steuern zu zahlen waren. Der Erfolg gab ihnen recht. Tausende von legalen und illegalen Steuersparunternehmen siedelten sich in der Folgezeit in Zug an. Hier entstand das weltgrößte Rohstoffhandelsunternehmen und in diesem Umfeld siedelten sich weitere internationale Rohstoffkonzerne an.

Ein Land ohne nennenswerte Ressourcen beherrscht einen wesentlichen Teil des Weltrohstoffhandels. Wie kann das funktionieren? Schwarzenbach kam zu der Erkenntnis, dass es nur an den Unmengen Geld liegen konnte, das seine schützende Heimat hier gesucht und gefunden hatte. Seit jeher war die Schweiz der »Safe der Reichen« aus aller Welt. Ob Hitler, Stalin, Gaddafi, Mobutu, die Stasi oder die kolumbianischen Drogenbarone – alle machten und machen ihre schmutzigen Geschäfte in der Schweiz. Die Banken hatten und haben fast unendliche finanzielle Mittel zur Verfügung, die es gewinnbringend anzulegen gilt. Da kamen solche kapitalintensiven Geschäftsfelder wie der Rohstoffhandel gerade recht. Das schmutzige Geld der Herren aller Länder war freudig bereit, jede ertragreiche Branche zu fördern.

Letztlich kamen alle Schweizer in den Genuss dieses Geldsegens, denn wegen der üppig fließenden Steuern der ausländischen Unternehmen blieb der persönliche Steuersatz der Bürger gering. Außerdem gab es in diesen Unternehmen gut bezahlte Jobs. Seit den Achtzigerjahren waren nirgendwo in Europa die Hypothekenzinsen so niedrig wie in der Schweiz. Die Finanzierungsraten lagen oft bei über hundert Prozent des eigentlichen Wertes der Immobilie. Selbst wenn einmal eine Investition schiefging, war das kein Problem. Die stillen Investoren erhoben keinen Protest, denn wen sollte man auf verlorenes Geld verklagen, das gar nicht existierte? Kein Land in Europa hat so viele Venture-Capital-Gesellschaften. Kein Wunder, denn das Investieren von illegalem Kapital in legale Risikogeschäfte konnte nicht annähernd so riskant sein, wie es der Erwerb des Kapitals selbst gewesen war.

Würden Luxusunternehmen wie Rolex, Patek Philippe und Hublot heute so existieren, wenn es keine Menschen gegeben hätte, die ihr mehr oder weniger schmutziges Geld zum Waschen in die Alpen bringen, um es dort mit Freuden auszugeben? Nicht nur für Luxusgüter, auch für teure Hotels und exklusives Essen. Die Neureichen der Welt geben sich in der Schweiz seit vielen Jahren die sprichwörtliche Klinke in die Hand. Erst waren es die Westeuropäer und Amerikaner, dann die Russen und Japaner. Heute sind es die Chinesen.

In der breiten Öffentlichkeit genießt das Alpenland dank lila Kühen, Appenzeller Käse und Kräuterbonbons das Image einer jodelnden Unschuld, aber diese Zeiten gehen endgültig dem Ende entgegen. Das bedeutet möglicherweise den stückweisen Verlust aller Privilegien, auch für den ganz normalen Bürger eine äußerst unangenehme Entwicklung.

Eine Verkäuferin bei Aldi oder Lidl verdient hier dreimal so viel wie im Heimatland der Discounter. Ähnliches gilt für Maurer, Dachdecker, Elektriker und alle anderen Handwerksberufe. Immer noch schwimmt das Land in einigen Billionen an verwaltetem Vermögen, von denen vermutlich immer noch fünfzig Prozent in irgendeiner Form illegal oder zumindest durch legale Steuertricks dem Rest der Welt entzogen sind.

Das Gesundheitssystem kennt die preiswerte Krankenversicherung für alle. Auch wenn viele Schweizer glauben, dass sie furchtbar teuer ist, weil sie nichts von den geldvernichtenden Systemen ihrer Nachbarn wissen. Das Altersversorgungssystem ist vermutlich das derzeit beste der Welt mit einer Pflichtversicherung für alle, auch Beamte und Selbstständige müssen für ihre Altersversorgung einzahlen. Was sie auch gerne tun, denn es herrscht ja allenthalben Wohlstand. Das sind alles hervorragende Errungenschaften der Schweizer Gesellschaft. Wäre all dies ohne das viele fremde Geld möglich gewesen? Nur die wenigsten Schweizer stellen sich diese Frage wirklich. Sie wissen nicht einmal, dass einer der letzten bekannten Diktatoren dieser Welt seine erstklassige Ausbildung in der Alpenrepublik genossen hat, bevor er den Job seines Vaters übernahm, um sein Volk weiter auszubeuten und den Rest der Welt von Nordkorea aus zu bedrohen.

Stellt man dem Durchschnittsschweizer die Frage, warum sein Heimatland das reichste Land Europas ist, dann wird die Antwort lauten: Weil die Schweizer eben fleißig und sparsam sind. Das sind sie sicherlich auch. Sie hatten auch ein paar bemerkenswerte Vorteile. Beispielsweise blieb die Schweiz als einziges Land vom Zweiten Weltkrieg verschont, während alle Länder um sie herum in Schutt und Asche gelegt wurden. Dass dieser Umstand auf die Wehrhaftigkeit der Schweizer zurückzuführen ist, ist wohl nur ein gern kolportiertes Gerücht.

Das Geschäftsmodell Schweiz ist zweifelsohne eines der erfolgreichsten Konzepte der letzten hundert Jahre. Liechtenstein, Luxemburg, Österreich und nicht zuletzt die Kanalinseln und Delaware haben von der Schweiz gelernt. Aber auch diese Wettbewerber geraten mehr und mehr ins Visier einer wachsenden Öffentlichkeit. Der Druck leerer Staatskassen erhöht auch den Druck auf die bisherigen Nutznießer der legalen Illegalität. Die Schweiz hat sich allerdings im Gegensatz zu den meisten anderen Schwarzgeldparadiesen ziemlich isoliert. Die Kanalinseln haben England, Delaware die USA, Österreich und Luxemburg die EU und die Pazifikinseln sind sehr klein und weit weg von allem. Nur die Schweiz sitzt alleine mitten in Europa, macht sich wenig Freunde und genießt den Neid aller Nachbarn.

Das ist nicht das einzige Problem. Die vielen in der Schweiz lebenden Ausländer wollen nicht länger nur die für die Schweizer unangenehmen Jobs machen, sondern möchten auch einen Teil vom dicken Kuchen abbekommen. Natürlich braucht das System Schweiz diese Ausländer zwingend. Ohne sie gäbe es geschlossene Krankenhäuser, volle Mülltonnen, unbefahrbare Straßen, leere Supermärkte und halb fertige Luxuswohnungen. Das trägt dazu bei, dass konservative Politiker und ihre Anhänger eine Ausländerfeindlichkeit zu Markte tragen, wie man sie aus kaum einem anderen europäischen Land kennt. Auch darin hat die Schweiz eine lange Tradition. Gerne sieht man Touristen und Kontoinhaber, die nur kurzfristig im Lande verweilen.

Schwarzenbach kam zu der Erkenntnis, dass er zu seinem Bedauern nicht das Schicksal vieler kriminell gewordener Ausländer erleiden musste. Denen wurde gerne nach der Verbüßung eines Teils ihrer Strafe angeboten, gegen Erlass der restlichen Strafe einer Abschiebung in ihr Heimatland zuzustimmen. So eine Tat musste schon zum Schutz der ins Wanken geratenen Bankenwirtschaft kompromisslos geahndet werden. Zumindest solange das Bankgeheimnis noch existierte.

30

Nach einigen Monaten wurde Schwarzenbach völlig unvermittelt wieder nach Zürich verlegt. Er landete wieder in einer dieser uralten Einzelzellen mit schmalem Bett und durfte die halb zerfallenen Decken sowie zehnmal geflickten Bettlaken entgegennehmen. Gleich am nächsten Tag besuchte ihn Dr. Staedtler.

»Hallo, Herr Schwarzenbach. Ich war etwas überrascht, dass Sie auf einmal wieder in Zürich sind. – Haben Sie eine Ahnung, warum?«

»Nicht die geringste, Herr Dr. Staedtler. Vielleicht wollten die Berner ja ihre Zelle zurück. Etwas unangenehm, jetzt wieder hier zu sein, es wird langsam Winter und die Heizung funktioniert nicht besonders. Außerdem gibt es kein warmes Wasser in der Zelle. Das Wasser zum Waschen im Wasserkocher aufzuwärmen ist doch mühsam. Zumal es nicht einmal einen Stopfen für das Waschbecken gibt.«

»Das verstehe ich nicht. Wieso gibt es keinen Stopfen?«

»Nun, ein weiterer Fall von Sicherheitsparanoia: Wenn der Gefangene das Wasser im Waschbecken aufhalten kann, dann kann er entweder sich selbst darin ertränken oder das Becken überlaufen lassen. Das würde im Falle dieses Hauses dazu führen, dass möglicherweise eine größere Anzahl der in den Wänden hausenden Kakerlaken den frühen Tod finden könnte. So aber ist der Gefangene oft damit beschäftigt, die Viecher eigenhändig zu erschlagen.«

»Ihren Humor haben Sie sich ja anscheinend trotz Ihrer misslichen Situation bewahrt.«

»Ich habe ausreichend Zeit, mir Witze auszudenken, um sie bei den spärlichen Möglichkeiten für Gespräche dann unterzubringen. Die Hofgänge hier sind nicht sehr unterhaltsam. Es gibt zwar etwa fünfundzwanzig Leute, aber die meisten sprechen kein Deutsch. Aber wenigstens ist der Hof hier so groß, dass man ordentlich laufen kann.«

»Ich habe übrigens den Eindruck, dass man im Moment nicht wirklich etwas ermittelt. So, wie ich Herrn Neumann verstanden habe, würde er immer noch gerne Frau Ackermann vorladen.«

»Vermutlich hat er sie angerufen. Aber das reicht ihm möglicherweise nicht.«

»Anscheinend hat der Bundesstaatsanwalt jetzt auch noch andere Fälle zu bearbeiten. Daher ist das Interesse an Ihnen etwas in den Hintergrund getreten.«

»Ich hoffe nur, dass es nicht so weit in den Hintergrund tritt, dass er mich hier vergisst.«

»Das wird kaum geschehen. Die Presse hat den Fall nach wie vor im Visier. Wenn sich längere Zeit nichts tut, wird irgendein Reporter seine Kollegen daran erinnern, dass in dem Fall mal wieder was passieren müsste.«

»Nun gut, ich schreibe Briefe und hoffe auf bessere Zeiten. Etwas anderes bleibt mir im Moment nicht übrig.«

»So ist es, Herr Schwarzenbach. Ich habe mich übrigens mit Herrn von Schulzendorf getroffen. Bei meiner Frage nach dem Zeitpunkt, von dem an die Bank über den Datendiebstahl informiert war, wurde er sichtlich nervös. Ich bin mir sicher, dass man schon viel länger gewusst hat, dass Sie die Daten geliefert haben. Der Grund, warum man Sie nicht sofort angezeigt hat, liegt vermutlich in dem Übernahme-Deal der amerikanischen Bestände.«

»Schön, das zu wissen, aber bringt es mir was?«

»Wenn es um die Frage geht, ob die Bank einem verkürzten Verfahren zustimmt, dann vielleicht schon. Das würde Ihr Strafmaß zwangsläufig in gewissen Schranken halten, und ich kann mir nicht vorstellen, dass Sie länger als zwingend nötig in einer solchen Einrichtung bleiben möchten, oder?«

»Natürlich nicht. Aber ich nehme an, das muss auch noch ein Richter abnicken.«

»Genau, ich gehe aber davon aus, dass die Bundesanwälte im Vorhinein schon mit dem Gericht sprechen werden. So ein Bundesanwalt steht bei einem derartigen Fall im Licht der Öffentlichkeit und möchte sich nicht blamieren. Er wird also nicht das Risiko eingehen, mit einer Anklage zu kommen, die ihm die Richter aus den Händen schlagen.«

»Mal eine ganz andere Frage. Irgendwie bin ich ja immer noch deutscher Staatsbürger. Die Lieferung der Daten war ja auch im Interesse des deutschen Staates. Tut der jetzt eigentlich etwas für mich?«

»Nicht anzunehmen! Ich denke, mit den deutschen Politikern verhält es sich wie mit ihren Berufskollegen in der Schweiz: Wenn das Eisen zu heiß ist, fasst man es lieber nicht an. Wenn man sich um Sie kümmern würde, dann könnte der Eindruck entstehen, dass Sie vielleicht wirklich im Auftrag der Bundesrepublik unterwegs waren. Sie kennen Ihre Politiker besser. Glauben Sie, dass sich einer von denen traut, sich für Sie einzusetzen?«

»Ich kann mir kaum vorstellen, dass selbst diejenigen, die mit der Kavallerie in die Schweiz reiten wollten, dazu den Arsch in der Hose hätten. Davon abgesehen, dass die ja vermutlich gar nichts tun könnten, weil ganz andere Leute an der Macht sind. Ich gehe davon aus, dass man mich hier so lange sitzen lässt, wie es die Schweizer Justiz für richtig hält. Ich habe dann ja hoffentlich immer noch Zeit, meine eigene Meinung kundzutun.«

»Ich bin mir sicher, dass es einige Journalisten geben wird, die gerne bereit sind, Ihre Geschichte zu veröffentlichen. Es hat jedenfalls jede Menge Anfragen bei mir gegeben.«

»Ich muss mir überlegen, wie ich damit umgehe.«

»Das sollten Sie. Vermutlich wird man Sie sogar dafür bezahlen. Schreiben wird man so oder so darüber.«

»Sie meinen, wenn ich von der Geschichte selbst berichte, kann kein anderer was Falsches schreiben?«

»Genau darüber sollten Sie wirklich nachdenken, Herr Schwarzenbach. Vielleicht entdecken Sie ja ganz neue berufliche Möglichkeiten. Denn ich vermute mal, dass Ihre Zeit als Softwareentwickler im Bankenwesen jetzt vorbei ist.«

»Davon kann man ausgehen. Ich könnte es vielleicht noch als Sicherheitsberater versuchen.«

»Interessante Idee.«

»Ich glaube eher nicht. Aber mir fällt schon noch was ein. Wie sieht die Sache eigentlich finanziell aus?«

»Nun, die Summe, die Sie als Kaufpreis genannt haben, wird man Ihnen als Deliktgut anrechnen und die Herausgabe verlangen. Wenn Sie das nicht bezahlen können, wovon ich im Moment einmal ausgehe, dann wird man Sie dazu verurteilen, diese Summe aus Ihren zukünftigen Einnahmen abzuzahlen.«

»Das heißt, wenn ich in der Schweiz bleibe, werde ich nie mehr als das Existenzminimum behalten, egal wie viel ich verdiene?«

»Ja, genau!.«

»Auch wenn ich nach Deutschland zurückgehe?«

»Dann muss der Schweizer Staat sich entscheiden, ob er die Summe in Deutschland einklagt. Wenn er das nicht tut, bleibt es ein Schweizer Anspruch. Was heißt, dass Sie die Schweiz dann nur noch mit leeren Taschen betreten sollten. Sofern man Sie nicht sogar als ›unerwünschten

Ausländer‹ ausweist. Aber das entscheidet nicht das Gericht, sondern die Ausländerbehörde Ihres Kantons.«

»Dagegen muss ich dann wieder klagen, wenn es mir nicht passt?«

»Genau. Endlose Prozessdauer mit hohen Kosten und dem sehr gewissen Ausgang, dass man Ihre Ausweisung bestätigen wird. Sie haben vielleicht von dem Fall gelesen, der bis vor den Europäischen Menschenrechtsgerichtshof gehen musste?«

»Habe ich. Die Reaktion in den Leserbriefen der Schweizer Zeitungen war interessant. Anscheinend betrachtet der Großteil der Schweizer Ureinwohner die Einmischung solcher Institutionen als unerlaubten Eingriff in Schweizer Recht. Eigentlich erstaunlich, wo man doch mehr oder weniger für sich in Anspruch nimmt, die Demokratie und den Rechtsstaat erfunden zu haben. Wieso sind die ganzen humanitären Organisationen in der Schweiz beheimatet?«

»Weil sie hier Millionengewinne machen können, ohne dafür Steuern zu zahlen. Oder dachten Sie, weil hier der humanitäre Mittelpunkt der Welt ist?«

»Da habe ich mich wohl täuschen lassen.«

»Trösten Sie sich damit, dass der Rest der Welt auch diesem Irrtum unterliegt. Sie sind also in guter Gesellschaft.«

»Vielleicht sollte ich ein Buch mit dem Titel ›Die Wahrheit über die Schweiz‹ schreiben. Da gibt es ja einiges zu berichten.«

»Nun, solange der Inhalt zum Titel passt, warum nicht? Sie haben jetzt reichlich Zeit, sich mit solchen Dingen zu beschäftigen. Man wird sich nicht besonders beeilen, weil ja klar ist, dass Sie für einige Zeit in Haft sein werden.«

»Gibt es etwas Neues von Louisa? Ich würde mich freuen, wenn sie mich endlich besuchen dürfte.«

»Auf meinen Vorschlag eines Telefonates mit dem Bundesanwalt hat man bisher nicht reagiert. Vielleicht sollte ich Frau Ackermann vorschlagen, irgendeiner bekannten deutschen Zeitung ein Interview zu geben. Eine Schlagzeile auf der Titelseite würde die Dinge möglicherweise ins Rollen bringen.«

»Sie können ihr das ja vorschlagen. Auf mich muss sie dabei keine Rücksicht nehmen. Ich gehe davon aus, dass über mich ohnehin geschrieben wird.«

»Gut, dann sehen wir uns, sobald es Neuigkeiten gibt. Versuchen Sie, gelassen zu bleiben. Das ist, glaube ich, in der Situation das Wichtigste.«

»Das werde ich, keine Sorge. Bitte grüßen Sie Louisa von mir. Der Tag wird kommen, an dem wir uns wiedersehen.«

»Ganz bestimmt. Ich werde Ihre Grüße ausrichten.«

»Hat man eigentlich versucht, Herrn Maier zu finden?«

»Man hat es vermutlich versucht und es gibt bestimmt einen Haftbefehl gegen ihn. Ich gehe davon aus, dass er, wenn er in Deutschland bleibt, nichts zu befürchten hat. Die Finanzbehörden kennen ihn natürlich, aber solche Haftbefehle gegen Helfer des Staates werden eigentlich überall auf der Welt ignoriert.«

»Er wird sich wohl kaum selbst bei den Schweizern melden.«

»Davon ist auszugehen. Ich denke, man wird die Ermittlungen in einigen Wochen für beendet erklären und Ihnen dann die Anklage präsentieren, die wohl dem entspricht, was wir bereits kennen. Nach dem Urteil sitzen Sie dann Ihre Zeit ab. Werden Sie hier bleiben?«

»Wohl eher nicht. Schließlich wird man, wenn ich hier bleibe, versuchen, das Geld von mir zu bekommen. In Deutschland wird das um einiges schwieriger werden. Davon abgesehen habe ich gar nicht die Absicht, wieder ein nennenswertes Einkommen anzustreben. Ich habe den Eindruck, dass ich ohne Geld viel freier leben kann.«

»Das ist eine interessante Theorie.«

»Denken Sie drüber nach. Wer nichts hat, hat nichts zu verlieren. Das gäbe mir die Freiheit, alles zu sagen, was ich schon immer einmal sagen wollte. Außerdem stehen dafür heute viel bessere Mittel zur Verfügung als noch vor zwanzig Jahren. Einen Blog im Internet kann jeder machen. Dafür braucht man kein Geld. Und ich kann meine Meinung in die Welt hinausposaunen.«

»Na ja, solange Sie niemanden beleidigen oder falsche Anschuldigungen verbreiten.«

»Selbst wenn mich jemand mit einer Schadenersatzklage überzieht, was soll passieren? Ich kann nicht zahlen. Wenn die Summe der Forderungen irgendwann groß genug ist, mache ich eine Privatinsolvenz und bin die ganzen Dinge nach ein paar Jahren wieder los. Selbst die Rente, die ich später bekomme, wird am Existenzminimum sein. Auch da ist also nichts zu holen.«

»Ich sehe, Sie haben ein paar spannende Ideen. So wird Ihnen auf jeden Fall nicht langweilig.«

»Der Aufenthalt hier zeigt mir jedenfalls, mit wie wenig man auskommen kann. Das erinnert mich sehr an meine Kindheit, als meine Klassenkameraden auch immer mehr hatten als ich. Heute muss ich anscheinend wieder die Not zur Tugend machen.«

Der Wärter erschien und erklärte den Termin für beendet, weil die Mittagspause bevorstand. Man könne ja einen neuen Termin vereinbaren. Staedtler verabschiedete sich und Schwarzenbach wanderte zurück in seine Zelle.

Im Gefängnis war die Zahl der Wirtschaftsstraftäter verschwindend gering. Eines Tages tauchte ein neuer Gefangener auf, den Schwarzenbach so gar nicht einschätzen konnte, denn der suchte praktisch sofort den Kontakt zu ihm. Seine militärisch angehauchte Kleidung unterschied ihn auch schon optisch von den meisten anderen Insassen. Sofort brachte er das Gespräch auf den Austausch von Nachrichten mit jemandem außerhalb des Gefängnisses. Er war sich sicher, nur für kurze Zeit einzusitzen, und bot sich als Briefkurier an, vorbei an der Kontrolle durch Gefängnisbeamte oder Staatsanwaltschaft. In den ersten Monaten hatte Schwarzenbach allerdings schon die wichtigste Regel im Knast gelehrt: Traue niemandem.

Diese Anbiederung war so durchschaubar, dass er sich zwar mehrfach mit dem Mann unterhielt, aber sein Angebot rundheraus ablehnte. Nach zwei Tagen sprach ihn dann ein anderer Mitgefangener auf den Neuen an. Er äußerte den Verdacht, dass es sich um einen eingeschleusten Polizeispion handeln könnte. Schwarzenbach war froh, nicht auf sein Angebot eingegangen zu sein. Leute, die mit ihren Delikten hinter dem Berg hielten, waren allen anderen Insassen verdächtig und wurden nach kurzer Zeit geschnitten.

31

Das Telefon klingelte laut und nervös. So kam es Louisa Ackermann zumindest vor. Sie wusste schon, wer anrief.

»Ackermann.«

»Guten Tag, Frau Ackermann. Mein Name ist Neumann. Sie wissen natürlich, warum ich Sie anrufe. Ich leite die Ermittlungen in dem Verfahren gegen Herrn Schwarzenbach. Ich hätte lieber persönlich mit Ihnen gesprochen, aber das ist wohl derzeit nicht möglich.«

»Nein, ich sehe da keine andere Möglichkeit.«

»Darüber sollten wir vielleicht später noch sprechen. Würden Sie einige Fragen zu Herrn Schwarzenbach beantworten?«

»Ich werde mir jeweils überlegen, ob ich Ihre Frage beantworte. Fangen Sie doch einfach an.«

»Also gut. Hat Herr Schwarzenbach Sie von seinem Datendiebstahl zu irgendeinem Zeitpunkt in Kenntnis gesetzt?«

»Nein, ich habe davon zum ersten Mal durch den Anruf des Anwalts von Herrn Schwarzenbach erfahren.«

»Sie hatten also keine konkrete Information oder eine Ahnung, dass er eine solche Tat begangen haben könnte?«

»Weder das eine noch das andere.«

»Seit wann haben Sie zusammengewohnt?«

»Ich bin etwa vier Monate vor seiner Festnahme bei ihm eingezogen.«

»Hatten Sie den Eindruck, dass Herr Schwarzenbach über außergewöhnlich hohe Geldmittel verfügte?«

»Zunächst nicht.«

»Also zu einem späteren Zeitpunkt?«

»Er hat mir erzählt, dass er eine größere Erbschaft in Deutschland erwartete.«

»Sie haben ihm diese Geschichte mit der Erbschaft geglaubt?«

»Ich hatte keine Veranlassung, es nicht zu tun.«

»Wie waren seine Pläne mit dieser Erbschaft? Hat er Ihnen dazu etwas erzählt?«

»Er hat mir erzählt, dass er noch irgendwelche alten Schulden begleichen müsse. Wenn das erledigt sein würde, wollte er nach Deutschland

zurückgehen. Er befürchtete, dass er seinen Job in der Schweiz nicht mehr lange behalten würde, und es gab keine Aussicht auf eine neue Anstellung.«

»Details über diese Schulden hat er Ihnen nicht erzählt?«

»Nein. Er sagte nur, dass es ein ziemlich hoher Betrag wäre.«

»Aber die genaue Summe nannte er nicht?«

»Nein.«

»Inwieweit hat er Sie als Paar in seine Pläne einbezogen?«

»Wir haben beschlossen, zusammenzubleiben. Darum habe ich meinen Job gekündigt und bin dann wie geplant nach Deutschland gefahren. Er wollte eigentlich zwei Tage später nachkommen. Wie die Geschichte ausgegangen ist, das wissen Sie ja.«

»Das ist richtig. Nachdem Sie erfahren haben, das Herr Schwarzenbach verhaftet wurde, wollten Sie ihn da nicht aufsuchen und sprechen?«

»Natürlich, aber mein Anwalt hat mir davon abgeraten, in die Schweiz zu reisen.«

»Warum hat er Ihnen das geraten?«

»Er ist davon ausgegangen, dass die Staatsanwaltschaft auch mich als Mittäterin verfolgen würde, und mit dieser Vermutung hat er ja auch Recht gehabt.«

»Aber wenn Sie von der Sache gar nichts wussten, dann haben Sie ja auch nichts zu befürchten.«

»Laut meinem Anwalt ist es durchaus übliche Praxis, nahestehende Personen wie Freundinnen oder Ehefrauen bei solchen Delikten mit zu verdächtigen. Er drückte sich so aus, dass diese Form der Sippenhaft leider zum üblichen Vorgehen bei den meisten Staatsanwälten gehört.«

»Das sind aber ziemliche Anschuldigungen, die ihr Anwalt da erhebt.«

»Augenscheinlich hat er ja nicht ganz Unrecht. Ihre Fragen zielen ja genau in dieselbe Richtung.«

»Sie sollten schon dafür Verständnis haben, dass ich gerne persönlich mit Ihnen sprechen würde. Immerhin haben Sie mit Herrn Schwarzenbach zusammengelebt. Da liegt es nahe anzunehmen, dass Sie möglicherweise einige Fragen beantworten können.«

»Wenn ich das richtig verstanden habe, wollen Sie mich aber nicht als Zeugin vernehmen, sondern als Beschuldigte. Oder liege ich da falsch?«

»Das stimmt, aber wenn sich herausstellen sollte, dass Sie mit der Tat von Herrn Schwarzenbach nichts zu tun haben, dann werden wir das Verfahren gegen Sie natürlich einstellen.«

»Die Frage, ob ich etwas mit der Tat zu tun habe, konnte ich Ihnen ja jetzt beantworten. Also können Sie das Verfahren einstellen. Wie gesagt, ich habe nicht das Geringste davon gewusst, und er hat mir auch nicht das Geringste davon erzählt. Ich habe die Geschichte mit der Erbschaft geglaubt und mich auf eine gemeinsame Zukunft gefreut. Das ist alles.«

»Nun, so einfach wird die Einstellung des Verfahrens nicht, denn wir werden Ihre Aussagen verifizieren müssen.«

»Wie wollen Sie das denn praktisch durchführen? Sie werden niemanden finden, der Ihnen meine Aussage bestätigt. Andererseits werden Sie auch niemanden finden, der Ihnen bestätigt, dass ich etwas Falsches ausgesagt habe.«

»Lassen Sie das ruhig unsere Sorge sein. Noch eine andere Frage. Kennen Sie eigentlich Herrn Thomas Maier?«

»Das ist ein ziemlicher Allerweltsname. Im Moment fällt mir niemand ein, der so heißt und den ich kennen könnte. In welchem Zusammenhang sollte mir der Name bekannt vorkommen?«

»Hat Herr Schwarzenbach zu irgendeinem Zeitpunkt diesen Namen erwähnt?«

»Ich denke nicht. Ich weiß auch nicht, ob ich mich daran erinnern würde. Maiers gibt es eine Menge.«

»Hat Herr Schwarzenbach Ihnen eigentlich Geld gegeben?«

»Nein, und ich habe auch keinen Zugang zu seinen Konten. Ich habe meine eigenen Ersparnisse mitgenommen. Da ich im Moment keine andere Möglichkeit habe, muss ich davon leben. Ich werde mir kurzfristig eine neue Stelle suchen müssen, um meinen Lebensunterhalt zu bestreiten.«

»Gut, Frau Ackermann. Im Moment soll mir das genügen. Trotzdem wäre ich froh, wenn wir uns in nächster Zeit persönlich unterhalten könnten.«

»Herr Neumann, da müssen Sie sich schon überlegen, was Sie wollen. Wenn ich als Zeugin eingeladen werde, sehe ich keinen Grund, nicht zu erscheinen. Wenn Sie mich weiterhin – und das völlig zu Unrecht – als Beschuldigte in diesem Fall betrachten, mit dem ich nichts zu tun habe, außer dass ich mit Herrn Schwarzenbach privat befreundet bin, dann werde ich die Schweiz weiterhin nicht betreten. Ich weiß inzwischen, wie leicht man in der Schweiz verhaftet werden kann, und ich möchte mich diesem Risiko nicht aussetzen. Wenn Sie erst einmal in einem Gefängnis festgehalten werden, sind Ihnen fürs Erste alle Möglichkeiten zur Gegenwehr genommen.«

»Jetzt übertreiben Sie aber, schließlich ist die Schweiz ein Rechtsstaat! Aber ich sehe, dass ich Ihnen Ihr Misstrauen nicht nehmen kann. Sie sollten auch Verständnis dafür haben, dass wir Ihnen als ermittelnde Behörde dann ebenfalls wenig Vertrauen entgegenbringen können.«

»Ich denke, das ist wohl eher eine Frage des Wollens als des Könnens. Sie haben mich kraft staatlicher Willkür zur Beschuldigten gemacht. Daher ist es an Ihnen, diese Beschuldigung zurückzunehmen. Denn Beweise für meine Schuld werden Sie nicht finden können, weil es die einfach nicht gibt.«

»Gut, Frau Ackermann, ich sehe, wir kommen hier vorerst nicht weiter. Danke für Ihre Gesprächsbereitschaft und Ihre Auskünfte. Ich wünsche Ihnen noch einen schönen Tag.«

»Auf Wiederhören, Herr Neumann. Wenn Sie wieder Kontakt mit mir aufnehmen möchten – Herr Dr. Staedtler weiß, wo ich zu finden bin.«

Kaum hatte Louisa das Gespräch beendet, schaltete Dr. Staedtler das Aufnahmegerät aus. Er hatte das Gespräch mitgeschnitten, um alles noch einmal nachvollziehen zu können. Staedtler war sich sicher, dass Neumann ebenso vorgegangen war.

»Ich denke, Herrn Neumann wird nichts anderes übrig bleiben, als das Ermittlungsverfahren gegen Sie einzustellen, Frau Ackermann. Die Beschuldigungen gegen Sie sind sowieso an den Haaren herbeigezogen, und nichts spricht dafür, dass sie der Wahrheit entsprechen.«

»Ich muss sagen, ich bin empört, dass Neumann überhaupt auf die Idee kommt, dass ich etwas damit zu tun haben könnte. Woher soll ich wissen, was Gregor in seinem Büro treibt? Wir haben unsere gemeinsame Freizeit nicht dazu genutzt, uns über die Arbeit zu unterhalten. Wir hatten genug andere Themen.«

»Wissen Sie, um Staatsanwalt zu werden, muss man den Gedanken in sich tragen, dass alle Menschen grundsätzlich kriminell veranlagt und damit verdächtig sind. Wer einige Jahre in dem Beruf gearbeitet hat, entwickelt oft eine Verschwörungs-Paranoia. Solche Leute glauben per Definition nicht an die Unschuld der Verdächtigen. Damit sind die Verdächtigen und ihre Anwälte gezwungen, die Unschuldsbeweise selbst zu erbringen. Der Grundsatz, dass jeder so lange als unschuldig zu gelten hat, bis seine Schuld bewiesen ist, existiert in unseren europäischen Rechtssystemen nur noch auf dem Papier. Die meisten Staatsanwälte suchen lieber nach Beweisen für die Schuld als für die Unschuld.«

»Aber dann sollte man aufhören, sich einen ›Rechtsstaat‹ zu nennen.«

»Na ja, das ist vielleicht auch etwas übertrieben.«

»Wissen Sie, ich bin in der DDR aufgewachsen. Da war der Staat die Instanz, die alles kontrolliert hat. Ich habe den Eindruck, dass die sogenannten westlichen Demokratien genau in die gleiche Richtung gehen – ob das gerade gut ist?«

»Sie mögen vielleicht recht haben. Es ist in der Tat ziemlich absurd, Sie in diesem Fall als Mittäterin zu verdächtigen. Aber leider haben wir darauf keinen Einfluss. Sobald das Ermittlungsverfahren gegen Herrn Schwarzenbach beendet ist, und das wird sehr bald der Fall sein, wird dem Staatsanwalt nichts anderes übrig bleiben, als das Verfahren gegen Sie ebenfalls einzustellen. Sonst wäre die Ermittlung ja nicht beendet. Das muss in nächster Zeit geschehen, denn die Presse sitzt auch der Bundesanwaltschaft im Nacken. Ich kann mir nicht vorstellen, dass man den Vorwurf einer langatmigen und schlampigen Ermittlung mit so einem Verfahren weiter im Raum stehen lassen möchte.«

»Dann warten wir ab, was weiter geschieht. Etwas anderes kann ich nicht tun.«

»Das stimmt. Ich denke, Sie haben sich durchaus klug verhalten und sollten auf Ihrer Position beharren. Ich glaube nicht, dass Herr Neumann Sie nochmals kontaktieren wird. Wenn doch, werde ich sicher davon erfahren. Ich mache mich dann also auf den Heimweg.«

»Ja, ich danke Ihnen für Ihre Unterstützung. Es war für mich sehr wichtig, dass Sie dabei waren, das hat mir Sicherheit gegeben. Bitte grüßen Sie Gregor von mir, und sagen Sie ihm, dass ich zu ihm halte. Wir werden die ganze Sache überstehen.«

»Das werde ich ihm sehr gerne ausrichten. Wir bleiben in Kontakt.«

Auf der Rückfahrt nach Zürich machte sich Staedtler Gedanken über den Verlauf des Gesprächs. Neumann konnte unmöglich weiterhin an dem Verdacht der Mittäterschaft festhalten. Bei der nächsten Einvernahme würde er ihn auf dieses Thema ansprechen.

32

Nach einigen ereignislosen Wochen erhielt Schwarzenbach eines Tages die Nachricht von Dr. Staedtler, dass die Schlusseinvernahme anberaumt war. Das bedeutete, dass die Staatsanwaltschaft beschlossen hatte, die Ermittlungen zu beenden. Beim Transport nach Bern saß er in einer der Boxen, die seitlich zur Fahrtrichtung eingebaut sind. Da der Fahrer es eilig hatte, war es seine Hauptbeschäftigung, nicht mit dem Kopf irgendwo gegen die Wand zu knallen. Dann durfte er noch einmal eine Nacht im Berner Gefängnis verbringen. Einige Wärter begrüßten ihn wie einen alten Bekannten.

Die Einvernahme verlief erwartungsgemäß. Es gab einige interessante Zwischenfragen, weil Herr Neumann immer noch ein Problem hatte.

»Herr Schwarzenbach, wie sieht es eigentlich mit dem Verbleib des Geldes aus, das Sie Herrn Maier gegeben haben? Hat er Ihre Schulden bezahlt?«

»Das weiß ich nicht.«

»Haben Sie keine Nachricht darüber erhalten, dass die Zahlung geleistet wurde?«

»Sie lesen doch meine Post. Sagen *Sie* es mir. Habe ich eine solche Nachricht erhalten?«

Neumann ging natürlich nicht auf die Frage ein.

»Uns würde interessieren, wo das Geld geblieben ist und wie viel Geld Sie tatsächlich erhalten haben.«

»Dann sollten Sie die deutschen Finanzbehörden fragen. Die wissen das mit Sicherheit.«

»Würden Sie denn ein Amtshilfeersuchen an die deutschen Behörden unterstützen?«

»Haben Sie etwa noch keines gestellt?«

Neumann schaute ihn verkniffen an. Diese Rückfrage passte ihm nicht.

»Bisher nicht. Üblicherweise werden Amtshilfeersuchen in solchen Fällen nicht beantwortet. Natürlich sind die deutschen Behörden aufgrund der Verträge verpflichtet, uns zu unterstützen. Daher werden diese Ersuchen auch nicht abgelehnt, sondern schlichtweg einfach nicht bearbeitet.«

»Dann kann ich Ihnen auch nicht weiterhelfen. Ich habe keine Macht über die deutschen Behörden.«

»Nun gut. Ihr Anwalt hat einen Antrag auf ein verkürztes Verfahren gestellt. Das setzt voraus, dass Sie bereit sind, dem Geschädigten Schadenersatz zu leisten. Trifft das zu?«

»Grundsätzlich ja. Mir ist bisher aber kein Betrag bekannt.«

»Mir bisher auch nicht. Herr von Schulzendorf, wie sieht es mit der Bezifferung des Schadens Ihres Mandanten aus?«

Rechtsanwalt von Schulzendorf versuchte eine angemessene Formulierung zu finden.

»Nun, bisher hat mir mein Mandant noch keine Aufstellung seiner Schadenssumme zukommen lassen.«

»Dann würde ich Sie darum bitten, dass dies nun kurzfristig geschieht. Ich halte für das Protokoll fest, dass Herr Schwarzenbach die Forderung nach Schadenersatz grundsätzlich akzeptiert. Herr von Schulzendorf wird die Schadenssumme innerhalb der nächsten vier Wochen benennen.«

Jetzt meldete sich Dr. Staedtler zu Wort.

»An dieser Stelle möchte ich Herrn von Schulzendorf darauf hinweisen, dass ich im Interesse meines Mandanten verlangen muss, dass nicht nur einfach eine Summe benannt wird. Ich erwarte eine detaillierte Aufstellung der Kosten mit den Namen der Personen, gegebenenfalls Firmen, durch deren Einsatz diese Kosten begründet sind. Natürlich mit einer zeitgenauen Aufstellung. Ich gehe außerdem davon aus, dass diese Personen dann in einem gegebenenfalls stattfindenden Zivilverfahren als Zeugen zur Verfügung stehen werden.«

Von Schulzendorf starrte ihn mehr oder weniger grimmig an.

»Ob ich eine solche Aufstellung in vier Wochen schon liefern kann, weiß ich momentan nicht. Ich werde diesen Wunsch aber selbstverständlich an meinen Mandanten weiterleiten.«

Neumann setzte sein Protokolldiktat fort.

»Gut, dann nehmen wir dies ebenfalls zu Protokoll. Damit wären aus meiner Sicht grundsätzlich die Voraussetzungen für ein verkürztes Verfahren gegeben, sofern die Privatklagerschaft keine Einwände erhebt.«

Er blickte fragend zu von Schulzendorf. Der räusperte sich erneut.

»Ich habe die Frage bereits mit meinem Mandanten geklärt. Ich kann daher hier das Einverständnis meiner Mandantschaft bestätigen.«

»Gut, dann nehmen wir das auch entsprechend zu Protokoll. Ich werde den Antrag bei uns im Hause abklären. Ich habe aus Sicht der Bundesanwaltschaft derzeit keine Bedenken, diesem Antrag zuzustimmen. Die

Details werden wir dann in der nächsten Zeit klären. Gibt es noch weitere offene Fragen?«

Dr. Staedtler meldete sich nochmals zu Wort.

»Ist dies jetzt die offizielle Schlusseinvernahme?«

»Ja, das Protokoll wird als Schlusseinvernahme-Protokoll abgefasst.«

»Das heißt, dass damit die Ermittlungen abgeschlossen sind?«

»Allerdings.«

»Das heißt dann auch, dass Sie damit das Ermittlungsverfahren gegen Frau Ackermann einstellen werden, weil ja die Ermittlungen abgeschlossen sind?«

Man konnte das Zähneknirschen von Neumann förmlich hören. Es war ihm natürlich klar, dass er seine absurden Vorwürfe nicht weiter aufrechterhalten konnte. Aber für jeden der Anwesenden wurde offensichtlich, dass ihm das missfiel.

»Ich werde das Verfahren gegen Frau Ackermann in absehbarer Zeit einstellen.«

»Danke für die Information.«

Man verabschiedete sich und Schwarzenbach wartete dann etwa vier Stunden auf seinen Rücktransport nach Zürich. Letztendlich saß er gegen 23 Uhr wieder in seiner Zelle. Dr. Staedtler hatte ihm noch vorgeschlagen, einen Antrag auf Versetzung in den vorzeitigen Vollzug zu stellen. Zwar müsste er dann arbeiten, hätte aber mit Sicherheit deutlich mehr Bewegungsfreiheit innerhalb der Anstalt. Er würde sich dafür einsetzen, ihn in eine kleinere Anstalt in der Innerschweiz zu versetzen. Dort waren die Haftbedingungen voraussichtlich angenehmer als in dem maroden Züricher Untersuchungsgefängnis. Schwarzenbach war sofort damit einverstanden.

Wieder geschah für einige Wochen nichts. Leider wurden auch die Anschuldigungen gegen Louisa noch nicht fallen gelassen. Es hatte den Anschein, als ob der Bundesstaatsanwalt ihr auf diesem Wege jede Besuchsmöglichkeit verweigern wollte, frei nach dem Motto: Du gibst mir nicht das Geld, das du bekommen hast, also strafe ich dich auf andere Art, so gut ich kann. Kein pragmatisches Verhalten, aber dafür war Staatsanwalt Neumann ohnehin nicht bekannt. Er hatte in vielen vorausgegangenen Verfahren jede Gelegenheit genutzt, die Angeklagten und deren Verwandte mit mehr als fragwürdigen Methoden unter Druck zu setzen. Richterliche Rügen waren für Neumann kein hinreichender Grund, sein Verhalten zu ändern.

Schwarzenbach wurde immer klarer, dass sein Fall für einen politischen Rachefeldzug geradezu prädestiniert war: Man wollte den Deutschen klarmachen, dass die Schweiz alles daransetzen würde, sowohl sogenannte nachrichtentechnische als auch politische Angriffe auf das Bankgeheimnis zu verhindern. Vor den Amerikanern hatte man Angst, da musste man vorsichtig sein. Aber Deutschland oder die EU waren aus Schweizer Sicht keine ernst zu nehmenden Gegenspieler.

33

Als Gefängnisinsasse begann Schwarzenbach, philosophische Betrachtungen über alles Mögliche anzustellen. Er hatte so viel Zeit wie noch nie in seinem Leben. Er befasste sich sogar mit der Frage, ob er nach seiner Haftzeit in Deutschland politisch aktiv werden sollte. Nach einigen Überlegungen erschien es ihm jedoch einfacher und vielversprechender, sein über viele Jahre angesammeltes Wissen über die Vorgehensweise von Banken und Versicherungen in einem Blog zu veröffentlichen. Das Internet wäre seiner Ansicht nach die richtige Plattform, um all das publik zu machen, was zwar viele schon ahnten, aber nur wenige wussten.

Nach einigen Wochen wurde Schwarzenbach in den vorzeitigen Vollzug versetzt. Dr. Staedtler hatte sich erfolgreich um einen Platz in einem Innerschweizer Gefängnis bemüht. Mit dem Wechsel der Anstalt wurde ihm zum ersten Mal der Unterschied zwischen offenem und geschlossenem Vollzug klar. Bei ihm ging man natürlich von Fluchtgefahr aus, weshalb nur der geschlossene Vollzug infrage kam. Im offenen Vollzug war es in der Schweiz fast an der Tagesordnung, dass Insassen verschwanden. In vielen offenen Anstalten gab es nicht einmal Zäune, wodurch man die vielen Asylanten und Illegalen in den offenen Gefängnissen praktisch zur Flucht aufforderte. Die stille Hoffnung der Behörden war es wohl, dass diese Leute auf Nimmerwiedersehen in die Nachbarländer – sehr häufig nach Italien – verschwanden. Für ihn selbst öffnete sich keine Tür. Denn sollte ihm die Flucht und das Überschreiten der Grenze nach Deutschland gelingen, dann war er für die Schweiz für immer verloren. Ein Auslieferungsersuchen würde dort auf keinen fruchtbaren Boden fallen.

Die Verlegung erwies sich als deutliche Verbesserung seiner Lebensumstände im Knast. Bisher war er den ganzen Tag in seiner Zelle eingeschlossen gewesen. Jetzt konnte er von morgens um sieben bis abends um sieben im Gebäude herumlaufen. In den Aufenthaltsräumen hatte Schwarzenbach vielfach Kontakt zu den anderen Insassen, aber auch beim gemeinsamen Essen tauschte man sich aus. Nach Monaten des Alleinseins war es für ihn ungewohnt, wieder mit anderen Personen mehr als einen Satz sprechen zu können. Schon nach wenigen Tagen kannte er die Aufseher und die meisten seiner Mitinsassen.

Die wichtigste Verbesserung seiner Lebenssituation im Knast war die eingeräumte Besuchsmöglichkeit. Die Bundesanwaltschaft hatte Maier als einzige Person angegeben, deren Besuch nicht erlaubt war. Das Interesse war weitgehend erloschen, über das Besuchsverbot weitere Repressalien auszuüben. Schwarzenbach konnte jetzt auch uneingeschränkt telefonieren. Das erste Telefonat mit Louisa war für ihn wie eine Rückkehr in die reale Welt.

»Ackermann.«

»Hallo, hier ist Gregor.«

Es dauerte einige Sekunden, bis sie reagierte.

»Ich bin ja so froh, endlich wieder deine Stimme zu hören.«

»Mir geht es ganz genauso. Es war wirklich eine sehr lange Zeit. Ich hoffe, du hast alle meine Briefe bekommen?«

»Ja, ich denke schon, auch wenn es manchmal etwas gedauert hat. Einige haben allerdings drei Wochen gebraucht, bis sie bei mir waren.«

»Hier kann ich wenigstens telefonieren. Du kannst mich zwar nicht anrufen, aber das ist nicht so schlimm. Wichtig ist, dass wir endlich miteinander reden können. Ich denke, wir könnten uns auch problemlos sehen.«

»Wunderbar! Ich wäre so froh, dich endlich wiederzusehen. Aber was ist mit diesem Staatsanwalt, mit dem ich telefoniert habe? Nicht dass der mich verhaften lässt …«

»Wenn er das wollte, hätte er es schon längst getan. Dass du meine Freundin bist, reicht als Begründung nicht aus, um dich verhaften zu lassen. Schließlich hast du nichts getan.«

»Ich habe den Eindruck, dass es dem Typen völlig egal ist, ob ich etwas gemacht habe oder nicht.«

»Das ist es ihm sicherlich auch. Ein zusätzlicher Sündenbock würde ihm gut in den Kram passen. Aber er weiß auch, dass er dafür Beweise braucht. Ich habe die Schlusseinvernahme gehabt, damit sind die Ermittlungen eigentlich beendet. Sonst wäre ich auch gar nicht hier nach Zug verlegt worden. Du solltest mit Dr. Staedtler sprechen. Ich wäre wahnsinnig glücklich darüber, wenn du mich besuchen kommen könntest.«

»Gut, ich werde mit ihm sprechen. Ich möchte dich unbedingt sehen, ich vermisse dich so. Hast du alle Pakete bekommen?«

»Ja, die sind alle unversehrt bei mir gelandet. Jetzt darfst du mir übrigens beliebig viele Pakete schicken. Ich habe das Knastessen langsam satt. Vor allem das elende Brot kann ich nicht mehr sehen …«

»Wenn ich dir jetzt mehr schicken kann, dann sag mir einfach alles, was du brauchst.«

Schwarzenbach gab Louisa seine Wunschliste durch. Das war wahrscheinlich genug für drei der nächsten Fünf-Kilo-Pakete.

»Ich besorge alles und schicke es dann los. Brauchst du sonst noch irgendwas?«

»*Du* fehlst mir, aber daran können wir im Moment wohl nichts ändern. Hast du alles gefunden, was ich dir durchgegeben habe?«

»Ja, es ist alles in Ordnung. Ich komme schon zurecht. Schreib mir bitte weiterhin. Ich bin froh über jede Nachricht, die ich von dir erhalte. Ich habe alle Briefe gesammelt.«

»Natürlich schreibe ich dir. Ich habe in den letzten dreißig Jahren nicht so viel geschrieben und gelesen wie in den letzten Monaten.«

»Vielleicht wird das ja irgendwann deine neue Hauptbeschäftigung. Es gibt eine ganze Reihe von Reportern, die bei mir waren. Sie versuchen alle, etwas über dich herauszufinden, und wollen mit dir Kontakt aufnehmen. Eigentlich gehen sie mir ziemlich auf die Nerven.«

»Na ja, die Story ist für die deutsche Presse sehr interessant. Ich denke, es ist am besten, wenn du sie alle zu Dr. Staedtler schickst. Ich werde mit ihm absprechen, wie wir damit umgehen. Momentan macht es sowieso keinen Sinn, irgendwas an die Öffentlichkeit zu bringen. Das hebe ich mir für später auf.«

»Hast du was Größeres vor?«

»Ich habe viel Zeit zum Nachdenken gehabt. Es gibt bestimmt Leute und damit genügend potenzielle Leser, die sich für die Geschäftsmodelle der Schweizer Banken interessieren. Besonders, wenn sie aus der Sicht eines Insiders beleuchtet werden.«

»Das könnte ich mir auch vorstellen. Allerdings würdest du damit ein paar Leuten auf die Füße treten.«

»Dann sollte ich wohl meine schweren Wanderschuhe anhaben, damit es auch beim Drauftreten richtig wehtut.«

»Herrlich, dein Sarkasmus ist dir nicht verloren gegangen. Aber vielleicht solltest du ihn dir noch für später aufheben.«

»Nun, im Moment habe ich wenig Einfluss auf mein weiteres Schicksal. Ich denke, man will an mir ein Exempel statuieren.«

»Inwiefern?«

»Die bisherigen Täter mit gleichen Delikten wurden alle zu Bewährungsstrafen verurteilt. An mir will man wohl die ganze Härte des Schweizer Rechts demonstrieren. Nach dem Motto: Schaut her, was wir mit Leuten tun, die Kunden unserer Banken verraten. Bei uns ist euer schmutziges

Geld nach wie vor sicher. Ihr braucht keine Angst zu haben, dass wir euch verraten.«

»Glaubst du wirklich, dass das der Grund ist?«

»Ich kann mir im Moment keinen anderen Grund vorstellen. Allerdings wird auch in der Schweiz mit zweierlei Maß gemessen. In meinem Fall scheint der Herr Bundesstaatsanwalt an seinem ›Ich-bin-ein-harter-Bursche-Profil‹ zu arbeiten. Es ist jedenfalls erstaunlich, dass der Typ, der die Credit-Suisse-Daten geklaut hat, von ihm zwei Jahre auf Bewährung bekommen hat. Er redet von Spionage und will vier Jahre Haft beantragen. Wo ist da das gerechte Maß?«

»Ich hoffe darauf, dass Dr. Staedtler das Bestmögliche für dich herausholt. Was machst du jetzt eigentlich den ganzen Tag?«

»Ich bin zum Hausputzer geworden. Gänge wischen, Duschen putzen, Zellen reinigen und so weiter. Der Vorteil ist, dass ich den ganzen Tag im Haus herumlaufe und nicht in irgendeinem Arbeitsraum festsitze. Andererseits bist du sozusagen das Mädchen für alles. Einige von den Leuten, die hier hausen, haben von den Vorzügen eines Abfalleimers noch nichts gehört.«

»Das ist zwar nicht sehr anspruchsvoll, aber immerhin geht die Zeit schneller herum.«

»Fast jeder Häftling, der einsitzt, bekommt Medikamente zum Schlafen oder Ritalin oder Valium, damit er keinen verprügelt oder sonst irgendwas Verrücktes macht. Normale Verbrecher, wie man sie sich landläufig vorstellt, gibt es anscheinend keine. Jedenfalls nicht hier. Bestenfalls begegnet dir der eine oder andere Einbrecher.«

»Aber gehören solche Leute nicht in Therapie?«

»Eigentlich schon, aber es gibt viel zu wenig Therapieplätze in der Schweiz. Außerdem ist es viel billiger, die Leute in normale Gefängnisse zu stecken und mit Medikamenten vollzupumpen, damit sie keinen Unsinn anstellen können. Die meisten wehren sich ja auch nicht dagegen. Entweder haben Sie keinen Anwalt, weil sie den nicht bezahlen können, oder sie sind inzwischen so weich im Keks, dass es ihnen egal ist, wo sie gerade sind. Hauptsache, sie bekommen ihr Medikament, damit sie entsprechend benebelt rumlaufen und irgendwann einschlafen können. Was darüber hinaus noch fehlt, wird mit Gras abgedeckt.«

»Welches Gras?«

»Das Gras, das man raucht und das dann glücklich macht.«

»Ich dachte, ihr seid im Gefängnis, wie kann es da Gras geben?«

»Wie das hier reinkommt, weiß ich auch noch nicht so genau. Aber jedenfalls ist immer was vorhanden, um es zu rauchen. An manchen Tagen stinkt der ganze Flur wie ein holländischer Coffeeshop.«

»Und wie ist das Essen? Über das Gefängnis in Zürich hast du ja nicht gerade gut geschrieben.«

»In diesem Knast ist es insgesamt etwas besser. Man kann hier ebenfalls weder Obst noch Käse kaufen. Nahrungsmittelentzug und mohammedanische Zwangsernährung scheinen mir ein Teil der Strafe in Schweizer Gefängnissen zu sein.»

»Glaubst du, dass das wirklich gewollt ist?«

»Die Verhältnisse in der jeweiligen Strafanstalt werden praktisch vollständig vom jeweiligen Direktor verantwortet. Es gibt keine einheitlichen Standards, sodass der Vollzug in jeder Anstalt anders organisiert ist. Die Feudalherrschaft der Kantone setzt sich auch in jeder einzelnen Behörde fort. Die Leiter der jeweiligen Verwaltungseinheiten, egal ob Staatsanwaltschaft, Polizei, Strafvollzug und so weiter, sehen sich jeweils auch als Fürsten, die ihr Reich nach persönlichem Belieben regieren. Die Gesetze und Vorschriften sind meist so allgemein gefasst, dass es für persönliche Auslegungen viel Spielraum gibt. Da sich alle dieser Feudalherren untereinander schützen, gibt es auch keine Regularien, die dort korrigierend eingreifen könnten.«

»Ist das denn in Deutschland auch so?«

»Dort ist das alles wohl mehr standardisiert. Schon deshalb, damit sich niemand wegen Ungleichbehandlung beschweren kann, und das könnte man hier praktisch täglich. Vermutlich würden solche Beschwerden nicht annähernd so ernst genommen wie in Deutschland. Wenn dort in Bezug auf Menschenrechte Fehler gemacht werden, dann reagiert die ganze Welt auf diese Nachricht. In der Schweiz interessiert sich kaum jemand für die Rechte von Strafgefangenen. Viel lieber möchte man jeden, der aufmuckt, gleich wegsperren. Die kriminellen Ausländer jagt man am besten in den Zürichsee.«

»Ich habe das Gefühl, dass du dein Bild von der Schweiz massiv geändert hast.«

»Ich habe die Schweiz jetzt von einer Seite kennengelernt, die man normalerweise nicht sieht. Das verändert die Perspektive. Aber ich werde das weiter beobachten und mir Notizen machen. Vielleicht interessiert sich ja irgendjemand dafür.«

»Nun, die Journalisten, die bei mir und Dr. Staedler anfragen, scheinen sich jedenfalls sehr für dich zu interessieren. Aber damit solltest du dir Zeit lassen.«

»Ja, das kommt später. Also, ich muss mich zu meinem Putzfeudel begeben. Ich rufe dich morgen wieder an.«

»Ja, unbedingt. Ich bin so froh, wenigstens deine Stimme zu hören. Ich werde schnellstens mit Dr. Staedtler wegen der Besuchserlaubnis sprechen.«

»Gut, also bis morgen.«

»Bis, morgen. Ich liebe dich.«

»Ich liebe dich auch.«

Nach dem Gespräch fühlte sich Schwarzenbach dem wirklichen Leben wieder näher als in den vielen Monaten zuvor. Die restliche Zeit im Knast würde auch vorbeigehen, und dann könnte er zusammen mit Louisa ein neues Leben führen, so wie er es geplant hatte. Wenn auch mit einer gewissen zeitlichen Verzögerung. Aber sie hatten noch viele Jahre vor sich. Der Gedanke daran würde ihm die Kraft geben, diese schwere Zeit zu überstehen.

34

Durch den Umstand, immer öfter als Schreiber und Briefautor für viele seiner Mitgefangenen tätig zu sein, erfuhr Schwarzenbach zwangsläufig einiges über deren persönliche Umstände. Gleich am Anfang lernte er den schwersten Fall kennen. Ein gerade 19-Jähriger hatte seinen Stiefvater in einem Wutanfall unter Rauschgifteinfluss erstochen. Ein freundlicher, unscheinbarer junger Mann, dem man eine solche Tat nicht zutrauen würde. Er war bereits seit über einem Jahr in Haft und wurde nach einiger Zeit endlich in eine Therapieanstalt versetzt.

Die professionellen Einbrecher stellten die größte Gruppe unter den Gefängnisinsassen. Sie arbeiteten meist in Gruppen von drei bis vier jungen Männern und waren in aller Regel Kriminaltouristen aus Nordafrika oder aus den Balkanländern. Sie wurden für einen oder mehrere Einbrüche angeklagt. Man konnte aber davon ausgehen, dass ihnen mehr als die Hälfte der begangenen Einbrüche nicht nachgewiesen werden konnte. Diese Leute saßen mit großer Gelassenheit ihre Haftstrafen ab. In der Regel wurden sie nach zwei Dritteln der Strafzeit ausgewiesen und mit einem Schweiz-Verbot belegt, was für sie kein Problem war. Sie setzten einfach ihre Arbeit in Frankreich, Deutschland oder Italien fort. Eine Verhaftung und Verurteilung gehörte gewissermaßen zum Berufsrisiko. Während ihrer Gefangenschaft sorgten die Eltern, Brüder und sonstige Verwandte für ihre Familien. Geld war in der Regel reichlich vorhanden.

Schwarzenbach lernte auch etwas über Vorgehen und Planung solcher Einbrüche. Jeder aus der Gruppe hatte sich auf ein Wissensgebiet spezialisiert. Teamwork war ein wichtiger Bestandteil des Erfolges. Diese Leute blieben im persönlichen Umgang immer höflich und freundlich, sie konnten meist mehrere Sprachen und waren für viele Themen offen. Schwarzenbach galt als Experte für Bank- und Informatikthemen, weshalb ihn die Leute nach möglichen Wegen der Geldwäsche befragten. Ihr größtes Problem war nicht die Beschaffung des Bargeldes, sondern dessen Legalisierung. Es dauerte einige Zeit, bis ihr Vertrauen so groß war, dass sie ihm vorschlugen, für sie als Geldwäscher tätig zu werden. Die Verdienstmöglichkeiten waren enorm, und dass der Geldzufluss versiegen könnte, schien ihre Sorge nicht zu sein.

Ähnlich erging es ihm mit den Drogenhändlern. Auch die hatten nicht das Problem des Warenabsatzes, sondern der Legalisierung ihrer Einkünfte. Seine berufsbedingten Kenntnisse über das internationale Bankwesen und dessen Schwächen waren der Grund dafür, dass ihm die Drogenhändler einen sehr gut bezahlten Job für die Zeit nach Verbüßung seiner Haftstrafe anboten. Auch hier spielt Seriosität und Zuverlässigkeit eine extrem hohe Rolle. Wer nachweisen konnte, dass er in dem Geschäft professionell, zuverlässig und verschwiegen war, der musste sich um seine wirtschaftliche Zukunft keine Sorgen machen. Schwarzenbach lehnte dieses Jobangebot trotzdem unmissverständlich ab.

Er hegte weiterhin den Plan, mit Louisa eine gemeinsame Zukunft zu gestalten. Wäre er allein gewesen, hätte für ihn vermutlich die Gefahr bestanden, einfach die Seite zu wechseln: von der Verwaltung des versteckten Geldes zum Einsammeln des versteckten Geldes. War nicht die Bank, die das illegale Geld auf ihren Konten verwaltete, genauso kriminell wie die Leute, die es stehlen oder weißwaschen? Was machte da den Unterschied aus? So zu tun, als wüsste man nichts davon, um mit einer weißen Weste dazustehen? War die Bank, die schmutzige Geschäfte ermöglichte, genauso schuldig wie der Betrüger selbst, der die kleinen Privatinvestoren abzockte? Die Bank wurde aber nie zur Rechenschaft gezogen, wie sollte man auch eine Bank bestrafen?

Die Manager einer Bank landeten niemals im Knast. Die verhängte Geldstrafe wurde aus den laufenden Gewinnen bezahlt und wirkte sich damit sogar noch steuergünstig aus. Warum sollte eine Bank also ein Problem mit illegalem Geld haben? Solange der Kunde nicht erwischt wurde, konnte man wunderbare Anlagegeschäfte machen. Selbst wenn man als Bank ins Zwielicht geriet, genügte es meistens schon, den Vorstand in die Medien zu stellen und zähneknirschend Besserung im zukünftigen Umgang mit solchen Kunden zu geloben, um ungeschoren davonzukommen. Die Vergesslichkeit der Öffentlichkeit tat ein Übriges.

Wenn es stimmte, dass die größten Gauner die dunkelsten Anzüge trugen, konnte sich Schwarzenbach mittlerweile vorstellen, dass seine neue Aufgabe demnächst darin bestehen würde, die vielen Dreckflecken auf all diesen dunklen Anzügen sichtbar zu machen.

Seit einiger Zeit wurden die gegen diese Ausländer verhängten Strafen auch konsequent dazu genutzt, die Leute auszuweisen. Meist junge Männer, die als kleine Kinder im Rahmen des Familiennachzugs in die Schweiz gekommen sind. In vielen Fällen haben die Eltern schon Schweizer Pässe.

Aufgrund der Straftaten und der damit verbundenen Gefängnisaufenthalte haben sie es versäumt, selbst diesen Pass zu beantragen. Man entzieht ihnen die Daueraufenthaltsbewilligung und schiebt sie in Heimatländer ab, die sie nur vom Hörensagen kennen. Rechtsmittel gegen diese Ausweisungen gibt es zwar, sie bringen aber in der Regel nichts. Das Schweizer Ausländerrecht macht den Behörden die Abschiebung leicht.

35

Im Laufe der Zeit verbesserte Schwarzenbach wenigstens seine italienischen Sprachkenntnisse. Er sprach sicherlich nicht perfekt, konnte aber mittlerweile viel mehr Vokabeln. Außerdem lernte er die wichtigsten Schimpfwörter auf Arabisch und Serbisch. Während seine Notizen ständig umfangreicher wurden, ging es mit seinem Prozess nur mühsam voran. Die Prognosen der Berner Wärter über die Arbeitsgeschwindigkeit der Bundesanwaltschaft schienen sich zu bestätigen. Vielleicht hatte man auch das Interesse an seinem Fall verloren, was ihm wiederum durchaus recht war.

Schwarzenbach telefonierte täglich mit Louisa. Nachdem Dr. Staedtler ihr versichert hatte, dass ihre Besuche kein Risiko für sie selbst darstellten, kam sie an jedem Wochenende. Leider war das sogenannte Beziehungszimmer für die Nutzung durch die Insassen inzwischen gesperrt worden. Die Frage nach dem Warum war schnell beantwortet: Der Chef hatte es verboten. Wieder eines dieser Gottesurteile, die keine logische Erklärung erfordern.

Einige Paare nutzen die Besuchszeiten am Sonntagmorgen, um im Toilettengang Sex zu haben. Dazu war einerseits eine gewisse Sportlichkeit notwendig, da es keinerlei Sitzmöbel gab, nur den nackten Boden. Andererseits bestand immer das Risiko, dass einer der Betreuer überraschend den Raum betrat. Aber möglicherweise erhöhte das ja sogar den Spaß.

Sie konnten also nur leise miteinander sprechen, Händchen halten und den anderen so nah wie möglich spüren. Schwarzenbach musste daran denken, dass fast alle Ehefrauen der englischen Posträuber über zehn Jahre auf ihre Männer gewartet hatten, und trotzdem waren sie bei ihnen geblieben. Ein seltsames Phänomen, das aber wohl den Gefangenen vorbehalten war, die nicht wegen der Verübung von Gewalttaten einsaßen. Umgekehrt würden das die meisten Männer für ihre inhaftierten Frauen sicherlich nicht tun. Louisas Besuche und ihre Nähe gaben Schwarzenbach jedoch die Kraft, das sinnlose Vergehen von Zeit zu ertragen.

Auf einmal nahm der Prozess wieder Fahrt auf, und die Anklageschrift tauchte bei Dr. Staedtler auf. Die Bundesanwaltschaft beantragte demnach drei Jahre im verkürzten Verfahren. Das bedeutete für ihn achtzehn Monate Haft und danach achtzehn Monate Bewährung. Damit war auch klar, dass es kein Verfahren mit Beweisaufnahme und Zeugenvernehmung geben würde.

Alle Beteiligten waren daran interessiert, den Ball in der Öffentlichkeit so flach wie möglich zu halten. Aus Sicht der Bank konnte Schwarzenbach das durchaus verstehen. Wer redet schon gerne in einer öffentlichen Gerichtsverhandlung über die Unzulänglichkeiten seines IT-Systems? Und dann noch die Sache mit der Übernahme der amerikanischen Bestände. Dadurch waren die deutschen Kunden zu spät gewarnt worden. Sie hatten die Anzeige allein deshalb verzögert, um den Kurs nicht zu gefährden und die Kunden durch derartige Enthüllungen nicht zu verschrecken. Staedtler hatte eine entsprechende Anzeige bei der SEC bereits vorbereitet. Dort genügte schon ein Verdacht, um eine Bank nicht nur in Misskredit zu bringen. Die Amerikaner kannten bei solchen Börsenvergehen keine Gnade – vor allem nicht, wenn es um Schweizer Banken ging.

Der Termin für die Gerichtsverhandlung wurde festgelegt, diese würde in Bellinzona stattfinden. Das bedeutete wieder eine lange Reise in Handschellen. Wenn alles nach Plan lief, würde zum Schluss auch der Entlassungstermin bekannt gegeben werden. Dann hätte er endlich Gewissheit und könnte die Tage im Gefängnis zählen.

Schwarzenbach sammelte weiterhin Material über alles, was sich in Schweizer Gefängnissen so abspielte. Inzwischen war er fest entschlossen, mit diesem Thema irgendwann an die Öffentlichkeit zu gehen. Die Schweizer Presse berichtete gerne über die wunderbaren bequemen Gefängnisse im Lande. Vielleicht würde sich auch ein Journalist bereitfinden, über die offenkundigen Missstände zu berichten.

Schwarzenbach sammelte Fakten und schrieb Briefe an die Insassen anderer Anstalten. Er befragte Mitgefangene, die von anderen Anstalten verlegt wurden, und trug umfangreiches Recherchematerial zusammen. Dann kam der Verhandlungstermin.

36

Einen Tag vor der Verhandlung wurde Schwarzenbach auf die langwierige Reise nach Bellinzona verfrachtet. Der rund einhundertfünfzig Kilometer lange Transport in einer der Aluminiumboxen in einem Mercedes Sprinter dauerte etwa vier Stunden, in denen Schwarzenbach in der etwa achtzig mal siebzig Zentimeter breiten Kiste auf dem Sitz hockte und sich ansonsten nicht bewegen konnte. Wenigstens die Fahrer machten eine halbe Stunde Kaffeepause auf irgendeinem Parkplatz entlang der Strecke. Am Ziel kletterte Schwarzenbach aus dem Wagen und die übliche Eintrittsprozedur begann. Auch hier in Lugano war das nicht anders als in allen anderen Anstalten, die er bisher gesehen hatte. Zunächst wurde ihm alles abgenommen, was er in den Taschen oder am Körper trug. Dann wurde die gesamte Kleidung, einschließlich der Unterhosen und Socken, durchsucht. Erst dann durfte er sich wieder anziehen und wurde in die Zelle gebracht.

Seine mitgebrachten Sachen, wie Haarbürste, Deostift und einige Teebeutel, wurden anscheinend als Sicherheitsrisiko eingestuft und als Asservaten einbehalten. Er erhielt die übliche Ausstattung: Plastikgabel, Plastikmesser, Seife, Zahnbürste, Zahnpasta und eine kleine Flasche Shampoo, ein Handtuch, ein Bettlaken, einen Kopfkissenbezug und ein selbst genähtes Spannbetttuch. In der Zwei-Mann-Zelle gab es zwar eine Dusche, dafür aber weder einen Fernseher noch ein Radio. Aus der italienischen Gefängnisordnung konnte Schwarzenbach mühsam herauslesen, dass es erlaubt war, ein Fernsehgerät von draußen mitzubringen beziehungsweise zu kaufen. Wer keine Hilfe oder Geld hatte, blieb von der Außenwelt abgeschnitten. Immerhin konnte man das Fenster öffnen und die Nachtmittagssonne schien etwas herein.

Die Wärter im Tessin sprachen nur Italienisch. Schwarzenbach nahm hingegen für sich in Anspruch, nur Deutsch zu sprechen, was das Personal etwas in Bedrängnis brachte. Immerhin versorgte ihn ein Wärter mit einigen deutschen Büchern, allesamt Druckwerke aus den Siebzigerjahren. Das Abendessen bestand aus einer Menge Salat und einem Stück Weichkäse. Getränke gab es nicht. Er musste sich also wie früher schon mit Leitungswasser begnügen. Einziger Lichtblick des langweiligen Abends waren die Tauben, die offensichtlich Erfahrung darin hatten, Brotstücke aus den Händen der Insassen zu picken.

Am Morgen wurde geduscht. Die Haare musste sich Schwarzenbach mühsam mit der Plastikgabel kämmen, um wenigstens einigermaßen ordentlich auszusehen. Bei der Frühstücksausgabe fiel ihm auf, wie viel Personal sich hier tummelte: Ein Wärter öffnete die Klappe, der nächste gab ein ganzes Weißbrot herein. Der Dritte verteilte Margarine und Aprikosenmarmelade und füllte den Kaffee in eine der kleinen Plastikschalen, die aus der Zelle herausgereicht werden mussten. Der vierte Wärter schloss die Klappe wieder. Der Fünfte war anscheinend der Chef vom Ganzen und kontrollierte die Arbeit der anderen.

Um 8 Uhr wurde er zum nächsten Transport abgeholt. Das war recht früh, die Verhandlung sollte erst um 10.30 Uhr beginnen. Nach der üblichen Kontrolle saß er in der Box eines VW-Busses, die noch etwas kleiner war als der Behälter am Tag zuvor. Sie fuhren erst einmal in eine ganz andere Richtung. Da die Scheiben des Fahrzeugs nicht mit Milchglas, sondern mit einer körnigen Folie verklebt waren, konnte er die in entgegengesetzter Richtung liegende Strecke nach Ascona erkennen. Nach fast einer Stunde hielt man dort irgendwo in einem Hof und ein anderer Insasse wurde ausgeladen. Dann fuhr der Gefangenentransport wieder zurück Richtung Bellinzona, auf einer der am meisten befahrenen Straßen des Tessins. Der Fahrer schaffte es gerade pünktlich bis zum Gerichtsgebäude.

Dort angekommen, wurde Schwarzenbach in eine der üblichen Wartezellen gesteckt, bis er abgeholt wurde. Der Gerichtssaal war in Holz gehalten. Eine Längsseite nahm das Richterpult ein und davor befand sich der Platz des Gerichtsschreibers. Rechter Hand wurden drei Plätze von der Staatsanwaltschaft in Beschlag genommen, Neumann saß ganz rechts außen. Am anderen Ende des Saals bemerkte er Dr. Staedtler mit seiner Assistentin und dort war ein dritter Platz für ihn selbst reserviert. Sogar Namensschilder waren aufgestellt. Auf der linken Seite des Saals gab es zwei lange Reihen mit Besucherplätzen, die fast alle besetzt waren. Louisa saß gleich in der ersten Reihe und hielt einen Schreibblock in der Hand. Die restlichen Personen waren anscheinend ausschließlich von der Presse. Hinter sich entdeckte Schwarzenbach eine Reihe von reservierten Sitzplätzen mit weiteren Presseleuten, die aber nicht bemerkten, dass seine Lebensgefährtin auch im Saal war. Er allein stand im Fokus der Aufmerksamkeit.

Nach wenigen Minuten erschienen die drei Richter. Dr. Staedtler hatte ihn darauf vorbereitet, dass möglicherweise noch einige Fragen zur Sache gestellt würden, auch wenn das Ergebnis der Verhandlung eigentlich schon feststand. Das lag im Ermessen der Richter. Theoretisch war es auch möglich, dass sie das ausgehandelte Ergebnis noch kippten, aber dann wäre die Anklage wohl von vornherein so nicht angenommen worden.

Zuerst wurden Fragen zur Person und zum Vorstrafenregister gestellt. Danach war wieder der Verbleib des restlichen Geldes das wichtigste Thema. Den Richtern war natürlich klar, dass sie bezüglich des Geldes vermutlich angelogen wurden. Aber dafür es gab keinerlei Beweise. Herr Maier, der alle diese Fragen vielleicht hätte beantworten können, war nicht anwesend. Sein Name fiel nur einmal kurz. Für die Art und Weise wie er an die Daten gekommen war, interessierte sich das Gericht gar nicht. Vermutlich waren sie nicht einmal darüber informiert. Die Anklageschrift enthielt ja keinerlei Hinweise darauf, dass die Systeme der Bank massive Sicherheitslücken aufwiesen.

Plädoyers wurden weder vom Staatsanwalt noch von Dr. Staedtler gehalten. Dieser wirkte darüber ein bisschen enttäuscht. Er hatte sich darauf vorbereitet, der Bank Schlampigkeit und grobe Fahrlässigkeit bei der Sicherung ihrer Daten vorzuwerfen. Nach rund dreißig Minuten war der erste Teil der Verhandlung vorbei. Der Vorsitzende kündigte die Urteilsverkündung für 12.15 Uhr an. Während der Pause bekam Schwarzenbach ein Sandwich mit Obst und Mineralwasser.

Die Urteilsverkündung verlief dann fast genauso unspektakulär wie der erste Teil der Verhandlung. Der Richter konnte nicht umhin, die Staatsanwaltschaft darauf hinzuweisen, dass ihm dieses ausgehandelte Urteil nicht gefiel und dass er beim nächsten Mal ein ordentliches Verfahren erwartete. Richter haben anscheinend keinen Spaß daran, wenn die wesentlichen Teile des Verfahrens an ihnen vorbeigehen, besonders dann, wenn aus ihrer Sicht die Strafe am unteren Ende der Skala angesetzt ist. Die Bank war natürlich in seinem Fall an keiner echten Verhandlung interessiert, schließlich wären dann die systemischen Unzulänglichkeiten beim Datenschutz ein großes Thema gewesen. Es zeigte sich erneut, dass die Schweizer Justiz klar aufseiten der Schweizer Banken und Politiker stand, um das Bankgeheimnis bis zum Schluss zu verteidigen. Natürlich nur innerhalb der Grenzen des Gesetzes.

Schwarzenbach war nach weiteren dreißig Minuten ein verurteilter Straftäter. Endlich war schwarz auf weiß zu lesen, wie lange sein Aufenthalt im Gefängnis noch dauern würde. Komischerweise belastete ihn dieser Teil des ganzen Verfahrens am wenigsten. Die Gespräche mit Neumann waren wesentlich nervenaufreibender gewesen. Jetzt fehlte nur noch die tatsächliche Schadenersatzforderung der Bank. Er konnte sich nicht vorstellen, dass die Bank in einem öffentlichen Zivilprozess um eine Schadenersatzsumme streiten wollte, die er sowieso nicht würde zahlen können, denn er war jetzt offiziell ein armer Mann. Die Anzeige bei der SEC war immer noch möglich. Das Risiko konnte die Bank kaum wissentlich eingehen, der Reputationsverlust wäre enorm gewesen.

Um 14 Uhr am Nachmittag war er wieder in der Luganer Zelle. Der Rücktransport war erst für den nächsten Tag vorgesehen. Neben einer großen Salatportion gab es zum Abendessen völlig verfettetes kaltes Sülzfleisch, praktisch ungenießbar. Er konnte sich die Zeit nur mit Lesen vertreiben. Gegen 23 Uhr schlief er ein und wurde um kurz vor 4 Uhr am Morgen wach. Er hatte Geräusche auf dem Gang gehört – sollte jetzt der Transport losgehen? Das Licht ging an und drei Polizisten standen im Raum. Wieder konnte keiner Deutsch. Man drückte ihm den Besen in die Hand, um die Zelle zu fegen. Dann wurde er zusammen mit zwei weiteren Insassen zwei Stockwerke tiefer in die Wartezelle geführt. Auf seine Frage, warum er seine Sachen nicht zurückerhalte, antwortete der Polizist, dass es sicherer sei, solche Gegenstände im offiziellen Transportsack zu lassen. Sie hätten ein Sicherheitsproblem mit der Transportfirma und Gefangene wären auf dem Transport schon bestohlen worden. Wie es möglich sei, einen Gefangenen, der allein mit Handschellen gefesselt in einer kleinen Transportbox sitzt, zu bestehlen, wollte er ihm dann aber nicht mehr erklären.

Um halb 5 Uhr am frühen Morgen ging die Fahrt los. Der Fahrer hatte anscheinend noch weitere Termine, denn die geltende Geschwindigkeitsbegrenzung auf der Autobahn wurde nicht eingehalten. Nachdem sie den Gotthardtunnel durchquert hatten, wurde Schwarzenbach klar, woher die Eile rührte. Eine Raststätte wurde angefahren, der Motor ging aus, die Türen wurden geschlossen und es kehrte Ruhe ein. Der Fahrer und seine Kollegin machten eine beschauliche Kaffeepause. Die Zeit dafür hatte er herausgefahren und seine Fahrgäste konnten ja nicht protestieren oder nach Kaffee rufen. Dann ging die Fahrt weiter und um kurz nach 7 Uhr morgens kamen sie im Stammgefängnis an. Es folgte die übliche kurze Zwischenlagerung in der Bunkerzelle. Dann wurde Schwarzenbach wieder in den Vollzugsbereich gebracht. Er hatte zum Glück noch Zeit zum Duschen, um dann am Freitagssport teilzunehmen.

Rückblickend betrachtet war dieser Freitag wohl der pressewirksamste Auftritt in seiner ganzen Haftzeit. Es gab praktisch keine schweizerische und nur wenige deutsche Zeitungen, die nicht von der Verhandlung berichteten. Für die Berichterstattung war es anscheinend wichtiger, die Geldforderung der Schweiz zu benennen, als die Höhe seiner Haftstrafe. Die Leute hatten noch nicht im Knast gesessen, andernfalls hätte ihnen klar sein müssen, dass Geld viel weniger wichtig ist als Freiheit.

37

Von Schulzendorf wartete schon einige Minuten im Vorzimmer zu Giacomettis Büro, als sich die Tür öffnete und der Verwaltungsrat der Bank ihn begrüßte.

»Guten Tag, Herr von Schulzendorf. Wie geht es Ihnen?«

»Danke, Herr Giacometti, ich kann nicht klagen.«

»Ich habe gehört, Ihre Kanzlei hat ein wenig Probleme mit der amerikanischen Justiz?«

Von Schulzendorf gab sich zugeknöpft.

»Das verursacht in der Tat etwas Unruhe in unserem Hause. Wir werden sehen, was daraus wird.«

»Ich hoffe nur, dass Sie ausreichende Vorkehrungen getroffen haben, um Ihre Klienten nicht mit in die Sache hineinzuziehen.«

»Das werde ich Ihnen leider nicht versprechen können. Es gibt in dem Verfahren einige Vorgänge, die nicht mehr unter unserer Kontrolle sind. Aber sofern es diesbezüglich Probleme gibt, werden wir Sie schnellstens informieren.«

»Das hoffe ich sehr. Aber ich nehme an, dass ist nicht der Grund Ihres Hierseins.«

»Sie haben sicherlich der Presse entnommen, dass der Fall Schwarzenbach so weit abgeschlossen ist. Ich wollte mit Ihnen darüber sprechen, wie wir in der Frage der Schadenersatzforderung gegen Herrn Schwarzenbach weiter vorgehen wollen.«

»Bei dem Mann ist doch sowieso nichts zu holen. Oder doch?«

»Das ist wohl richtig. Jetzt ist der richtige Zeitpunkt gekommen, um Einfluss darauf zu nehmen, was Herr Schwarzenbach nach seiner nicht mehr allzu fernen Haftentlassung in der Öffentlichkeit preisgibt. Die Presse wird mit Sicherheit darauf warten, ob wir als Privatklägerschaft unsere Ansprüche durchsetzen werden.«

»Haben Sie da einen konkreten Vorschlag?«

»Wir könnten die Sache einfach totschweigen und darauf hoffen, dass Herr Schwarzenbach sich still verhält. Ich bin mir dessen nicht so sicher. So, wie ich Dr. Staedtler verstanden habe, hat er während seiner Haft sehr detaillierte Aufzeichnungen über den Tathergang gemacht. Außerdem wird er die technischen Sicherheitslücken aufzeigen können, die ihm diese Aktion erst ermöglicht haben.«

»Das klingt nicht gut.«

»In der Tat nicht. Dr. Staedler hat aber darauf hingewiesen, dass er durchaus bereit ist, über sein Schweigen im Rahmen des Schadenersatzes zu sprechen.«

»Wenn das heißt, dass er auf Öffentlichkeit verzichtet und wir im Gegenzug auf den Schadenersatz? Das ist aus meiner Sicht eine gute Lösung. Wir haben sowieso nicht vor, diese Forderung einzuklagen.«

»Nun, wie ich Dr. Staedtler verstanden habe, sieht die Gegenseite das ganz anders. Ein namhafter deutscher Verlag hat Schwarzenbach für ein Buch bereits eine erhebliche Summe angeboten. Es gibt wohl auch Interessenten für die Filmrechte. Da die wirtschaftliche Existenz seines Klienten mehr als unsicher ist, hat er die Vorstellung, dass Sie für eine solche Vereinbarung und damit auch für den Verzicht auf eine Anzeige bei der SEC eine entsprechende Summe zahlen müssen.«

»Das soll heißen, der Mann beklaut uns und will dann auch noch Schweigegeld kassieren?«

»Der Diebstahl ist aus meiner Sicht zweitrangig. Viel wichtiger ist, wie Sie die Frage der Anzeigeverschleppung, die Staedtler eindeutig nachweisen kann, beurteilen. Kann der Bank eine Anzeige bei der SEC wegen Kursmanipulation bei dem Amerika-Deal gefährlich werden?«

Wenn die Hinweise ausreichten, würde die SEC eine Untersuchung vornehmen, das war Giacometti klar. Selbst wenn es dann nicht genügend Beweise geben würde, um die Bank entsprechend zu bestrafen, würde die Geschichte Staub aufwirbeln. Die Amerikaner würden sich betrogen fühlen und einige der Kunden aus dem Deal würden vermutlich verärgert zu einer anderen Bank wechseln.

»Können wir sicher sein, dass Schwarzenbach nicht trotzdem redet, selbst wenn wir eine Vereinbarung mit ihm schließen?«

»Ganz ausgeschlossen ist das natürlich nie. Aber wenn er Geld für sein Schweigen nimmt, dann sitzt er mit uns in einem Boot. Eine Veröffentlichung würde ihm ebenfalls schaden.«

»Ich werde das Thema im Hause besprechen. Grundsätzlich bin ich der Meinung, dass wir die ganze Angelegenheit zunächst einfach totschweigen sollten. Je mehr Zeit vergeht, desto weniger interessant ist die ganze Sache für den Rest der Welt.«

»Dann werde ich Herrn Dr. Staedtler also mitteilen, dass wir in der Schadenersatzfrage zunächst gar nichts unternehmen werden?«

»Ziehen Sie sich doch einfach auf Ihre Position als Anwalt zurück. Sagen Sie ihm, dass wir uns zu diesem Thema bisher nicht geäußert haben und dass Sie noch auf Antwort warten. Solange Ihnen Ihr Klient keine Anweisungen gibt, können Sie ja nichts unternehmen.«

»Einverstanden, das ist für mich natürlich eine sehr einfache Lösung. Damit haben wir alles besprochen. Meine Honorarnote haben Sie ja erhalten. Ich wünsche Ihnen noch einen schönen Tag, Herr Giacometti.«

»Auf Wiedersehen, Herr von Schulzendorf, Ihnen auch einen schönen Tag.«

Giacometti verließ einige Minuten später das Büro und verabschiedete sich von seiner Sekretärin.

»Ich habe jetzt einen Auswärtstermin und bin heute nicht mehr zu erreichen. Falls es etwas sehr Dringendes gibt, senden Sie mir bitte eine SMS. Ich entscheide dann, ob ich mich melde. Bis morgen früh.«

»Natürlich, Herr Giacometti. Bis morgen.«

Auf dem Weg zum Golfplatz ließ er sich das Angebot von Kocher, das er vor einigen Tagen erhalten hatte, nochmals durch den Kopf gehen. Der neue Job in Singapur hatte durchaus seine positiven Seiten. Und die Bezahlung war hervorragend. Sollte dieser Schwarzenbach seine Geschichte in einigen Monaten wirklich irgendwo erzählen, dann würde das alles nicht mehr sein Problem sein. Ein neuer Verwaltungsratspräsident könnte die Vorwürfe zerreden und binnen kurzer Zeit wäre das Thema wieder aus der Öffentlichkeit verschwunden. Nichts ist so alt wie die Nachricht von gestern.

38

Schwarzenbach war nach dem Urteil klar, dass er noch einige Monate in Haft verbringen musste. Aber ein Ende war abzusehen. Er gewöhnte sich rasch wieder an die Routine und setzte seine Aufzeichnungen über den Alltag in Schweizer Gefängnissen fort. Möglicherweise würde er diese Themen bei einer Gefangenenschutzorganisation vorbringen. Dort war das erforderliche juristische Potenzial jedenfalls vorhanden. Andererseits hatte sich bisher keine dieser Organisationen in einem der Gefängnisse blicken lassen, die er von innen gesehen hatte. Bedauerlicherweise kannten die meisten Insassen diese Organisationen auch gar nicht.

Louisas Besuche waren jetzt das wichtigste Ereignis in seinem Leben hinter Gittern. Während der zwei Stunden am Samstag und Sonntag waren sie zumindest so weit ungestört, dass er ihr die notwendigen Hinweise geben konnte, um ihr den Zugang zum Appartement in Frankfurt zu verschaffen. Sie hatte das Versteck für die Schlüssel gefunden und war bereits mehrmals dort gewesen, um zu kontrollieren, ob alles unversehrt war.

Louisa konnte inzwischen auch auf die Konten in Frankfurt und in der Eifel zugreifen. Die notwendigen Vollmachten hatte er unterschrieben. Der Filialleiter der Sparkasse in der Eifel war augenscheinlich ein aufmerksamer Zeitungsleser. Dabei muss ihm klar geworden sein, dass sein seltsamer Kunde mehr Potenzial hatte. Als Louisa bei ihm erschien, war er daher äußerst zuvorkommend.

Von der Schweizer Staatsanwaltschaft hatte es keine Anfragen an Banken in Deutschland gegeben. Wieso auch? Niemand wusste dort, dass diese Konten existierten. Einen automatischen Datenabgleich gab es ja zum Glück nicht. Das meiste Geld befand sich ohnehin in den Panzerschränken, damit würden sie beide sorgenfrei bis ins hohe Alter leben können. Sie mussten einfach nur Zeit verstreichen lassen, bis er das Land verlassen konnte. Der Auflieger stand bereit und war bezahlt. Die Zulassung würden sie erst durchführen, wenn sie beide wieder in Deutschland gemeldet wären.

Schwarzenbach wollte mit Louisa erst einmal für ein paar Monate in den Süden verschwinden. Egal, wohin. Nur weg und die frische Luft der Freiheit genießen. Noch vor ein paar Jahren wäre es ihm absurd vorgekommen, nicht mehr morgens ins Büro zu fahren und dort acht oder zehn Stunden zu arbeiten. Schon seit einigen Monaten war ihm klar, dass er diesen geordneten Tagesablauf gar nicht mehr zurückhaben wollte. Seine Zeit selbst zu bestimmen schien ihm das höchste erreichbare Gut. Genau dieses Gut hatte er sich mit der Haftstrafe erkauft. Der Preis dafür erschien ihm immer noch hoch, aber auch das war relativ. Schwarzenbach hatte während seiner Zeit hier in den Gefängnissen einige Leute getroffen, die für weitaus weniger Geld bereit gewesen wären, eineinhalb Jahre hinter Gittern zu verbringen. Er selbst hatte in dieser Zeit jede wirtschaftliche Existenzangst verloren. Durch den Verlust der Freiheit hatte sich die Bedeutung von Geld nachhaltig verändert.

39

Die letzten Monate vergingen in gleichmäßiger Langeweile. Schwarzenbach wurde fast davon überrascht, als er endlich die Nachricht von seiner bevorstehenden Entlassung bekam. Er verschenkte seine Vorräte an Gummibärchen, Schokolade, Keksen und Tee an die Mitinsassen. Ein letztes Mal wurde die Zelle geputzt. Dann öffnete sich die Tür und Louisa stand dort, und alles kam ihm irgendwie unwirklich vor. Er packte seine drei Plastiktüten mit Kleidung auf den Rücksitz des Wagens und stieg ein.

Nach einer Stunde Fahrt hatten sie die Schweizer Grenze passiert. Er begann die reale Welt langsam wieder wahrzunehmen. So viele Menschen hatte er schon lange nicht mehr gesehen. Sie hatten alles vorher bis ins Detail geplant. In Frankfurt meldete er sich mit dem Appartement als Wohnsitz an. Louisa hatte noch für einige Möbel und einen Kühlschrank gesorgt, so dass sie dort übernachten konnten. Die Panzerschränke wirkten als Möbelstücke irgendwie seltsam, auch wenn sie eine Lampe auf den einen und eine Blumenvase auf den zweiten Tresor gestellt hatte. Den dritten verzierte eine rot karierte Tischdecke. Sie blieben drei Tage in Frankfurt und die Wohnung würde ihnen auch weiterhin als Basis dienen.

Irgendwie hatte sich Schwarzenbachs Blick auf die Welt verändert. All das Tempo um ihn herum wirkte künstlich und aufgesetzt. Ein Mann, der auf eine Straßenbahn zurannte, deren Türen sich in den nächsten Sekunden schließen würden, kam ihm verrückt vor. Was konnte denn so wichtig sein, dass er nicht auf die nächste Bahn warten konnte? Früher war er oft genug selbst herumgehetzt, um zu einem ach so wichtigen Termin zu erscheinen. All das war nun merkwürdig weit weg. Schwarzenbach betrachtete die Dinge jetzt mit anderen Augen. Außer dem Zusammensein mit Louisa konnte er nichts mehr entdecken, was wirklich lebenswichtig für ihn war.

Aber die Realität der Außenwelt ließ sich langfristig nicht verdrängen. Stück für Stück wurde Schwarzenbach von dieser Welt wieder eingeholt. Die Presseanfragen nach Interviews waren ein Dauerthema. Viele Reporter wollten unbedingt über seinen Fall berichten. Nach einem Gespräch mit Dr. Staedtler kam er zu dem Schluss, dass er wohl oder übel mindestens ein Interview machen musste, um die Sache irgendwie abzuschließen. Zumal Staedtler unbedingt bei der amerikanischen Börsenaufsicht

Anzeige erstatten wollte. Anscheinend lag ihm viel daran, die merkwürdige Verschleppung der Anzeige gegen ihn an die Öffentlichkeit zu bringen. Also bereiteten sie gemeinsam eine Pressekonferenz vor.

Das Interesse war insgesamt überraschend groß. Gut ein Dutzend Pressevertreter hatte sich eingefunden. Schwarzenbach saß zum ersten Mal vor so einer großen Zahl von Journalisten. Sie hatten sehr genau abgesprochen, welche Informationen hier herausgegeben werden sollten. Hauptsächlich ging es um die Präsentation seines Romans. Natürlich würde er ein wenig von der Geschichte erzählen müssen. Aber nur so viel, um das öffentliche Interesse am Buch anzuheizen. Nach dem Verlesen der Erklärung gab es eine Reihe von Fragen, die sie so weit wie besprochen versuchten zu beantworten.

Die brisanteste Ankündigung hatten Sie sich für den Schluss aufgehoben. Dr. Staedtler bat alle Journalisten nochmals um Ruhe.

»Meine Damen und Herren. Es gibt noch eine weitere Erklärung, die Herr Schwarzenbach abgeben möchte. Nachdem ich den Text verlesen habe, erhalten Sie hier am Tisch entsprechende Kopien dieser Erklärung. Ich darf also Folgendes verlesen.«

Es herrschte gespanntes Schweigen im ganzen Raum.

»Zu den bisherigen Erklärungen ist ergänzend festzustellen, dass Herr Schwarzenbach neben den Daten deutscher Bankkunden, die an die Finanzbehörden wie bereits bekannt abgegeben wurden, noch über weitere Kundendaten verfügt. Bei diesen Kunden handelt es sich um große Bestände von Kundennamen und Anschriften aus Großbritannien, Frankreich, Italien, Österreich, Spanien, Griechenland und den Niederlanden. Zum Zeitpunkt der Speicherung sind dies insgesamt 6852 Kunden mit einem Vermögen in Höhe von 8,6 Milliarden Euro.

Diese Daten wurden bisher weder an die Finanzbehörden der jeweiligen Länder noch an andere Organisationen weitergegeben. Eine Veröffentlichung oder Weitergabe ist bisher nicht geplant. Sollte seitens der jeweils zuständigen Behörden der betroffenen Staaten ein Interesse an diesen Informationen bestehen, so wenden Sie sich bitte an mich als Anwalt von Herrn Schwarzenbach. Sollten in den nächsten drei Monaten keine Behörden ihr Interesse bekunden, werden die Daten interessierten Organisationen der jeweiligen Herkunftsländer der Kunden zur Veröffentlichung zur Verfügung gestellt.«

Die Journalisten liefen wie eine Hammelherde durcheinander, um eine Kopie des Textes zu bekommen. Es gab also noch mehr Daten als bisher bekannt. Selbst wenn diese Informationen aufgrund der vergangenen Zeit inzwischen zwei Jahre alt waren, enthielt diese Erklärung eine enorme Sprengkraft. Allein die Tatsache, dass die Namen der Kontoinhaber an die Öffentlichkeit gelangen konnten, war eine Sensation.

Etwa eine Woche lang konnten sie sich vor internationalen Presseanfragen nicht retten. Alle möglichen Zeitungen der jeweiligen Länder wollten unbedingt diese Namenlisten drucken. Schwarzenbach überließ sämtliche Aktionen Dr. Staedtler. Er wollte sich mit diesen Dingen nicht länger befassen. Sie würden erst dann entscheiden, was mit den Daten geschehen sollte, wenn der richtige Zeitpunkt gekommen war. Er konnte sich auch vorstellen, alle diese Namen im Internet zu veröffentlichen. Schließlich mussten ja nur diejenigen Personen Probleme befürchten, deren Konto voller Schwarzgeld war.

42

Die Sonne begann langsam über dem Meer unterzugehen. Schwarzenbach blickte von seinem Manuskript auf, als Louisa ihm ein kühles Bier brachte.

»Hier, für dich. Damit du mir nicht verdurstest.«

»Danke. So ein Bier ist wirklich ein erfreuliches Ereignis, besonders wenn du es mir bringst.«

»Du hast die kleinen Annehmlichkeiten des Lebens schätzen gelernt.«

»Allerdings. Kann es viel Schöneres geben, als mit der Frau, die man liebt, bei Sonnenuntergang ein gut gekühltes Bier zu trinken?«

»Eigentlich nicht, da gebe ich dir recht. – Woran arbeitest du gerade?«

»Dr. Staedtler hat einen Auftrag für ein Buch über verschiedene Methoden der Steuerhinterziehung in der Schweiz bekommen. Ich trage gerade erst die Themen zusammen und fange mit einigen Recherchen an. Könnte ganz interessant werden.«

»Siehst du ihn irgendwann?«

»Wir werden morgen früh kurz skypen.«

»Das heißt, wir bleiben erst einmal hier? Wie lange hast du den Platz für uns reserviert?«

»Ich sehe keinen Grund, schon woandershin zu fahren. Der Platz hier ist doch ganz gut in Schuss. Der Verwalter meinte, dass die meisten Sommergäste erst in zwei Wochen eintreffen werden. Oder möchtest du vielleicht etwas Neues sehen?«

»Mal schauen, ich überlege es mir. Wo gehen wir denn heute Abend essen?«

»Das Fischrestaurant an der Promenade fand ich sehr gut. Außerdem ist der Weg dahin ein netter Abendspaziergang. Was denkst du?«

»Das ist eine gute Idee. Ein schöner gegrillter Fisch wäre genau das Richtige. Ich habe auch schon etwas Hunger.«

»Dann sollten wir uns auf den Weg machen.«

Sie schlossen den Anhänger sorgfältig ab und gingen am Strand entlang in Richtung Promenade. Er spürte ihre Hand in seiner und blickte aufs Meer. Schwarzenbach war glücklich.

Die Deutsche Bibliothek verzeichnet diese Publikation in der Deutschen Nationalbibliografie; detaillierte bibliografische Daten sind im Internet unter http://dnb.ddb.de abrufbar.

Titelgrafik: Mauricio Duque, snap2objects.com

Hohenlohestraße 21
28209 Bremen
Tel. 0421-34843-0
Fax 0421-348094
info@edition-temmen.de
www.edition-temmen.de

ISBN 978-3-8378-4046-9